谢林著作集

先刚 主编

神话哲学之历史批判导论

Historsich-kritische Einleitung in die Philosophie der Mythologie

〔德〕谢林 著 先刚 译

图书在版编目（CIP）数据

神话哲学之历史批判导论 /（德）谢林著；先刚译. —北京：北京大学出版社，2022.9
（谢林著作集）
ISBN 978-7-301-33298-6

Ⅰ.①神… Ⅱ.①谢… ②先… Ⅲ.①谢林（Schelling，Friedrich Wilhelm Joseph von 1775-1854）—哲学思想 Ⅳ.① B516.34

中国版本图书馆 CIP 数据核字（2022）第 160172 号

书　　　名	神话哲学之历史批判导论 SHENHUA ZHEXUE ZHI LISHI PIPAN DAOLUN
著作责任者	〔德〕谢　林　著　先　刚　译
责任编辑	王晨玉
标准书号	ISBN 978-7-301-33298-6
出版发行	北京大学出版社
地　　　址	北京市海淀区成府路 205 号　100871
网　　　址	http://www.pup.cn　新浪微博：@北京大学出版社
电子信箱	pkuwsz@126.com
电　　　话	邮购部 010-62752015　发行部 010-62750672　编辑部 010-62752025
印　刷　者	北京中科印刷有限公司
经　销　者	新华书店
	890 毫米 ×1240 毫米　16 开本　21.5 印张　261 千字 2022 年 9 月第 1 版　2022 年 9 月第 1 次印刷
定　　　价	98.00 元

未经许可，不得以任何方式复制或抄袭本书之部分或全部内容。
版权所有，侵权必究
举报电话：010-62752024　电子信箱：fd@pup.pku.edu.cn
图书如有印装质量问题，请与出版部联系，电话：010-62756370

目　录

中文版"谢林著作集"说明 …………………………………… 1

译者序 ……………………………………………………………… 1

神话哲学之历史批判导论（1842） …………………………… 1

人名索引 ………………………………………………………… 295

主要译名对照 …………………………………………………… 302

中文版"谢林著作集"说明

如果从谢林于1794年发表第一部哲学著作《一般哲学的形式的可能性》算起，直至其1854年在写作《纯粹唯理论哲学述要》时去世，他的紧张曲折的哲学思考和创作毫无间断地延续了整整60年，这在整个哲学史里面都是一个罕见的情形。[①] 按照人们通常的理解，在德国古典哲学的整个"神圣家族"（康德—费希特—谢林—黑格尔）里面，谢林起着承前启后的关键作用。诚然，这个评价在某种程度上正确地评估了谢林在德国古典哲学的发展过程中的功绩和定位，但另一方面，它也暗含着贬低性的判断，即认为谢林哲学尚未达到它应有的完满性，因此仅仅是黑格尔哲学的一种铺垫和准备。这个判断忽略了一个基本事实，即在黑格尔逐渐登上哲学顶峰的过程中，谢林的哲学思考始终都处于与他齐头并进的状态，而且在黑格尔于1831年去世之后继续发展了二十多年。一直以来，虽然爱德华·冯·哈特曼（Eduard von Hartmann）和海德格尔（Martin Heidegger）等哲学家都曾经对"从康德到黑格尔"这个近乎

[①] 详参先刚：《永恒与时间——谢林哲学研究》，第1章"谢林的哲学生涯"，北京：商务印书馆，2008年，第4—43页。

僵化的思维模式提出过质疑，但真正在这个领域里面给人们带来颠覆性认识的，乃是瓦尔特·舒尔茨（Walter Schulz）于1955年发表的里程碑式的巨著《德国唯心主义在谢林后期哲学中的终结》。[①]从此以后，学界对于谢林的关注度和研究深度整整提高了一个档次，越来越多的学者都趋向于这样一个认识，即在某种意义上，谢林才是德国古典哲学或德国唯心主义的完成者和终结者。[②]

  我们在这里无意对谢林和黑格尔这两位伟大的哲学家的历史地位妄加评判。因为我们深信，公正的评价必须而且只能立足于人们对于谢林哲学和黑格尔哲学乃至整个德国古典哲学全面而深入的认识。为此我们首先必须全面而深入地研究德国古典哲学的全部经典著作。进而，对于研究德国古典哲学的学者来说，无论他的重心是放在四大家的哪一位身上，如果他对于另外几位没有足够的了解，那么很难说他的研究能够多么准确而透彻。在这种情况下，对于中国学界来说，谢林著作的译介尤其是一项亟待补强的工作，因为无论对于康德、黑格尔还是对于费希特而言，我们都已经拥有其相对完备的中译著作，而相比之下，谢林著作的中译仍然处于非常匮乏的局面。有鉴于此，我们提出了中文版"谢林著作集"的翻译出版规划，希望以此推进我国学界对于谢林哲学乃至整

[①] Walter Schulz, *Die Vollendung des deutschen Idealismus in der Spätphilosophie Schellings.* Stuttgart, 1955; zweite Auflage, Pfullingen, 1975.
[②] 作为例子，我们在这里仅仅列出如下几部著作：Axel Hutter, *Geschichtliche Vernunft: Die Weiterführung der Kantischen Vernunftkritik in der Spätphilosophie Schellings.* Frankfurt am Main 1996; Christian Iber, *Subjektivität, Vernunft und ihre Kritik. Prager Vorlesungen über den Deutschen Idealismus.* Frankfurt am Main 1999; Walter Jaeschke und Andreas Arndt, *Die Klassische Deutsche Philosophie nach Kant: Systeme der reinen Vernunft und ihre Kritik (1785—1845).* München, 2012。

个德国古典哲学的研究工作。

中文版"谢林著作集"所依据的德文底本是谢林去世之后不久,由他的儿子(K. F. A. Schelling)编辑整理,并由科塔出版社出版的十四卷本《谢林全集》(以下简称为"经典版")。① "经典版"分为两个部分,第二部分(第 11—14 卷)首先出版,其内容是晚年谢林关于"神话哲学"和"天启哲学"的授课手稿,第一部分(第 1—10 卷)的内容则是谢林生前发表的全部著作及后期的一些手稿。自从这套全集出版以来,它一直都是谢林研究最为倚重的一个经典版本,目前学界在引用谢林原文的时候所遵循的规则也是以这套全集为准,比如"VI,60"就是指所引文字出自"经典版"第六卷第 60 页。20 世纪上半叶,曼弗雷德·施罗特(Manfred Schröter)为纪念谢林去世 100 周年,重新整理出版了"百周年纪念版"《谢林全集》。② 但从内容上来看,"百周年纪念版"完全是"经典版"的原版影印,只不过在篇章的编排顺序方面进行了重新调整,而且"百周年纪念版"的每一页都标注了"经典版"的对应页码。就此而言,无论人们是使用"百周年纪念版"还是继续使用"经典版",本质上都没有任何差别。唯一需要指出的是,"百周年纪念版"相比"经典版"还是增加了新的一卷,即所谓的《遗著卷》(Nachlaßband)③,其中收录了谢林的《世界时代》1811 年排印稿和 1813 年排印稿,以

---

① F. W. J. Schelling, *Sämtliche Werke*. Hrsg. von K. F. A. Schelling. Stuttgart und Augsburg: Cotta'sche Buchhandlung, 1856—1861.
② *Schellings Werke. Münchner Jubiläumsdruck, nach der Originalausgabe (1856—1861) in neuer Anordnung*. Hrsg. von Manfred Schröter. München 1927—1954.
③ F. W. J. Schelling, *Die Weltalter. Fragmente. In den Urfassungen von 1811 und 1813*. Hrsg. von Manfred Schröter. München: Biederstein Verlag und Leibniz Verlag 1946.

及另外一些相关的手稿片断。1985年，曼弗雷德·弗兰克（Manfred Frank）又编辑出版了一套六卷本《谢林选集》①，其选取的内容仍然是"经典版"的原版影印。这套《谢林选集》因为价格实惠，而且基本上把谢林的最重要的著作都收录其中，所以广受欢迎。虽然自1976年起，德国巴伐利亚科学院启动了四十卷本"历史—考据版"《谢林全集》②的编辑工作，但由于这项工作的进展非常缓慢（目前仅仅出版了谢林1801年之前的著作），而且其重心是放在版本考据等方面，所以对于严格意义上的哲学研究来说暂时没有很大的影响。总的说来，"经典版"直到今天都仍然是谢林著作的最权威和最重要的版本，在谢林研究中占据着不可取代的地位，因此我们把它当作中文版"谢林著作集"的底本，这是一个稳妥可靠的做法。

目前我国学界已经有许多"全集"翻译项目，相比这些项目，中文版"谢林著作集"的主要宗旨不在于追求大而全，而是希望在基本覆盖谢林各个时期的著述的前提下，挑选其中最重要和最具有代表性的著作，陆续翻译出版，力争做成一套较完备的精品集。从我们的现有规划来看，中文版"谢林著作集"也已经有二十二卷的规模，而如果这项工作进展顺利的话，我们还会在这个基础上陆续推出更多的卷册（尤其是最近几十年来整理出版的晚年谢林的各种手稿）。也就是说，中文版"谢林著作集"将是一项长期的开放性

---

① F. W. J. Schelling, *Ausgewählte Schriften in 6 Bänden*. Hrsg. von Manfred Frank. Frankfurt am Main: Suhrkamp 1985.

② F. W. J. Schelling, *Historisch-kritische Ausgabe*. Im Auftrag der Schelling-Kommission der Bayerischen Akademie der Wissenschaften herausgegeben von Jörg Jantzen, Thomas Buchheim, Jochem Hennigfeld, Wilhelm G. Jacobs und Siegbert Peetz. Stuttgart-Band Cannstatt: Frommann-Holzboog, 1976 ff.

的工作,在这个过程中,我们也希望得到学界同仁的更多支持。

本丛书得到了国家社科基金项目"德国唯心论在费希特、谢林和黑格尔哲学体系中的不同终结方案研究"(项目批准号20BZX088),在此表示感谢。

先　刚

北京大学外国哲学研究所

北京大学美学与美育研究中心

译者序

谢林自1827年重返慕尼黑大学的讲坛，直到1846年在柏林大学结束自己的教学生涯，这段时间主要讲授的都是他的神话哲学和启示哲学；尤其在柏林时期，神话哲学更是其课堂讲授的绝对核心内容。① 相关手稿被收入经典版《谢林全集》第11和12卷，这部分内容也是我们的中文版《谢林著作集》"神话哲学"部分所依据的底本。具体说来，中文版谢林《神话哲学》分为四卷：首先是两卷导论，即《神话哲学之历史批判导论》和《神话哲学之哲学导论》，其次是神话哲学的主体，而这部分内容由于篇幅巨大，将分为上下两卷分别出版。

这里我们首先推出的是第一卷亦即《神话哲学之历史批判导论》。因为余下的几卷仍处于翻译进程中，所以这篇序言主要是对本卷的一个导读，以帮助读者较为便捷地掌握本卷的核心内容。至于对谢林的神话哲学的一个完整的批判阐述，还需要等待整体的翻译完成之后才能提供给读者。

---

① H. M. Baumgartner/H. Korten, *F. W. J. Schelling*, München 1996, S. 243-244.

2　神话哲学之历史批判导论

首先我们应当知道,虽然当代的神话研究已经普遍承认谢林在本领域的重要功绩①,但对于他的具体的神话哲学思想仍然缺乏深入的探讨。无疑,"神话"(Mythos, Mythologie)从始至终是谢林关注的核心问题之一。他早在 18 岁时就撰写了《论远古世界的神话、历史传说和哲学论题》,并且直到去世的前一天还在修改《神话哲学之哲学导论》。在数十年的时间里,无论是早期所谓的《德国唯心论的最早体系纲领》②和自然哲学,还是中期的先验唯心论和同一性哲学,乃至后期的世界时代哲学、神话哲学和启示哲学,都赋予神话以至关重要的地位和意义,而且这个趋势愈到后面愈加明显。这个鲜明的特征使得谢林哲学具有一种独特的诗意魅力,同时也为其招致"神秘主义""宗教信仰""非理性主义"等批评意见。但正如我们在别的地方反复指出的③,这些批评意见只不过是出于对谢林哲学的无知,然后以讹传讹而已。事实上,谢林终其一生都在明确而坚定地捍卫哲学和理性的至高无上的地位,只不过他所追求的不是抽象而偏狭的哲学,而是力图把人类所有重要的精神现象——神话自然也不例外——包揽进他的哲学,以成就一种真正意义上的大全一体哲学。

---

① 凯文·斯齐布瑞克《神话的哲学思考》,姜丹丹、刘建树译,陕西师范大学出版社,2019 年,第 1 页。
② 关于这份撰写于 1796/97 年的手稿的作者究竟是黑格尔还是谢林抑或荷尔德林,学界一直争论不休,但基本上已经达成一个共识,即其中的思想至少应当被看作三位哲学家的共有财富。Vgl. Manfred Frank und Gerhard Kurz (hrsg.), *Materialien zu Schellings philosophischen Anfängen*. Frankfurt am Main 1975. S. 25-31.
③ 关于这个问题,可参阅我在《哲学与宗教的永恒同盟:谢林〈哲学与宗教〉释义》(北京大学出版社,2015 年)中的诸多论述。

正因如此,谢林不可能像黑格尔那样轻率地把神话当作幼稚的思想而从哲学里排除出去。① 另一方面,他也拒绝像很多学者那样,随心所欲地鼓吹神话的"深刻意蕴",实则只是把后人乃至当代人的各种观念强行灌输到神话里面。毋宁说,他所追求的是一门新的科学,亦即"神话哲学"(Philosophie der Mythologie),这门科学不是像古典学和历史学那样去查明神话的具体事实并给出一些偶然的解释,而是超越神话的"**存在**",去探寻神话的"本性或**本质**"(XI, 5)②,而这项工作必然又联系到对于神话的"**起源**"的追问。

但谢林并不是从一开始就达到了这个构想,而是也经历了一些周折。大致说来,谢林的广义上的神话观可以分为三个阶段:1)同一性哲学时期,他主要从诗或艺术的角度来看待神话,把神话看作纯粹的哲学思想的外衣;2)世界时代哲学时期,他甚至要亲自创作神话,或更确切地说,把哲学本身改造为神话;3)以上两个阶段多多少少已经涉及神话的起源和本质的问题,但只有到了后期的严格意义上的神话哲学,他才明确地将其树立为最重要的核心问题,并且把之前的相关思想扬弃在自身之内,从此不把神话看作哲学的赝品,也不再用神话替代哲学,而是把神话理解为哲学的自然意义和逻辑意义上的前身。有鉴于此,我们按照这个发展过程依

---

① 黑格尔《哲学史讲演录》第一卷,贺麟、王太庆译,商务印书馆,1959年,第82—87页。
② 本文在引用谢林原文时,首先参考已出版的中译本,如果没有中译本,则依据十四卷本《谢林全集》(Schelling, *Sämtliche Werke*. Hrsg. von K.F.A. Schelling. Stuttgart und Augsburg, 1856—1861),并采用通行的缩写方式,即罗马数字代表相应的卷册,后面的阿拉伯数字表示该卷页码。

次梳理谢林的神话思想,以展示出他对于神话的起源和本质这一问题给出的最终答案。

一、神话作为哲学的外衣

谢林从1800年的《先验唯心论体系》开始,一直到1802/03年的《艺术哲学》,都在强调艺术是哲学的客观呈现,其功能在于帮助普通人理解把握哲学的思辨晦涩的真理。[①]鉴于在西方通常的观念里,诗总是被列为艺术的最高峰,而诗的最原初、最典型的代表是古希腊神话,所以谢林经常也在同样的意义上谈论诗和哲学以及神话(乃至宗教)和哲学的关系。简言之,艺术(以及诗、神话或宗教)和哲学之间是合作的关系,前者是"显白的"(exoterisch),面向普通人乃至每一个人,后者是"隐秘的"(esoterisch),只面向少数精英。不仅如此,二者也是可以相互转化的,当艺术超越了客观性,就进入哲学思辨的层次,反之当哲学达到完全客观的呈现,就转变为艺术。柏拉图作为独一无二的"诗人哲学家",就是这件事情的最佳例证。

这个和谐的关系在《艺术哲学》里达到了顶峰。在谢林的同一性哲学里,当唯一的绝对者具有某一个规定(这个规定同时也是

[①] 参阅谢林《先验唯心论体系》,梁志学、石泉译,商务印书馆,1976年,第276—278页;谢林《学术研究方法论》,先刚译,北京大学出版社,2019年,第246页;谢林《艺术哲学》,先刚译,北京大学出版社,2021年,第28—29页。

一个限制或否定),就是理念。换言之,理念是普遍性(代表着绝对者)和特殊性(代表着特殊规定)的统一体。现在谢林指出,这个统一体,**作为实在的东西来看**,就是"诸神",因此每一个理念都是"特殊形式下的神""特殊的神"或"受限状态下的神"等。① 这里所说的"实在的东西"当然不是指普通人以为的通过感性经验而认识到的实在东西,比如手边的锅碗瓢盆之类,而是指通过思想而认识到的真实存在。也就是说,哲学家所说的理念的实在性和神话里的诸神的实在性是同一回事,正因如此,像希腊人这样达到高度教化的民族(包括他们的哲学家)才对诸神的存在深信不疑,而这根本不是什么"迷信"。

每一位神都有自己的本质特征,这个特征是他的规定性,同时也对他构成了某种限制。比如雅典娜智慧而强大,但丝毫没有女性的柔情。阿佛洛狄忒拥有最柔情的美,但缺乏力量,也不太聪明。赫淮斯托斯拥有巧夺天工的双手,却又是个瘸子,如此等等。这些缺失或受限状态绝不是一种"缺陷",毋宁恰恰成就了这一位神,正如理念假若不是在某一方面遭到限制,也就不会成为这一个理念。**诸神是存在着的理念**,就此而言,谢林可以说:"哲学建构起来的理念王国所包含的全部可能性实际上在希腊神话里已经完全穷尽了。"② 神话的整体作为理念王国是一个自足的世界;与此相关联的是,谢林区分了普遍者与特殊东西的三种结合方式,即范型式(schematisch,指普遍者意味着特殊东西)、寓托式(allegorisch,指

---

① 谢林《艺术哲学》,第53页。
② 同上书,第64—65页。

特殊东西意味着普遍者）和象征式（symbolisch，指普遍者直接是特殊东西，特殊东西直接是普遍者）①，而神话恰恰是一种象征式存在，也就是说，诸神不是意味着理念（亦即不是理念的寓托），毋宁就"是"理念，并且被看作实实在在的存在者。

既然诸神在本质上就是理念，那么，如果说理念世界起源于绝对者的某种"流溢"，神话又是起源于什么东西呢？谢林赞成同时代的古典学家沃尔夫（F. A. Wolf）的观点，即神话不是个别诗人（荷马或赫西俄德）的作品，而是"一个等同于个人的族类"的作品，是产生于这个民族的"共同的艺术冲动"②。但他并没有进一步追问这种共同的艺术冲动究竟是怎么回事，也没有追问为什么恰恰是希腊民族而非别的民族创作出他所说的这种神话。总的说来，这个时期的谢林过于关注和赞美**希腊神话**在**艺术**里达到的完满象征意义，没有在绝对的意义上探究神话的起源和本质。

而当谢林超出艺术的范围，上升到更宏大的视野，问题的复杂性就凸显出来。此前我们指出，谢林本来已经在一般的意义上把神话和哲学的关系看作显白思想和隐秘思想的关系，亦即外衣和内核的关系，但他现在又在神话自身之内进一步区分外和内，也就是说，他在人们通常所说的"神话"内部区分出作为民间信仰的"神话"和真正具有哲学意义的**神秘学**（Mysterien），而且不是强调二者的和谐关系，而是强调二者的对立和冲突。关于谢林的"神秘

---

① 谢林《艺术哲学》，第72页以下。
② 同上书，第81—82页。

学"思想,我曾经有一篇论文专门予以辨析①,这里不再复述其中的主要内容,而是仅限在本文的主题范围之内提出几个要点。简言之,"神秘学"——它在字面上不再是"传说"的意思,而是意味着"封闭的秘密"——虽然在形式上也是神话,但主要指一些流传于厄流希斯(Eleusis)地区,以狄奥尼索斯、德墨忒尔及其女儿佩耳塞福涅这些在奥林波斯神话里无足轻重的神的生平事迹为内容的神话,讲述了神的受难和复活、万物的生长发育和生灭循环、灵魂不朽等思想。关键在于,谢林把上述思想看作真正的哲学,认为它们与诗人创作的神话有根本的不同,因此在1802年的《布鲁诺》里宣称:"一切神秘学的目的无非就是从人们寻常只习惯于看到其摹本的所有东西中展示出原型……崇高的哲学便在于对永恒者和不变者的认识,所以神秘学无非就是那种最崇高、最神圣又最卓越的哲学,从最崇高的古代流传下来的哲学,因此正如我们相信的那样,神秘学与神话的真实关系就好比哲学与诗的关系。这样我们有充分的理由断定,虽然诗人创制了神话,但创制神秘学却是哲学家的工作。"②

对神秘学的单独褒奖意味着神话里的诸神不再代表着理念,神话作为整体也不再是理念王国,而是与神秘学及其背后的哲学形成紧张关系。实际上,谢林在《艺术哲学》里也提到了与神话对立的"神秘学要素",但仅仅把这些要素看作"外来的"、原本对希腊

---

① 参阅先刚《谢林论"神秘学"》,载于《云南大学学报》(社会科学版)2014年第3期。
② 谢林《布鲁诺》,庄振华译,北京大学出版社,2020年,第28—29页。译文略有改动。

文明而言陌生的东西①,没有给予特别的强调。但在1804年的《哲学与宗教》里,谢林却又把神秘学看作希腊文明原生的东西,并且把它看作哲学与宗教最初共同栖身的"同一座神庙"②,至于哲学后来之所以与宗教分离,则是因为神秘学被那些原本属于民间信仰的"杂质"——神话——玷污了,于是保持纯洁的神秘学(哲学)与被玷污的神秘学(与神话掺杂在一起的宗教)分道扬镳。诚然,哲学与宗教最终应当重新建立"永恒同盟",但宗教(包括神话)必须被严格地限制在外在方面,与哲学内核保持距离。按照这个思路,神话的意义被大大削弱了,甚至成为一种负面的东西,即民间信仰的杂质。当然,如果把神秘学重新放回广义上的"神话"里,那么可以说神话作为神秘学仍然是哲学的一件外衣。但这个东西究竟起源于哪里呢?如果它是外来的,来自于什么地方?如果它是原生的,其原生地又在哪里?对于这些问题,谢林同样没有答复,而是仅仅把神话当作既有的、不可预思的东西(Unvordenkliches)接受下来。

二、神话作为哲学本身

归根结底,在谢林的同一性哲学时期,无论是广义上的神话,还是狭义上的神秘学,其实都是服务于哲学。但在谢林从1810年

---

① 谢林《艺术哲学》,第88页。
② 谢林《哲学与宗教》,先刚译,北京大学出版社,2017年,第21页。

开始构思的《世界时代》里,这个思想发生了重大转折。他把这部著作看作自己的"代表作",宣称其"不仅就内容而言最为丰富,而且就表达而言也最为通俗易懂"。① 为什么要强调"通俗易懂"呢?因为谢林对自己的哲学体系在内容上的真理性一向充满自信,但一直都在探索阐述这些思想的最佳方式。用他的话来说就是:"当科学在质料方面达到客观性之后,看起来有一个自然的结果,就是它开始寻求**形式方面的客观性**。"② 这就是艺术尤其是神话的那种客观性。此前除了普通著作的形式之外,他已经尝试过书信体、对话录、几何学式演绎、箴言录等写作形式,既然如此,为什么不尝试神话的形式,直接把哲学当作神话来叙述呢?

在《世界时代》导论里,谢林一开始就提出一连串问题:"为什么这个工作在过去是不可能的,或者说一直到现在都是不可能的?为什么在最高科学里面,知道的东西不能像任何别的知道的东西一样,被直接简明地叙述出来?是什么东西在阻碍着那个憧憬到的黄金时代的来临,到那个时候,真理又将成为故事,而故事又将成为真理?"③ 很显然,无论是"叙述"(Erzählung)还是"故事"(Fabel),其实就是"神话"(Mythos)一词的原本意思,只不过谢林在这里没有提到神话,而是拿"历史"来说事。他声称:"难道对于事物的原初开端的回忆永远都不会达到如此生动的地步,以至于科学——它在事实上并且按词义而言就是'历史'(Historie)——在

---

① Horst Fuhrmans und Liselotte Lohrer, *Schelling und Cotta. Briefwechsel. 1803-1848*. Stuttgart 1965, S. 58.
② 谢林《世界时代》,先刚译,北京大学出版社,2018年,第4页。
③ 同上书,第4页。

外表形式上也成为历史,使得哲学家,就像神一般的柏拉图那样,虽然在其整个系列的著作中都是采取辩证探究的方式,但在其学说的最高点和最终的澄明点却全都变成历史叙述的方式,回归到历史的单纯?"① 他在这里以柏拉图为例子,恰恰表明他想创作的不是普通的历史,而是一种神话,确切地说,一种像神话那样,以讲故事的方式叙述真理的哲学。这个构想让我们回想起那份《德国唯心论的最早体系纲领》,因为那里同样提出我们必须创造出一种"新的神话"或"理性神话",并通过人们长久以来徒劳寻找的这种通俗性使"广大民众"对哲学理念产生兴趣。②

事实上,《世界时代》也确实采取了神话的叙述方式。谢林在其中谈到了原初的爱的意志和自私意志如何相遇相识,如何从起初充满喜悦的结合再到"分离"(Scheidung,同时也是"离婚"的意思)的过程,或上帝自身内的爱如何克服了上帝的自私,最终导致上帝做出创世的行为并走向三位一体的历程。这些当然都是神话,谢林之所以故意采用这种叙述方式,是因为他希望表明这些神话就是哲学本身,读者能够在听故事的同时直接理解他的哲学。诚然,熟悉谢林的自然哲学和同一性哲学的人都知道,其中表述的仍然无非是绝对同一性自身的"二重化"(Duplikation)以及与之联系在一起的"潜能阶次"(Potenzen)思想等,但普通读者能够做到这一点吗?更何况谢林也不是完全在讲故事,而是随时用一些哲学

---

① 谢林《世界时代》,第10页。
② Manfred Frank und Gerhard Kurz (hrsg.), *Materialien zu Schellings philosophischen Anfängen*. Frankfurt am Main 1975. S. 111-112.

概念来解释那些神话形象，或插入一些纯粹思辨的哲学论证（比如关于主词和谓词的关系，关于同一律与根据律的关系等），因为他终究不是为讲神话而讲神话，而是要阐述自己的哲学体系！但这样一来，他起初标榜的那种通俗性也就荡然无存了。

正因如此，《世界时代》作为一部空前绝后的交织着神话叙述和哲学思辨的奇书，虽然其中的思想是如此之丰富和深刻，其文笔是如此之优美隽永，但注定不可能达到谢林既定的目的，即将科学直接转化为一种通俗易懂的神话叙事。谢林对此有着清晰的意识，虽然他孜孜不倦撰写了十几份不同的《世界时代》手稿，但始终拒绝将其正式出版，哪怕其中的"原稿 I"和"原稿 II"已经排印完毕，也在正式开机印刷的前夜将其撤回。哲学史上通常把谢林的《世界时代》看作其哲学生涯中的一个重大挫败，实际上，如果这个评价有一定的合理之处，那也不是针对谢林的哲学思想本身，而是针对他阐述哲学的神话方式。也就是说，如果神话不应当被看作哲学的外衣，那么它更不应当被等同于哲学，不应当成为哲学的替代品。

三、对神话的起源和本质的历史批判考察

谢林在"世界时代哲学"构想里挣扎了十八年，当他在 1827/28 年重新登上慕尼黑大学的讲台，虽然其讲授的题目是"世界时代体系"，但无论是在内容上还是在形式上都已经与当初的《世界时代》

大相径庭,最终演变为"神话哲学"和"启示哲学"的双联体。简言之,在经历了之前所说的那两个阶段之后,谢林如今与神话保持着距离,而正是这种距离使得神话真正成为科学研究的对象。相应地,在《神话哲学之历史批判导论》里,谢林开门见山就提出了对神话的起源和本质的追问。

在提问之前,谢林首先对"Mythos"这个术语进行了界定。严格说来,这个希腊词语的字面意思仅仅是"叙述"或"话",并没有体现出"神",而它最终被看作"神话",则是基于一个基本事实,即它所叙述的对象是神。就此而言,神话是"诸神学说"(Götterlehre)。但诸神学说不是杂乱无章地进行叙述,而是呈现出诸神之间的关系,因此神话真正说来是"诸神的历史"(Göttergeschichte),亦即"神谱"(Theogonie)(XI, 7)。

在这里,谢林指出,每一个初次接触神话的人都会提出两个问题:1)神话意味着什么,或者说神话叙述的是真理吗? 2)神话是如何产生出来的?从根本上说,为了回答后一个问题,必须首先解决前一个问题,而围绕这个问题,人们立即产生了巨大的分歧。

谢林首先提到的是莫里茨(K. Ph. Moritz)等学者主张的**"诗意的观点"**,后者认为神话之所以产生出来,绝不是为了主张或教导任何真理,而是仅仅为了满足一个原初的诗意的发明冲动:这个观点也立即回答了第二个问题,即神话起源于诗人的创作或"虚构"(erdichten),而这一点看起来也得到了希罗多德的证实,因为他明确指出:"是赫西俄德和荷马给希腊人制造出神谱。"[①] 实际上,诗意

[①] 希罗多德《历史:希腊波斯战争史》(上册),王以铸译,商务印书馆,1959年,第135页。

观点的最大动机是要维护神话的诗歌魅力，害怕对于所谓的真理的探究可能破坏乃至消灭这种魅力。但这个担忧是没有必要的，正如自然科学研究并不妨碍人们自由地仅仅以审美的方式看待自然界。至于希罗多德的那个证词，并不是如表面上看起来那么简单，因为在荷马史诗里，我们发现作者熟知诸神的庙宇、祭司、祭品和祭坛等，而且不是把它们当作某种全新的东西发明出来，而是当作远古已有的事物传承下来。赫西俄德虽然创作了一部名副其实的《神谱》，但希罗多德并没有给他特殊的地位，而是简单地将他与荷马相提并论，由此可知他所叙述的也是一种既有的事实。简言之，希罗多德真正的意思是，神话不是由诗人"**发明**"(erfunden)的，而是被他们"**发现**"(gefunden)的，然后首次被他们叙述出来。换句话说，神话在诗人之前并非**不存在**，毋宁只是**没有被意识到**(ouk episteato)而已 (XI, 16-17)。就此而言，神话的黑暗工场或最初的诞生地位于所有诗歌的彼岸。

诗意观点遭遇到的另一个巨大困难，就是它无论如何没法否认神话确实包含着某种意义或真理，毕竟说一种伟大的诗歌却毫无意义或真理可言，这本身就是荒谬的。有些人比如福斯(J. H. Voss)主张这些真理是纯属偶然地混杂进神话的，这个辩护显然非常无力。因此，真正占据上风的是另一种观点，即认为神话包含着真理，并且在宣讲真理。那么这些真理和神话是怎样的关系呢？更重要的是，它们究竟是什么真理呢？因为这种观点异常复杂，所以谢林在其内部区分出两类观点：其中一类观点认为神话是真理的**包装或掩饰**，另一类观点认为神话是对真理的**误解或扭曲**。基于对"真理"的不同理解,每一类观点又有两个分支:1)神话是历史真理的包装或掩饰;2)神话是科学真理的包装或掩饰;3)神话是对科学真理的误解或扭曲;4)神话是对宗教真理的误解或扭曲。这里面 2)和 3)基本相似,因此总的说来有三个观点。而针对这三个观点及其代表人物的主张,谢林依次作出了辨析和批驳。

首先,克雷里克(Johannes Clericus)、莫斯海姆(J. L. Mosheim)、希尔曼(K. D. Hüllmann)等学者认为,神话中的诸神原本是历史中的国王和英雄等有着丰功伟绩的人物,后来才被尊奉为神,比如完成十二项伟业的赫拉克勒斯,在大海上经常救助船员的孪生兄弟卡斯托耳和波鲁克斯以及救死扶伤的阿斯克勒庇俄斯等就是如此。这个观点可以叫作**"历史学的观点"**,而谢林将其称作"欧赫美尔式解释",因为希腊哲学家欧赫美尔(Euemeros)早在两千多年前就主张希腊诸神原本是爱琴海岛国上的国王,后来才被拔高为神。对此谢林一针见血地指出,这个解释已经以真实的诸神为前提,否则它不会想到区分出某些被想象为神的人(XI, 27)。也就是说,关键不在于具体的哪个神是由人拔高而来的,而是在于当人们这样做的时候,头脑中已经有关于"神"的观念。问题在于人为什么会有这个观念呢?这个更深层次的前提恰恰是欧赫美尔式解释所没有触及的。

相比之下**"科学的观点"**具有大得多的影响。它认为诸神其实是自然属性和自然现象的人格化,神话其实是一种自然的世界生成学说(宇宙谱系学)。这方面的代表人物是海涅(Ch. G. Heyne)及其学生赫尔曼(Gottfried Hermann)。赫尔曼从词源学出发,坚持认为诸神只不过是自然事物的人格化,比如酒神狄奥尼索斯(Dionysos)无非是"酒",他的母亲塞墨勒(Semele)无非是"葡萄藤",谷神的女儿佩耳塞福涅(Persephone)无非是"谷种",百臂巨人科托斯(Kottos)、古埃斯(Guges)、布里阿瑞俄斯(Briareos)无非是"撞击的冰雹""冲刷垄沟的雨""沉重的雪",如此等等。在赫西俄德的《神谱》里,赫尔曼甚至看到了一整套宇宙论,他认为其中叙述的三位最古老的神卡俄斯(Chaos)、该亚(Gea)和厄若斯(Eros)其实是"空间""物质"和"联合者",然后这三个要素合起来产生出运动和自然万物,直到克罗诺斯(Kronos,其实是"时间")完成这一系列创造。总而言之,赫尔曼"毫不迟疑地宣称那种位于神谱根基处的学说是古代世界最令人惊叹的旷世杰作;他在那些神话传说里看到的不是许多猜想的肤浅堆砌,而是各种立足于**漫长经验**、**细致观察**乃至**精确计算**的理论。"(XI, 37-39)由于篇幅所限,我们在这里无暇复述赫尔曼的具体分析。这些分析虽然有牵强附会之处,但也包含着许多天才的洞见,正因如此,谢林宣称他"毫无保留地完全赞同"赫尔曼的那个做法,即揭示出了神话里明确无误地显露出来的一种哲学意识(XI, 43)。但这里有两个关键疑问:第一,究竟是哪位或哪些哲学家最初认识到了这种宇宙论?第二,更重要的是,哲学家既然有着如此深刻的哲学洞见,为什么不干脆提出哲学理论,传授哲学真理,反而主动或被动地让它们披上神话的外衣呢?

恰恰在后面这个问题上,海涅陷入了离奇的猜想。他宣称哲学家是迫不得已才选择神话的叙述方式,一方面是因为最古老的语言缺乏合适的科学术语,于是只能把抽象概念予以人格化,另一方面是因为哲学家是如此地着迷于这些对象,以至于他们亲自或让别的诗人以戏剧的方式把那些自然对象当作行动的人物而呈现在听众面前,让听众更容易接受它们(XI, 31)。至于赫尔曼,更是简单地以为,哲学家只是提出哲学思想,然后撒手不管,仿佛民众自己就会牢牢记住这些智慧,并将其转化为一种神话。但正如谢林指出的,他俩最大的问题在于没有注意到,远古时期的民族怎么可能拥有如此睿智的却始终默默无闻的一位或几位哲学家,以及远古时期怎么可能明确地区分哲学和诗等等(XI, 40, 56)。也就是说,那些所谓的哲学家完全是海涅和赫尔曼杜撰出来的,而这个杜撰又是基于一个错误的猜想,即以为神话是个别人的发明或创造。

那么,把神话看作整个民族的发明是否就能克服这个困难呢?此前我们已经提到,谢林在《艺术哲学》里就主张神话是"一个等同于个人的族类"的作品。但如今谢林本人也批评这个观点,因为它不能解释**不同民族的神话之间明显的一致性和亲族相似性**。琼斯(William Jones)和克罗伊策(Friedrich Creuzer)等学者已经注意到这个重要现象,于是假设这些神话观念最初是某一个民族发明出来的,然后传播到第二个民族,再传播到第三个民族,如此以往。但谢林对此提出了一个最为尖锐的问题:"民族究竟是个什么东西,或者说究竟什么东西使它成为一个民族?"(XI, 62)答案是:恰恰是神话——以及与之密切相关的语言、诗歌、国家制度、法律、伦常习俗等——才使得一个民族成为民族,因此这些东西是和一个民族**一起**被给予的,以至于"我们根本不能设想一个**民族**在没有神话的情况下**存在着**"(XI, 63)。换言之,希腊人在成为希腊人的同时,就已经拥有了希腊神话,而不是后来才将它发明出来。其他民族同样也是如此。因此现在已经有一个明确的结论,即神话绝不是个别人或某个民族的发明。①

在这种情况下,神话的起源问题就和民族的起源问题融合了。那么各个民族是如何形成的呢?对于这个问题,诸如"各个民族是从一开始就有的"或"各个民族是自行产生出来的"之类答复都不成功,因为它们同样不能解释各个民族的神话观念的一致性和亲缘性。而谢林给出的解释是,各个民族起源于一个共同的人类,这个人类经历了一种精神上的**大分化**(Krisis)或意识的**震荡**(Erschütterung),分裂为各个民族,与此同时,他们曾经共有的语言**发生变乱**(Verwirrung),成为各个民族的语言,而原初意识的碎片保存在各个民族的意识里,作为一种真实的回忆(Erinnerung),作为对于原初发生的那些事情的追忆(Reminiscenz),成为他们的神话(XI, 101-103)。在谢林看来,《旧约·创世记》记载的巴别塔之乱就是指这个事件。

这样一来,对神话的解释就从"科学的观点"过渡到"**宗教的观点**"。从宗教的角度看,神话是多神论。休谟认为最初的人类充满迷信,把各种可见和不可见的东西臆想为神,进而发展出多神论;他同时认为,从多神论不可能走向真正的一神论,因为后者只是人们通过抽象的思考推论出来的,充其量只能叫作理神论(Deismus)(XI, 79 ff.)。这就在多神论和一神论之间划出了一道不可逾越的鸿

---

① 当代学者布鲁门伯格(Hans Blumenberg)继承了这个观点,参阅其《神话研究》(上),胡继华译,上海人民出版社,2012年,第168页。

沟。然而谢林恰恰指出，多神论本身包含着一个巨大的区别：如果只是泛泛承认一定数目的神，那么这是一种**同时式**（simultanen）多神论，但如果在承认多个神的同时又强调每一个阶段都只有唯一的一个至高无上的神，并且认为各个阶段的至高无上的神之间是前后相继的关系，那么这是一种**相继式**（successiven）多神论，而且同时是一种一神论（XI, 120-121）。比如，如果只看到宙斯统领的奥林波斯诸神，那么希腊神话是同时式多神论，但如果把乌兰诺斯和克罗诺斯这两位曾经的最高神及其神族考虑进来，那么希腊神话其实是相继式多神论。换言之，相继式多神论并不是一神论的绝对对立面，而是后者的展开。在这个意义上，谢林说："这种多神论是一个谜，这里是问题之所在，但正因如此也是解密钥匙之所在。"（XI, 121）要解答这个谜，关键是要认识到这个相继性不是由神话造成的，毋宁说神话是由这个相继性造成的，或者说神话是"通过一个在意识里面现实发生的序列"而产生出来的（XI, 125）。就此而言，这个序列只能在一个位于多神论之外的东西里去寻找，而这个东西不是别的，正是一神论。

一神论能够包含着一个序列吗？按照通常的理解，一神论就是只承认独一的神，此外无他。但也有这种情况，即人们之所以只承认独一的神，只不过是因为他们还不知道有另外的神。也就是说，这种一神论虽然对于抱此信仰的人来说是"**绝对的**"一神论，但就事情本身而言却仅仅是一种"**相对的**"一神论，甚至可以说是一种"潜在的"多神论。假若真的只有绝对的独一神，只有唯一的本原，就难以解释为什么在其统治下会发生之前所说的那种大分化或意识的震荡,进而也不能解释多神论或神话的产生。因此必定有第二个神出现,推动起初的独一神发生转化,最终将其驱逐,而这又是为第三个神的出现扫清障碍(XI, 126-130)。正是神与神之间的这个斗争导致了原初人类和原初意识的大分化,作为其结局,分裂出来的民族里,有的仍然坚守着最初的那个独一神(比如犹太教),有的则是接受了三位神的序列(比如印度神话、埃及神话、希腊神话)。如果我们把基督教也考虑进来,那么其三位一体的思想也同样包含着这个序列,虽然基督教严格说来已经是神话或多神论的终结。

谢林对于"相对的一神论"的推崇很容易遭到质疑,因为很多人认为《圣经》的启示是原初的真理,而启示的内容是一种"绝对的一神论",因此作为多神论的神话仅仅是对这个宗教真理的误解或扭曲。但正是在这里,谢林要表明《圣经》尤其是最初的"摩西五经"也是从前面所说的那种意义上的"相对的一神论"出发。关于这个问题,谢林作出了大量细致的考证和分析,我们只能选择其列出的几项关键证据。简言之,上帝在"摩西五经"里面有两个名字,一个是复数形式的"**以罗欣**"(Elohim),另一个是单数形式的"**耶和华**"(Jehovah),前者严格说来不是一个专名,而是一个统称,因此通行的各种语言的《圣经》(包括中文版《圣经》和合本)都是直接将其译为"上帝"。《创世记》第四章里谈到了一个宗谱,亚当(最初的人)生了塞特,塞特生了以挪士,从以挪士的时候起,人们才第一次开始呼唤耶和华的名字,而之前都是称上帝为以罗欣。为什么以挪士的时候要呼唤耶和华的名字呢,因为以挪士已经代表着第二个人类，或者说人类的另一个阶段，这时另一个上帝已经显露出来，而为了坚持他们心目中的真正的上帝（第一个神），他们就呼唤自己的上帝的名字。这就是谢林指出的："这些先祖是在一些重要关头**呼唤**耶和华的**名字**，仿佛是在呼唤一个他们想要牢牢抓住或一个应当显现的人。"(XI, 161) 换句话说，正是第二个神的出现或多神论的诱惑促使人们区分真正的上帝，因此并非是启示造成了神话（多神论），毋宁说是启示面对着神话这个不依赖于它的前提，并且以神话为前提，才让后来的亚伯拉罕坚守一神论，即希伯来人一直坚持的一神论(XI, 179)。真正的一神论应当是一个结果，而不是在《圣经》的开始就启示出来的那种所谓的"绝对的一神论"，而是完全展开的，把相继式多神论的环节包揽进来，并在基督教的三位一体的理念里得以完成的一神论。

四、人类原初意识作为神话的诞生地

　　至此谢林已经批判了那种认为神话与真理完全无关的观点（"诗意的观点"）和那种认为神话只是某种真理的掩饰或扭曲的观点（其中又分为"历史学的观点""科学的观点"和"宗教的观点"）。但谢林并非单纯进行批判，而是在这个过程中已经逐步展示出一些正面的界定。首要的一点是，神话当然包含着真理，而且这个真理不是个别人或个别民族发明出来的，不是以遮遮掩掩或扭曲变形的方式包含在神话中，毋宁说，神话完全是这个真理的体现。那么这个真理是什么呢？从形式上说，就是一个原初统一体由于第二本原的出现而降格为第一潜能阶次，成为第二本原的根据，随之向作为二者的统一体的第三本原敞开，而这个"潜能升级"（Potenzierung）造成了大分化的局面。从内容上说，就是起初貌似绝对的独一神让位给第二个神，最终和后者一起从属于第三个神。这里我们突然发现，这些和谢林此前的哲学思想并没有根本的区别，但这里最大的不同之处是，它们不再是某种独断的理论，而是通过历史批判的考察而推演出来的结果。此外或许人们会质疑，丰富多姿的神话世界怎么可能只有这点"干瘪的"内容？实际上，谢林从一开始就指出他所探究的是"作为一个整体"的神话，因此仅仅考察神话的本质、内核或"原初材料"（Urstoff, XI, 6），或用我们的话来说，神话的基本结构。至于这个原初材料或基本结构在后来漫长的岁月里派生出多少诗歌或历史、科学、宗教方面的意义，这些对于神话的本质而言都是次要的。

最重要的是，那个大分化一方面可以被看作宇宙的生成，就此而言是在人类之外发生的，另一方面也是在人类的原初意识（Urbewußtsein）里发生的。原初意识不是自我意识（这已经是一种现实的意识），而是一种纯粹的意识，但意识必须是关于某东西的意识，因此在原初状态下只能是关于上帝的意识（这里以及随后所说的"上帝"也可以理解为哲学意义上的"本原"）。在这个意义上，谢林说："原初的人不是通过一个行动，而是通过其本性就成为上帝的设定者（das Gott Setzende）。"（XI, 185）此外他还说："人类的原初存在完全只是为了成为上帝的这个设定者。"（Ebd.）"上帝的设定者"乍听起来是一个很玄乎的说法,它不是指人类创造出上帝,而是指人类把上帝确立为固定的对象(这也是费希特最初使用"设定"这个术语所含的意思),也就是说,人类的原初意识从一开始(在本性上)就已经把一个最高本原当作对象,而且它和这个对象的关系是如此之密切,简直可以说是"沉迷"于对象之中。在这个意义上,我们也可以说原初意识是"本原意识"。基于这种亲密关系,我们才能理解当初谢林在《世界时代》里说"唯有人能够追溯那条漫长的发展道路……[因为]人的灵魂具有关于创世的共同知识(Mitwissenschaft)"① 是什么意思。这也解释了,为什么哲学从一开始就能够提出"本原"思想,就以探究本原和万物的关系为己任。

  正因如此,当最初的独一神自身发生大分化,这个"潜能升级"必定也反映在原初意识里,而原初意识在发生大分化的同时也离开上帝,转向自身,成为现实的意识或自我意识,至于大分化或潜能升级运动,则是以朦胧模糊的形式保存在其中,转变为以相继式多神论为基本结构的神话。原初意识转变为神话意识(在迄今展现出的更精确的意义上,应当叫作"神谱意识"),而神话意识不是别的,毋宁就是哲学意识的前身,因为二者的基本结构是完全一致的,都是由原初意识的对象的基本结构所决定的。推而言之,自然界和精神世界也遵循着同样的基本结构。比如谢林明确指出:"人在神话过程中所面对的根本不是事物,而是一些在意识自身的内核里面崛起并且推动着意识的力量。……过程的内容不是一些仅仅位于观念中的潜能阶次,而是潜能阶次本身——它们不但创造

---

① 谢林《世界时代》,第4页。

了意识,而且创造了自然界(因为意识仅仅是自然界的终点),因此同样是一些现实的力量。"(XI, 207)这就是神话的"普遍的意义",即"那个仅仅以特殊的方式在神话中不断重复着的过程乃是一个普遍的、绝对的过程。"(XI, 215-216)所以,那种在神话中呈现出这个绝对过程的科学就是"神话哲学",相应地,那种在启示宗教中把这个过程呈现出来的科学也就是"启示哲学"。

至此我们可以看出,谢林后期的神话哲学(乃至启示哲学)的最终目标仍然是遵循"自我意识的推进史"这一线索去建立他一直以来宣扬的"大全一体"(All-Einheit)学说,因此他既不会放弃自然哲学(虽然这部分内容在后期哲学里已经很少提及),也不会放弃艺术哲学、哲学史等其他精神领域,而是要将它们完全包揽在自身之内。在谢林的这个宏大体系构想里,神话问题始终是一块试金石,以验证他的哲学体系能否真正圆融地建立起来。而正如我们看到的,谢林在经过漫长的思考和尝试之后,终于以科学的亦即历史批判的方式,通过探寻神话的本质和起源,不但确立了一种全新的神话观,而且为他的哲学体系结构提出了一个极具说服力的范例。

先刚

北京大学外国哲学研究所

北京大学美学与美育研究中心

谢林著作集

神话哲学之历史批判导论

(1842)

F. W. J. Schelling, *Historsich-kritische Einleitung in die Philosophie der Mythologie*, in ders. *Sämtliche Werke*, Band XI, S. 1-252. Stuttgart und Augsburg, 1856—1861.

目录①

第一讲	神话的诗意式解释	3
第二讲	神话的自然科学式解释	31
第三讲	神话不是少数个体或某个民族的"发明"	58
第四讲	神话的宗教式解释	81
第五讲	各个民族的产生	113
第六讲	同时式多神论和相继式多神论	141
第七讲	多神论之前的相对一神论	169
第八讲	神话作为人类意识形成过程的产物	206
第九讲	神话过程之客观的-宗教的意义	233
第十讲	神话哲学与历史哲学、艺术哲学和宗教哲学的关系	266

———————
① 以下各讲的标题是译者自拟的。——译者注

第一讲　神话的诗意式解释

　　先生们,你们有理由期待,我在最开始就解释一下我在预告此次讲授课时选择的课程名称,这当然不是因为这个名称是全新的,也不是因为它尤其在某一段时间之前难以出现在一所德国大学的课程目录里面:因为,就当前的局面而言,假若人们企图借此指责点什么,那么必须指出,我们德国的大学已经获得令人称颂的自由,这种自由不再把教师限定在传统学科的某些约定俗成的和冠以陈旧课名的范围里面,而是允许他们将自己的科学拓展到一些新的领域,去考察他们迄今都不太熟悉的一些对象,尤其是通过自由开设的课程来讨论它们,而在这种情况下,假若这些对象不能提升到一个更高的意义,假若科学本身不会在某种意义上得到推进,这就反而是很稀罕的事情了。无论如何,[德国大学的]这种自由不是仅仅以空泛而杂乱的方式,而是从根底上激励着科学精神,相比之下,在别的学校那里,教师只能讲授书本上的东西,学生也只能听到法律规定必须学习的东西。在绝大多数情况下,那些长久以来就备受推崇的科学都是仅仅把结论当作材料而予以传授,却没有告诉听众这些结论是如何达到的,既然如此,我们在讲授一门新的科学时,就必须把听众召唤过来,让他们本人成为这门科学的产生过程的见证者,并且亲眼看见,科学精神如何首先掌握对象,然后——不是强迫对象,而是说服对象去开启那个在它之内隐藏着的、仍然封闭着的认识源泉。简言之,我们的努力在于认识一个对象,这个努力绝不应当(这一点必须反复强调)企图把某些东西灌输到对象里面,毋宁只能诱导对象让他自己接受认识,而我们只需看看一个不甘不愿的对象如何通过科学的艺术而走向自身开启,就很容易让这些见证者不止是认识到单纯的结论,而是甚至有朝一日主动地参与到科学的持续塑造里面。

同样,哪怕人们说,把"哲学"和"神话"这两个如此风马牛不相及的东西放在一起是很困难的,这也不能逼迫我们拿出一个敷衍了事的解释。因为现在的任务恰恰是要把它们放在一起,因为在我们生活的这个时代里,科学已经触及最生僻的东西,而在任何早先的时代里,或许人们从来没有如此不约而同地真切感受到全部科学的内在的统一体和亲缘性。

当然,或许是因为"**神话哲学**"(Philosophie der Mythologie)这个名称让人想起一些类似的名称,比如"**语言哲学**""**自然哲学**"等等,所以一个预先的解释还是有必要的;这个名称把神话置于一个看起来直到今天都还没有得到辩护的地位,而这个地位愈是崇高,就愈是要求得到深刻的论证。我们不能仅仅宣称"神话立足于一个更高的观点"就完事,因为这个谓词没有证明任何东西,甚至没有说出任何东西。观点必须遵循对象的本性,反过来却是行不通的。谁规定一切东西都必须以哲学的方式加以解释呢?简言之,只要简单的手段足以解决问题,就根本没有必要召唤哲学,而这一点尤其适合贺拉斯①的那条规则：

Ne Deus intersit, nisi dignus vindice nodus
Inciderit.
[不要让神介入，除非危难的局面
值得他出手。]②

也就是说，就神话而言，我们同样试图指出，相比"神话哲学"这个名称看起来所表达出的观点，是否一个更简单的观点就足够。换言之，除非事情表明，一切别的似是而非的观点都是**不可能的**，而神话哲学本身已经是**唯一可能的**观点，否则我们不应当认为它已经得到论证。

但为了做到这一点，不能依靠纯属偶然的列举，而是需要这样一个发展过程，它绝不是仅仅囊括全部现实地已经提出的观点，而是包揽全部可能提出的观点，因此它的方法防止任何可思考的观点遭到忽略。这样的方法只能是自下而上的，也就是说，从最初可能的观点出发，通过扬弃这个观点而达到第二个观点，于是通过扬弃每一个先行的观点而为随后的观点奠定基础，直到达到这样一个观点，它不再有什么外在的、能够加以扬弃的观点，从而不再显现为一个仅仅可能真实的观点，而是显现为一个**必然**真实的观点。

与此同时，这个发展过程也意味着，它已经通盘考察对于神话

---

① 贺拉斯(Quintus Horatius Flaccus，前65—前8)，罗马著名诗人。——译者注
② 贺拉斯《诗艺》(Ars Poetica)，第190—191行。——译者注

的哲学研究的全部层次，因为一般而言，任何研究只要超越了单纯的事实，在这里即超越神话的**存在**，去追问神话的本性或**本质**，那么这就已经是一种**哲学**研究，反之那种单纯博学的研究或**历史学**研究却是满足于查明神话的事实。后面这种研究必须通过各种手段去证实那些位于观念中的事实的存在，至于它所掌握的这些手段，无非是一些以延续的或断裂的方式在历史上得到确证的行为和习俗、缄默的文物（神庙、塑像）或口传证词，以及各种书写著作，而这些著作本身就依赖于那些观念，或把它们直截了当地呈现出来。

哲学家不会直接从事这类历史学研究，而是在核心事务上假定这些研究已经解决问题，只有当他在某些地方觉得历史学家的阐述并不正确或不太完整时，他才会亲自披挂上阵。

除此之外，通盘考察各种可能的观点的做法还有另一个优点。神话研究同样必须经历自己的学习岁月，整个研究只能一步一步地拓展，因为对象的不同方面只能一个接一个地显露在研究者面前；同理，我们所讨论的也不是这一种神话或那一种神话，而是作为普遍现象的神话本身，因此这件事情不仅是要认识各种各样的神话（它们在漫长的岁月里已经成为我们自身的一部分），而且预先设定了一个洞见，即在所有这些神话里面，有某种共通的和一致的东西。也就是说，当各种各样的观点来到我们面前，必定会通过这个方式逐次展示出对象的全部方面，以至于真正说来，我们只有到了**终点**才会知道**什么是神话**；因为从事情的本性来看，我们由之出发的那个概念只能是一个外在的、单纯作为名称的概念。

当然,为了便于初步的理解,可以指出一点,即我们是把神话当作一个**整体**来思考,然后追问这个整体的本性(亦即不是首先追问个别的观念),因此无论在什么地方,我们都仅仅考察**原初材料**(Urstoff)。众所周知,"神话"(Mythologie)一词来自希腊人;对他们来说,这个词语在最宽泛的意义上标示着他们独有的传说故事的整体,这些传说故事一般而言已经超越了历史的时间。但人们很快在这个整体里面区分出两个截然不同的组成部分。因为有些传说故事虽然超越了历史的时间,但仍然保留在史前时间之内,也就是说,它们仍然包含着一个人类的行为和事件,虽然这个人类高于任何一个延续至今的具有如此这般的禀赋和特征的人类。再者,有些诗歌明显是后来才从神话里面派生出来的或以神话为根据,也被算作神话。但所有这些东西所依据的那个内核,亦即原初质料,却是由这样一些状况和事件组成的,它们遵循着一个完全不同的事物秩序,既异于历史的秩序,也异于人的秩序,因为在那个秩序里面,英雄就是神,这些无以计数的神看上去是一些在宗教里得到尊崇的人物形象,各自有着独特的地位,虽然在很多方面与事物和人类的普通秩序有关,但在本质上却是与之分离,并构成了一个自足的**世界**,即**诸神世界**。鉴于这些在宗教里得到尊崇的存在者为数众多,我们说神话就是多神论,并且把这个首先进入考察视野的环节称作**多神论**环节。从这个环节来看,神话一般而言就是**诸神学说**(Götterlehre)。

但与此同时,这些人物形象被认为相互之间有着某种自然联系和历史联系。当克罗诺斯叫作乌兰诺斯的儿子时,这是一个自然的关系,而当他阉割自己的父亲并推翻后者对于世界的统治时,这是一个历史的关系。再者,由于自然关系在一个更宽泛的意义上也是历史关系,所以如果我们把这个环节称作**历史**环节,就贴切地将其标示出来。

尽管如此,这里必须提请注意,即诸神并不是首先以某种抽象的方式存在于这些历史关系之外:作为神话式存在者,他们就自己的本性而言,从一开始就是历史的存在者。因此神话的完整概念在于,它不是单纯的诸神学说,而是**诸神的历史**(Göttergeschichte),或按照希腊人的那个唯一切中要害的说法,是**神谱**(Theogonie)。

我们所面对的就是人类观念的这个独特整体,而我们的任务在于找到这个整体的真正本性,并按照上述方式对其进行澄清和论证。但在这里,由于应当从一个最初可能的观点出发,所以我们不得不回溯到神话的整体在我们内心里激起的第一个印象;因为,我们的出发点愈是潜入深处,我们就愈是可以确信没有预先排斥任何一个有可能提出的观点。

XI, 8　　现在,为了做到人们常说的从最前面开始,假设我们处于这样一个人的立场,他以前从来没有听说过神话,直到现在才第一次听到希腊诸神的历史的一部分或这个历史本身;然后我们去追问,他将有怎样的感受。毫无疑问,这将是一种诧异,而这种诧异立即通过如下问题表达出来:

1)我应当如何看待神话这个东西?
2)神话所意谓的是什么?
3)神话是如何产生出来的?

正如你们看到的,这三个问题顺势就交织在一起,并且在根本上仅仅是同一个问题。在第一个问题里,提问者只希望得到一个单独的观点;至于他如何**看待**神话,也就是说,他如何理解神话,这一点仅仅取决于他在什么意义上理解神话的**起源**,即神话是在什么意义上**产生出来**的。因此他必然从第一个问题过渡到第二个问题,并从第二个问题过渡到第三个问题。第二个问题("所意谓的是什么?")追问的是**意义**(Bedeutung),但这是指**原初**的意义;因此,答案必须具有这个功能,即让神话也能够在这个意义上产生出来。**观点**与**意义**有关,而观点必然要求得到**解释**,这个解释又与**产生过程**有关;如果要让神话在某个意义上产生出来,也就是说,如果要赋予神话以一个原初的意义,就必须有一些前提,但一旦这些前提表明自己是不可能的,解释就失败了,而在这种情况下,观点也不能成立。

实际上,我们很容易就知道,每一种超越了单纯的事实、随之具有哲学意义的研究一直都是开始于对意义的追问。

我们当前的任务是通过清除和扬弃所有别的观点来论证"神话哲学"这个名称所表达出的观点,因此总的说来是采用了否定的方式;因为只有我们预告的这门科学才是对它的肯定的证明。但刚才我们已经看到,单纯的观点本身是无,因此本身不容许任何评判,而是只能依赖于一个与它结合在一起的或与它契合的**解释**。解释本身难免要预设一些前提,这些前提虽然难免是偶然的东西,但能够在完全独立于哲学的情况下接受评判。现在,通过这样一个批判——它本身并不预先持有一种由哲学颁布的独断观点——,

我们把每一种解释的那些前提要么拿来与自在地可思考的或可信的东西做比较，要么拿来与历史上已知的东西做比较，看看那些前提本身与这个或那个东西是相符合还是相矛盾，就必然可以证明它们是可能的还是不可能的。因为，有些东西自在地已经是不可思考的，另外一些东西诚然是可思考的，但不是可信的，还有一些东西或许是可信的，但与历史上已知的东西相矛盾。尽管神话的起源已经消失在一个没有任何历史知识能够回溯的时间里，但在历史知识还能触及的地方，我们还是能够推出，即便在历史不可触及的时间里，什么东西可以，什么东西不可以被预设为可能的；这是另一种**历史辩证法**，它不像早先的历史辩证法那样在绝大多数时候都是立足于单纯的心理学反思，企图借此获得各种关于遥不可及的时间的历史知识；关于那个极为晦暗的史前时间，相比人们习惯性地随心所欲想象出的各种观念，这种历史辩证法总是能够让我们认识到更多的东西。就神话的起源以及神话在产生过程中所处的关系而言，当我们揭开各种各样的解释企图用来伪装自己的虚假历史的面纱，就必然会同时认识到一切在历史上可查证的东西。在这件事情上，至少有**一件**最无可争辩的文物保存下来了，这就是神话本身，而每一个人都会承认，那些与神话本身相矛盾的预设只能是不真实的东西。

以上评论已经勾勒了接下来的发展进程。我希望你们牢记这些评论，把它们当作迷途中的指针，因为这个研究不可避免会陷入许多附带的具体论述里面，以至于人们很容易忘记这些论述的主要进路和联系。——经过上述评论，现在我们返回第一个问题，即我应当如何看待神话？或更确切地说，我是应当把它当作真理来看待呢，还是不当作真理？——当作真理？假若我能够这样做，我就不会提出这个问题了。假若教师能够在一个具体而清楚的报告中给我们叙述一系列真实的事情，那么我们中的任何人都不会再去追问这个叙述意味着什么。因为很简单，这个叙述的意义就在于它所叙述的那些事情是真实的。我们预先就假定叙述者的意图在于教导我们，而我们在听他叙述的时候，也是带着接受教导的意图。他的叙述对我们来说无疑具有**宣教的**(doctrinelle)意义。因此，在"我应当如何看待神话"或"神话意味着或应当意味着什么"这个问题里，已经包含着一点，即提问者觉得，他在那些神话叙述里，进而在神话观念里（因为历史在这里和内容是不可分割的），看不到**真理**，看不到真实的事情。但如果不把它们当作真理来对待，那么当作什么东西呢？真理的自然对立面是**诗**(Dichtung)。因此我将把它们当作诗来对待，我将假设，它们所意谓的是诗，并且是作为诗而产生出来的。

倘若如此，以上所述无疑就是最初的观点了，因为它是从问题自身那里显露出来的。我们可以将其称作"自然的"观点或"素朴的"观点，因为它限定在第一印象里，没有超越这个印象去思考诸多严肃的问题，而这些问题与每一个神话解释都密切相关。诚然，如果要严肃对待这个观点，真正的行家立即就会注意到那些可能与之联系在一起的困难，但我们并没有宣称，它是被当作真实的观点而提出来的。按照之前的解释，只要表明它是一个可能的观点，这对我们来说就足够了。此外我们也明言指出，我们从未企图把

XI, 11　它当作一个有效的解释，哪怕很多人确实就是这样认为的，他们至少在看待神话的时候，唯一愿意接受的就是诗意的观点，并且毫不掩饰对于任何探究诸神的**根据**（或按照古代著述家已经采用的说法，causis Deorum［诸神的原因］）以及任何在神话的观念性意义之外企图探究其他意义的做法的极端厌恶。至于这个厌恶的理由，我们只能认为这是一种想要悉心维护神话的诗意因素的愿望，而只有诗人才会如此珍视这些诗意因素；他们担忧的是，只要探究［诸神的］根据，就会损害神话的诗意因素，甚至导致其消失；然而哪怕是在最糟糕的情况下，这种担忧也是没有道理的。因为，无论我们得出什么研究结果，这都始终只是与［神话的］**起源**有关，丝毫不涉及诸神在诗人那里或相比纯粹的艺术作品而言应当具有什么意义。甚至那些企图在神话里看到某种科学意义（比如物理学意义）的人，也不会因此就认为诗人是在同样的意义上思考神话；同理，在我们这个大谈一切审美事物，并且至少在某些方面达到了更好的理解的博学时代里，似乎也没有什么巨大的危险会导致人们由于这样一些旁枝末节的观点而失去对荷马的兴趣；在最极端的情况下，假若我们的时代仍然需要这样的教导，那么人们可以去读读莫里茨①的那本名著②，因为就作者的写作目的而言，这本书始终是值得隆重推荐的。诚然，每一个人都可以自由地仅仅以审美的方式看待自然界，但他不能因此就禁止自然研究或自然哲学。

---

① 莫里茨（Karl Philipp Moritz, 1756—1793），德国作家和艺术理论家。——译者注
② 指莫里茨于1791年发表的《古人的诸神学说或神话诗》（*Götterlehre oder mythologische Dichtungen der Alten*）。——译者注

同样，每一个人尽可能完全以诗的方式看待神话本身，并且抱着这个观点不放，但如果他希望说出神话的本性，就必须也主张神话仅仅是以诗的方式产生出来的，然后去回应所有与这个主张一起产生出来的问题。

现在，在给出限制的一个根据之前，不妨假设我们别无他法，只能这样看待神话，而诗的解释就意味着，神话观念之所以产生出来，不是企图**主张**或**教导**什么东西，而是仅仅为了满足一个——起初当然不可思议的——诗意的发明冲动。也就是说，诗的解释本身就排斥任何宣教的意义。针对这个观点，有如下反对意见。

每一种诗都需要一个独立于它的根基，或者说一个它以之为发源地的地基；没有什么东西能够**单纯地**被虚构出来①或完全凭空产生。哪怕是最自由的诗歌，哪怕它是完全出于**自身**而被发明出来的，并且完全排斥与真实事件的关联，也并不因此就不以人类生活中的那些真实事件和普通事件为前提。这就像奥德修斯夸耀自己的叙事那样②，虽然他的整个叙事链条都是由不可信的东西拼接而成的，但其中的每一个个别事件仍然必定能够以别的方式得到证实，或被当作"接近真相"(ἐτύμοσιν ὁμοῖα)的东西。在荷马的英雄诗歌里，所谓的"奇迹"并不是一个谴责之语。这部诗歌有一个现实的根基，这个根基就是从**荷马**的立场来看的那些**现成已有的**和**被当作是真相**的诸神学说；奇迹之所以转变为自然的东西，是因为那些介入人类事务的神属于那样一个时代的现实世界，这个

XI, 12

---

① 德语的"虚构"(erdichten)的字面意思为"作诗"。——译者注
②《奥德赛》XIX, 203。——谢林原注

时代符合事物的那个曾经可信的、被接纳到世界观念之内的秩序。问题在于,如果荷马诗歌已经把诸神学说的伟大整体当作自己的背景,那么人们如何能够又把诗歌当作这个背景本身的背景呢?很明显,那些只有在**整体**之后才成为可能,并且通过整体本身才传达出来的东西,比如上面所说的那种自由的诗歌,不可能是先于整体。

按照以上评论的顺序,我们可以给诗意的解释提出一个更为明确的界定,即神话里面确实**存在着**一个真理,但这不是一个被**故意**放进去的真理,因此不但难以捉摸,而且难以原原本本地被陈述出来。根据这个解释,神话包含着现实性的全部要素,但这些要素在神话里的样子就像在一种童话里那样(关于这种童话,歌德已经给我们留下一个光辉的例子),也就是说,这种童话的真正魅力在于,它在我们面前映射出一个意义,或在远方展示出一个意义,但这个意义又持续不断地挣脱我们,于是我们被迫去追逐它,却从来不能触及它;毫无疑问,假若一个人擅长以这种方式轻轻松松地欺骗我们,总是让听众心神不宁,仿佛这是最美好的事情,那么他就会被看作是创作这种童话的大师。有些人认为,这些情况实际上是对于神话的最为贴切的描述,即神话用一个更深刻的意义激起我们的共鸣,借此欺骗我们,引诱我们不断前进,却从来不对我们说一句话。然而谁能够把那些消散的、无规定的紊乱音调转化为一个现实的协奏呢?毋宁说,这些音调就好比风竖琴的音调,它们在我们内心里激起一通混沌的音乐观念,但本身绝不可能统一为一个整体。

每一个地方都似乎呈现出一个联系或体系，但这个东西就像新柏拉图主义者所说的那种**纯粹质料**，当人们不去寻找它，它就呈现出来，而当人们企图把它抓在手里或得到一种关于它的知识，它就逃之夭夭；多少人企图紧紧抓住神话的飘忽不定的现象，而他们最终和传说中的伊克西翁①一样，想要拥抱朱诺，却只是抱住了一团云！

只要把一个被故意放到神话里面的意义从中排除出去，那么这件事情本身就排除了任何**特殊的**意义，而我们在接下来的各种各样的解释中将会发现，每一个解释都把一个不同的意义放到神话里，以至于诗意的解释看起来和**每一个**意义都是漠不相关的，但恰恰因此并不排斥任何意义。果真如此，那么它的这个优点肯定是不容忽视的。诗意的观点可以承认自然现象是透过诸神的形态而闪现出来的，它也可以相信它感受到了那些掌控着人类事物的隐秘力量的最初经验，并且知道为什么这些经验本身并不是宗教的见证——有些东西能够让新出现的尚未自力更生的人类感到震撼，但对于最初的产生过程而言却不是陌生的，毋宁说，所有这一切都将在那些诗歌里映现自身，并且制造出一个联系，甚至制造出一个位于远方的学说的魔幻假象；我们乐意承认这是**假象**，并且只有当一个粗俗而平庸的知性企图把它转化为实在东西的时候，才对此予以谴责。但在神话里，**每一个**意义都仅仅是潜在的，就像在

XI, 14

---

① 伊克西翁（Ixion），特萨利国的暴君，犯下诸多罪行，其中最严重的一桩是热烈追求宙斯的妻子赫拉（朱诺），而他为此遭受的惩罚是被绑在一个永远燃烧和转动的轮子上面。——译者注

混沌里一样，但并不因此受到限制或走向特殊化；只有当人们试图去限制它或将其特殊化时，才会歪曲乃至摧毁现象；但如果人们不去干涉意义在现象中的样子，并且欣然接受这些无限可能的关联，那么他们就具有了理解神话的正确心态。

通过这个方式，那个起初看起来简直滑稽可笑的观念，即在一个科学的发展过程中找到一个位置，似乎确实在某种程度上是成立的，而我们希望，即便某些人根本不认为自己的观点是一个解释，以上所述还是能够顺应他们的心意。假若不与别的考虑相冲突，谁不愿意到最后仍然保持自己的观点呢，哪怕它并不完全符合那个众所周知的、备受钟爱的思维方式，即在我们这个族类后来的严峻时代之前，想到一个充斥着明朗诗歌的世界时代，亦即这样一个状态，在那里，尚且没有宗教式的畏惧，也没有所有那些压迫着后来的人类的阴郁情感，也可以说，这是一个幸运的、天真无邪的无神论所统治的时代，在那里，恰恰是这些后来在那些粗野化的民族中间已经黑化为单纯的宗教观念的东西，仍然具有纯粹的诗的意义。或许多愁善感的培根[①]正是想到了这个状态，才宣称希腊神话是从更美好的时代吹到希腊人的牧笛中的微风。[②] 谁不愿意想象，虽然现在已经无迹可寻，但在原初时间里却能找到一个生活在渺远仙岛上的人类，对他们来说，一种精神性的海市蜃楼已经把整个现实性提升为传说故事的王国？在任何情况下，观点都包含着

[①] 培根 (Francis Bacon, 1561—1626)，英国哲学家。——译者注

[②] Aurae temporum meliorum, quae in fistulas Graecorum inciderunt. ["从更美好的时代吹来的微风，钻进希腊人的牧笛。"]——谢林原注

一个观念，每一个人都会经历这个观念，哪怕没有谁会在这里永远驻足。当然，我们不怕让这个观念去经受历史的考验，而是担心人们接受这个观念之后，以为它本身是以诗意的方式被发明出来的。因为，无论人们打算给这个观念提出怎样的更具体的规定，同时都始终必须解释，人类（无论这是指一个原初民族还是指诸多民族）究竟为什么在他们的最早的时间里不约而同地在一个不可遏制的内在冲动驱使之下创造出一种诗，而这种诗的内容恰恰是诸神以及诸神的历史？

任何一个具有自然的感受力的人在面对各种复杂任务的时候都能够经验到，在绝大多数情况下，对于事情的第一印象基本是正确的。只不过它们的"正确"仅限于指出思想应当追求的目标，而不是指它们本身已经达到了目标。诗意的观点也是这样的第一印象；它无疑包含着某种正确的东西，因为它不排斥任何意义，并且允许我们完全以原本的方式看待神话。在这种情况下，我们当然不能随口就说这个观点是错误的，因为正相反，它揭示出了那个应当达到的目标；它所缺乏的仅仅是解释的手段；也就是说，这个观点本身就敦促我们继续前进，走向一些更开阔的研究。

无论如何，只要进行解释，就会赢得许多规定性，但前提是，人们不要只是大而化之地在诸神的历史里看到一种诗，而是应当深入研究一些现实的个别诗人，并且把他们看作诗的原创者，比方说遵循希罗多德①的那个著名的和广受讨论的文本位置的指引，在那里，他并没有笼统地谈论诗人如何如何，而是明确指出，是赫西俄

---

① 希罗多德(Herodotos，前480—前425)，希腊历史学家，号称"历史学之父"。——译者注

德①和荷马给希腊人制造出神谱。②

当前这些论述的目标是搜罗出一切能够从历史学的角度来澄清神话的产生过程的东西,与此同时,我们也希望借这个机会厘清诗和神话在历史上最初的关系。基于这个理由,在目前的局面下,我们认为历史书写者[希罗多德]的那个文本位置值得一种更详尽的探究。因为,假若仅仅从偶然的和外在的关系出发去理解他的言论,即赫西俄德和荷马只不过是最早在**诗歌**里面吟唱诸神的历史的人,这虽然符合一般的语言表达习惯,但在当前的这个语境下却是不容许的。③ 这个说法必定意指着某种更根本的东西。再者,这个文本位置无疑也提供了某种历史的信息,因为希罗多德本人明确指出,他的那些言论是经过长期考察和多方打探之后才得到的结果。

假若希罗多德仅仅提到赫西俄德的名字,那么他所说的"神谱"(Theogonie)大概就是指赫西俄德的那部诗歌;但由于他完全平等地谈到两位诗人("是**他们**为希腊人制造出神谱"),所以很显然,他所意指的只能是事情本身,即诸神的历史。

然而诸神无论如何不可能是由这两位诗人发明出来的,我们

---

① 赫西俄德(Hesiodos),生活于公元前8世纪的希腊诗人,主要作品为《工作与时日》和《神谱》。——译者注
② 希罗多德《历史》第二卷,第53节:Οὗτοί εἰσιν οἱ ποιήσαντες θεογονίην Ἕλλησιν. ["正是他们为希腊人制造出神谱。"]——谢林原注
③ 沃尔夫《荷马导论》(*Prolegg. ad Homer*),第 LIV 页注释。——谢林原注。译者按,沃尔夫(Friedrich August Wolf, 1759—1824),德国古典语文学家。代表著作为1795年发表的《荷马导论》,他在其中考察了荷马史诗的形成史,重新提出了所谓的"荷马问题"(即"荷马"究竟是不是一个独立的个体)。

也不能这样理解历史书写者[希罗多德]的话,仿佛希腊只有从荷马和赫西俄德的时代开始才知道诸神。单从荷马来看,这件事情本身就是不可能的。因为荷马熟知诸神的庙宇、祭司、祭品和祭坛等等,而且他不是把这些东西当作某种全新产生出来的,而是当作某种真正意义上的远古事物。诚然,人们可能听说过一个观点,即在荷马那里,诸神只不过是一些诗意的存在者。假若这个观点想要表达的意思是,人们所想到的已经不再是诸神的严肃而晦暗的宗教意义,那么这是正确的!但人们不能说,全部诸神对于人而言仅仅具有诗的意义,因为对于这里所说的人而言,诸神发挥着一个非常实在的影响,而且他们作为宗教意义上的以及宣教意义上的存在者,不是被**发明**的,而是被**发现**的。希罗多德实际上根本没有笼统地谈论诸神,而是谈论诸神的历史,并且明确地指出,诸如"每一位神起源于何方""是否所有的神自古以来就已经存在着"之类问题是"不久以前"才被人们意识到的;所谓"不久以前",指的是"自从两位诗人以来",而他们生活的年代距离希罗多德不超过400年。是他们给希腊人制造出神谱,给诸神取名字,把各种荣誉和职责分配给他们,并且规定了每一位神的形态。

因此这里的关键在于"神谱"这个词。希罗多德想要说的是:这是一个整体,在其中,每一位神的自然关系和历史关系都被规定了,每一位神都获得了专有的名字、特殊的职责和独特的形态;希腊人应当感谢赫西俄德和荷马,是他们提出这种诸神学说,而这就是诸神的**历史**。

现在的问题是,即使仅仅做这样的理解,希罗多德的那个断言又将如何得到捍卫呢？因为严格说来,我们到底在什么地方看到荷马致力于让诸神产生出来呢？这类场面是很罕见的,因为他经常只是随机地、语焉不详地顺带说到诸神的自然关系和历史关系。对荷马而言,诸神不是一种正在形成的东西,而是已经存在着,他不会去追问他们的根据和最初的起源,正如英雄诗人在描述主人翁的各种事迹时,也不关心其经历过的自然成长过程。就连诸神的名字、职责和荣誉等等,荷马的一气呵成的诗歌也无暇详述,而是把所有这一切东西都当作给定的,并且在提及它们的时候,给人的感觉是它们自永恒以来就是现成已有的。——至于赫西俄德？没错,他确实吟唱了诸神的产生过程,而从他的诗歌的招牌式的、范导式的特性来看,本来应该说神谱是由他制造出来的。但反过来也可以说,唯有诸神的历史的展开才可能推动他把这个历史本身当作一部叙事诗的对象。

因此——人们可以对此提出反对意见——,诸神的历史并不是**通过**诗人的诗歌才产生出来的,不是他们带来的结果。但细看之下,希罗多德也没有这么说。因为他并没有说：诸神的这些自然区别和历史区别在诗人之前根本就**不存在**；他仅仅说：它们**没有被意识到**(οὐκ ἠπιστέατο)。因此他只是断言诗人意识到了诸神。但这并不妨碍,或更确切地说,这恰恰逼迫我们假设,就事情本身而言,诸神的历史在两位诗人之前已经是现成已有的,只不过它是以混沌的方式,或如赫西俄德所说,"原初地"(πρώτιστα)存在于一个晦暗的意识之中。于是这里呈现出一个双重的产生过程,这个过程首先就质料而言是处于内敛状态(Einwicklung)中,然后得到展开和分化。很显然,诸神的历史并非从一开始就具有我们在诗歌中看到的那个形态;这段没有被言说出来的历史或许**就本性而言**确实是诗,但并非**现实地**是诗,因此它也不是以诗的方式产生出来的。神话的黑暗工场或最初的诞生地位于所有诗歌的彼岸,诸神的历史的**根据**也不是由诗歌奠定的。综合考量下来,以上所述就是历史书写者[希罗多德]的那些言论的清楚结论。

XI, 18

现在,假若希罗多德只是想说,这两位诗人第一次说出了此前未被言说出来的诸神的历史,那么有一点仍然是不清楚的,即当他这样说的时候,是怎样思考诗人和那段历史的特殊关系。这里我们必须注意到那个文本位置里的一个细节,即"诗人是为**希腊人**(Ἕλλησι)制造出诸神的历史"。这个细节不是无缘无故出现在那里的。希罗多德的这整个文本位置唯一想要强调的就是这一点,因为他是通过长期考察才得到这个令他深信不疑的结论。通过这些考察,他只知道一点,即严格意义上的诸神的历史是**全新的**,也就是说,它完完全全属于希腊人,是和严格意义上的希腊人一起才产生出来的。希罗多德断言,希腊人之前存在着佩拉斯吉人①,这些人后来通过一个大分化(Krisis)——至于是怎样的一个大分化,现在还不是说的时候——**转变**为希腊人。② 关于佩拉斯吉人,他在另一处与当前的文本位置有密切关系的地方说道,他们把一切都献祭给诸神,**却没有通过名字或别名去区分诸神**。③ 于是我们在这里

---

① 佩拉斯吉人(Pelasger)是最早居住在希腊的民族之一,据说是在史前时期从北方的色雷斯和南方爱琴海诸岛迁移到希腊。——译者注
② 希罗多德《历史》,第一卷,第57节。——译者注
③ 希罗多德《历史》,第二卷,第52节。——译者注

看到了那个沉寂的、仍然内敛的诸神历史所在的时间。我们不妨回想一下这个状态,在那里,意识仍然是混沌式的,与各种诸神观念纠缠在一起,却不能把它们从自己身边推开,使之成为对象,因此也不能分割它们或分化它们,简言之,意识和那些观念之间不是一种**自由**的关系。在这个局促的状态里,**任何诗歌也是不可能的**;因此,那两位最早的诗人,就其作为**诗人**而言(且不管他们的诗歌有哪些内容),已经标示着那个不自由的状态或者说佩拉斯吉人意识的结局。这个解放通过分割诸神观念而进入意识,也只有它才把诗人馈赠给希腊人,反过来,只有那个把诗人馈赠给希腊人的时间才创造出一种完满展开的诸神历史。诗歌(至少是现实的诗歌)不是在先的,严格说来,那种言说出来的诸神的历史也不是由诗歌所创作的,没有哪一方是先行于另一方,毋宁说,二者是**一个较早的状态**(即内敛和缄默的状态)的**共同的、同时出现的结局**。

这样我们已经在至关重要的一点上接近历史书写者[希罗多德]的本意。他说,赫西俄德和荷马(而我们更愿意说,"两位诗人的时间")为希腊人制造出诸神的历史。当然,希罗多德自己的这个说法是无可厚非的,因为"荷马"不像后来的阿尔凯俄斯①、提尔泰奥斯②等诗人那样是一个个体,毋宁说,他标示着一个完整的时间,是一种占据统治地位的权力,是时间的本原。当希罗多德提到这两位诗人时,他的意思和赫西俄德几乎用同样的词语来叙述宙斯时的意思毫无区别,也就是说,宙斯在打败一众提坦之后,应诸

---

① 阿尔凯俄斯(Alkaios),公元前7世纪末的希腊诗人,"九大抒情诗人"之一。——译者注
② 提尔泰奥斯(Tyrtaios),公元前7世纪的希腊诗人,擅长军歌和哀歌。——译者注

神的要求接管了统治权,然后为这些不朽者分配荣誉和职位。① 只有当宙斯坐上王位之后,真正意义上的希腊诸神的历史才出现,也只有这个转折点才是真正的希腊生命的开端。诗人 [赫西俄德] 以**神话的方式**用宙斯的名字标示这个开端,而历史书写者 [希罗多德] 则是以**历史的方式**用两位诗人的名字标示这个开端。

我们继续追问:谁在仔细阅读荷马的时候,竟然不会看到诸神是在荷马诗歌中**产生出来**的? 伴随着这个问题,我们就更进一步了。无论如何,对荷马本人而言,诸神是从一个不可探究的"过去"中显露出来的,但人们至少察觉到诸神的显露。在荷马诗歌里,一切都仿佛是全新地闪现出来的,这个历史的诸神世界在这里仍然散发出最初的清新气息。唯有诸神的宗教因素是一种远古的,

XI, 20

---

① 赫西俄德《神谱》第 881 行以下:
    Αὐτὰρ ἐπεί πόνον μάκαρες θεοί εξετέλεσσαν,
    Τιτήνεσσι δὲ τιμάων κρίναντο βιῃφι,
    Δή ῾ρα τοτ᾽ ὤτρυνον βασιλευέμεν ἠδὲ ἀνάσσειν,
    Γαίης φραδμοσύνῃσιν ὀλύμπιον εὐρύοτα Ζῆν᾽
    Ἀθανάτων ὃ δὲ τοῖσιν ἐυ διεδάσσατο τιμάς.
    [快乐神灵操劳完毕,
    用武力解决了与提坦神争夺荣誉的斗争;
    根据神的提示,他们要求
    奥林波斯的千里眼宙斯统治管辖他们。
    于是,宙斯为他们分配了荣誉职位。](译者按,此处采用了张竹明、蒋平的译文)
希罗多德的说法是:οὗτοι δέ εἰσι - τοῖσι θεοῖσι τὰς ἐπωνυμίας δόντες καὶ τιμάς τε καὶ τέχνας διελόντες. ["是他们(赫西俄德和荷马)……把诸神的名字、荣誉和技艺教给所有的人。"] 参阅《神谱》第 112 行:Ὥς τ᾽ ἄφενος δάσσαντο, καὶ ὡς τιμὰς διέλοντο. ["再说说他们之间如何分割财富、如何分享荣誉。"]

在希罗多德的这处文本引发的诸多评论里,就我所见而言,唯一让我感到诧异的是,居然没有任何人想到赫西俄德的那个文本位置。——谢林原注

但仅仅从黑暗的背景中透射出来的东西；与此相反，诸神的历史因素或自由运动的方面却是全新的、刚刚产生出来的。通过一个大分化，诸神世界展开为诸神的历史，但这个大分化不是位于诗人之外，而是在诗人之内实现自身，随之**制造出**诗人的诗歌；在这个意义上，希罗多德确实可以斩钉截铁而有理有据地宣称那两位诗人是最早的希腊人，并且指出是他们为希腊人制造出诸神的历史。诸神历史的制造者不是两位诗人本人（虽然希罗多德必定会这样说），而是那个落于诗人之内的神话意识的大分化。说不是两位诗人制造出诸神历史，和通常的那句谚语"两只燕子带不来夏天"也是完全不同的意思，因为哪怕根本没有一只燕子，夏天还是会来临；但诸神的历史却是在诗人之内**自己**制造出自己，它在诗人之内得以展开，第一次获得存在，并被言说出来。

在这种情况下，我们对于历史书写者[希罗多德]的言论本身也做出了辩护。希罗多德在追溯最古老的各种局面时，就事情本身而言，他的不可思议的敏锐在最深奥的研究中也经受了考验。他还能够充分接近诸神的历史的产生过程，对其仔细端详，并做出一个在历史学的意义上有理有据的判断。因此我们也可以信赖他的观点，把它当作这样的有理有据的判断，并用他的判断来证明一件事情，即诗歌虽然是神话的自然的结局，甚至是神话的必然的、直接的产物，但作为现实的诗歌（至于谈论一种"可能的"或"潜在的"诗歌，有什么用处呢），它不可能是诸神观念的创造根据或源泉。

这件事情体现在一个最合乎法则的发展过程中，体现在那个尤其具有诗意的民族亦即希腊民族的发展过程中。

关于这件事情，为了掌握一切在历史学的意义上可知的东西，我们不妨继续回溯下去，这样就首先遭遇到**印度人**。诚然，假若某个人或某些人的信口开河都可以立即成为权威观点，那么我们把印度人直接放在希腊人前面的这个做法也不可能是什么严重的历史谬论。实际上，印度人是唯一的一个在这方面和希腊人相似的民族，即二者都拥有一种自由的、在所有形式里都得到发展的，并且是从神话里显露出的诗歌艺术。即使完全不考虑别的方面，这种充分展开的诗歌也已经把印度人置于这个地位。此外还有一个同样关键的、本身就具有决定性意义的事实，即印度语言和希腊语言不仅属于同一个形式结构，而且在语法构成方面也最为接近。如果有人已经知道这些情况，但仍然死抱着那个把印度人拔高为原初民族，并且在历史上将其放到全部民族之前的观点不放，那么，尽管这个观点的最初产生确实能够得到解释，并且在某种程度上能够得到谅解，但这样的人肯定不懂每一个发展过程的合乎法则的进程，尤其不懂历史现象的合乎法则的进程。因为，就算要初步掌握印度文化里的那些最优秀的文献在其中写就的那门语言，没有极高的天分和艰辛的努力也是不可能的；如果某些卓越的人物（其中一些人已经错过了学习语言的最佳年龄）不仅亲自掌握了来自遥远国度的梵文，而且为后来者开辟并推平了学习这门语言的荆棘道路，谁不会欣然对他们表达敬意呢？按照常理，只要付出了艰辛的努力，当然可以期待巨大的成功，如果说最初的那些先行者还可以把学习和掌握梵文看作他们所得到的最高奖励，那么对于那些动辄以拓展人类知识为己任的后来者或初学者，我们必定希望他们最好是换一种方式珍惜前人的心血,而不是随随便便提出一些夸大其词的猜想,推翻迄今公认的民族顺序和秩序,把最高级的东西颠转为最低级的东西。但实际上,就其影响而言,这种拔高印度人的做法所得到的评价和歌德对于地质学的"抬升猜想"(Erhebungshypothese)①的评价大概不会有什么区别;歌德说,这个猜想是从一个直观出发的,在这个直观中,根本不能谈论什么**稳固的**和**合乎规则的**东西,而是只能谈论一些**偶然的**、**相互无关的事件**②;至少就"抬升理论"迄今的形态而言,我们基本上可以同意这个评价,但与此同时,我们也不会因此忽视这个理论所依据的那些事实的重要性,或者因此就觉得之前那些公认的产生方式是更可信的,甚至企图去捍卫它们。

希望你们不要对我在这个研究的起步阶段就明确反对那些随意猜想的做法感到诧异;因为,假若人们可以像谈论印度人那样处理一切事物,那么我还不如马上放弃这个还没有正式开始的研究,因为在这种情况下,我们根本不能思考一个内在的发展过程或**事情本身**的发展过程,毋宁说,一切东西都处于一个纯粹外在的和偶然的联系中。按照这个方式,人们可以把最年幼的、距离起源最遥远的东西当作尺度,去衡量最初的和原初的东西,或者把最晚近的东西当作证据,去证明关于最古老的东西的一个肤浅而武断的观点。这种迫不及待地把印度因素掺杂到一切东西(比如关于《创世

---

① "抬升猜想"或"抬升理论"是流行于18世纪至19世纪的一种关于山脉如何形成的猜想。——译者注
② 歌德《遗著》,第十一部分,第190页。——谢林原注

记》的研究)之内的做法绝不会得到真正的印度学专家的认同,但它必定会利用"神话"这个普遍的名字作为自己的伪装,因为在这个名称下面,那些最生僻的东西,那些具有完全不同的层次并且经常走向相互对立的结局的东西,一律被当作完全相同的东西来对待。然而神话本身就包含着一些巨大的、显著的区别,因此我们既不能同意那种做法,即对那些通过其名字和荣誉而明确区分开的个别神祇进行纵向和横向的比较,并试图取消他们的区别,也不能容许另外一种做法,即淡化乃至完全推翻神话发展过程的那些伟大环节的**真正的**相继性(Succession),亦即其内在的、随之合乎法则的相继性。后面这种做法尤其是不容许的,因为这等于说,我们必须放弃任何对于更久远的古代世界的科学研究,而对这些研究来说,恰恰是神话提供了唯一稳妥的线索。①

假若全部神话都是一个诗意的发明,那么印度人的神话也必定是这样的一个发明。目前看来,我们迄今知道的印度诗歌作为一个新的现象已经得到最为热忱的追捧,这种追捧或许在某些方面甚至有过誉之嫌。与此相反,通常说来,人们并不觉得印度诸神

---

① 另一方面,那些找出各种理由来尽可能孤立地看待希腊因素,并且拒斥任何普遍联系的人,发明了"**印度曼人**"(Indomanen)这个名字[译者按,这个名字和"日耳曼人"(Germanen)是相对应的],用来指代那些对于一切东西都要在印度因素里寻找启发的人。我本人并不需要这个发明,因为我在《论萨摩色雷斯岛诸神》(*Ueber die Gottheiten von Samothrake*, 1815)里已经反对那种从印度观念里推导出全部希腊观念的做法,而且我的这个思想甚至先于歌德《西东诗集》(*Westöstlicher Divan*, 1819)里的那些著名的言论。在我的那篇论文里(第30页),我明确表达出了这样一个观点,即希腊的诸神学说尤其应当回溯到一个比印度观念更古老的起源;假若佩拉斯吉人(他们是全部希腊因素的源头)最初的那些概念是从印度观念里流溢出来的,而不是发源于神话本身,那么他们的诸神观念根本就不可能展现出如此这般的美。——谢林原注

有什么特别的诗意。歌德关于这些奇形怪状的神祇的极为尖刻的言论是众所周知的,但又不能说是不公正的,哪怕人们或许能够察觉到那里面掺杂了一种愤怒,而这种愤怒的部分原因在于,印度诸神显然具有一种实实在在的、宣教式的特性,而且人们发现即使用尽一切办法,也不能把那些在希腊人那里给人带来抚慰的纯粹理想式的解释应用到这些神祇身上。尽管如此,人们既不能不加解释就把印度诸神丢在一边,也不能凭借一个单纯的口味判断就将其打发走;无论印度诸神是否面目可憎,他们都存在于那里,而因为他们存在于那里,所以必须得到解释。再者,看起来人们也不能给印度诸神提出这样一个解释,给希腊诸神又提出那样一个解释。假若人们希望通过比较二者而得出一个结论,那么这个结论必定就是:神话观念的宣教因素或真正的宗教因素是逐渐地,并且只有在最终的决断里才被完全克服。

很显然,那个大分化在把诸神赠予希腊人的同时,也让他们具有一种与诸神相对抗的自由;与此相反,印度人在一种深刻得多和内在得多的意义上仍然依赖于他们的诸神。印度的各种无形式的叙事诗和极为精巧的戏剧诗仍然背负着一种极具宣教意味的特性,在这方面远超希腊的任何一部同类作品。希腊诸神的那种以诗意的方式得到升华的东西,相比印度诸神而言,并不是某种绝对原初的东西,毋宁仅仅是在更深的层次上乃至完全克服一个权力之后得到的结果,而这个权力仍然牢牢掌控着印度诗歌。假若没有一个**实在的**、位于希腊诸神根基处的本原,那么他们的备受赞誉的理想性只能是一种单调无聊的理想性。

除了希腊人之外，只有印度人才拥有一种创造性的诗歌，一种在全部形式里自由运动着的诗艺；换言之，这种诗歌或诗艺恰恰只是出现在这两个在神话发展过程中处于末尾的或最晚近的民族那里。但在印度人和希腊人之间又呈现出这样一种关系，即在前者那里，相比在后者这里，宣教因素看上去占据着支配地位，并且在很大的程度上更为明显可见。

如果我们再回溯一步，就首次遭遇到**埃及人**。埃及人的诸神学说已经石化为各种巍峨雄壮的建筑物和庞大的雕像，至于一种运动着的、以诸神（作为自由的、摆脱了自己的起源的存在者）为主导的诗歌，看上去对埃及人而言是完全陌生的。正如希罗多德明确指出的①，埃及人仅仅拥有唯一的一首挽歌和一些古老的歌谣，除此之外在他们那里没有诗歌的任何痕迹。希罗多德从来没有提到过一位类似于希腊诗人的埃及诗人，否则像他这样热衷于做比较的人，必定会提到那位诗人的名字。再者，他也从来没有把方尖石塔或神庙墙壁上的大量铭文中的任何一个称作诗歌。与此同时，埃及神话却是一种如此高度发展的神话，以至于希罗多德肯定不是"受到那些埃及祭司的蛊惑"，而是确实在埃及神话里认识到了希腊诸神。

再往后回溯的话，我们在**腓尼基人**那里发现了一种虽然不是如此久远，但已经得到重要推进的诸神学说，然后在**巴比伦人**那里发现这种诸神学说的最初要素。关于这两个民族，充其量只能说，他们拥有一种与古希伯来诗歌相似的诗篇式的，亦即宣教式的诗

---

① 希罗多德《历史》第二卷，第79节。——谢林原注

歌,但事实上我们既没有听说过什么巴比伦诗歌,也没有听说过什么腓尼基诗歌。

无论在什么地方,诗歌都并非如某些解释所假设的那样表现为某种最初的、原初的东西;诗歌同样必须克服一个较早的状态,它愈是让自己服从于这个过去,看起来就愈是具有活力,愈是**成为**诗歌。

上述一切或许能够让我们去反思,纯粹的诗意观点和诗意解释是否具有一种无条件的有效性。这些反思向我们指出,诗意观点和诗意解释并不是什么完结的定论,毋宁说,我们仍然面临着一个广袤无垠的领域,即其他类型的研究和论述。

第二讲　神话的自然科学式解释

我们之所以舍不得抛弃诗意的观点，主要原因在于：第一，它不会给我们施加任何限制；第二，它让我们在面对神话的时候保持着完全的自由，而且这种自由在所有方面都是完整无缺的；尤其是第三，它允许我们驻足于**本真的**意义，而为了做到这一点，唯一的办法就是同时排斥一种真正宣教的意义。因此宣教的意义可能就是诗意的观点的界限。相应地，出现了另一个观点，它容许真理和宣教的意义，并且主张，神话至少最初的时候所意谓的是真理。但就和常见的那些顾此失彼的事情一样，这个观点不得不牺牲另一样东西，即[神话的]本真性，随之用一种非本真的意义取代了这种本真性。神话里确实有真理，但不能说严格意义上的神话里有真理，更何况这种神话是**诸神**学说和**诸神**的历史，亦即看起来具有宗教的意义。因此，神话所说的或看起来所说的不同于它所意谓的，而总的说来，这些与言说出来的观点相契合的释义就是最宽泛的字面意思上的**寓托式**① 释义。

---

① 众所周知，"寓托"(Allegorie)一词是由 "ἄλλο"（另一种）和 "ἀγορεύειν"（言说）构成的。——谢林原注。译者按，关于谢林对这个重要概念的使用，详参其《艺术哲学》，先刚译，北京大学出版社，2021年，第72页以下。

以下是各种可能的层次划分。

[第一个层次的观点是:]神话所意谓的是一些人格化的存在者,但他们不是诸神,不是超于人类、属于一个上界秩序的存在者,而是历史中的人物;再者,其中描述的是一些现实的事件,但这是人类历史或公民历史中的事件。诸神仅仅是一些被拔高为神的人,这些人原本是英雄、国王、立法者,或者按照今天人们推崇的金融和商业来说,原本是航海家、新的商贸道路的发现者、殖民事业的开辟者等等。如果谁特别想要看看人们如何在这个意义上解释神话,那么不妨读读克雷里克①关于赫西俄德《神谱》的注释,或莫斯海姆②关于库德沃斯③《理智体系》的注释,以及希尔曼④的《希腊历史的开端》。

这种历史学的解释方式叫作**欧赫美尔**解释方式,因为欧赫美尔⑤作为亚历山大时期的一位伊壁鸠鲁主义者,看起来虽然不是这种解释方式最早的捍卫者,但却是其最为热忱的捍卫者。众所周知,虽然伊壁鸠鲁⑥承认存在着一些现实的、**真实的**神,但他同时认为诸神是完全悠闲无为的,根本不操心人类事务。根据他的学

---

① 克雷里克(Johannes Clericus, 1657—1736),瑞士神学家和语文学家。——译者注
② 莫斯海姆(Johann Lorenz Mosheim, 1693—1755),德国神学家和教会史学家。——译者注
③ 库德沃斯(Ralph Cudworth, 1617—1688),英国哲学家和神学家,剑桥柏拉图学派代表。这里提到的《理智体系》的全称为《宇宙的真正理智的体系》(*The True Intellectual System Of The Universe*, 1678)。——译者注
④ 希尔曼(Karl Dietrich Hüllmann, 1765—1846),德国历史学家。——译者注
⑤ 欧赫美尔(Euemeros 或 Euhemeros),生活于公元前4世纪至公元前3世纪的希腊哲学家。他在一部名为《圣书》(Ιερὰ Ἀναγραφή)的著作中提出,希腊诸神(尤其是乌兰诺斯、克罗诺斯、宙斯等后来的神)原本是岛国潘凯亚(Panchaia)的国王,后来才被拔高为神。——译者注
⑥ 伊壁鸠鲁(Epikur, 前341—前270),希腊原子论哲学家。——译者注

说,唯有偶然性统治着一切,因此不容许神意,也不容许上界的存在者对世界和人类事物发挥任何影响。相比这样一种学说,那种认为诸神积极参与人类行为和人类事件的想法只不过是一种民间迷信,必须予以摒弃。而为了达到这个目标,就必须告诉人们,诸神并不是真实的神,毋宁仅仅是一些被想象为神的人。正如你们看到的,这种解释已经以真实的诸神为前提,而且众所周知,伊壁鸠鲁是从一个**先行于任何学说**,并且深深扎根于人类本性的观点里面推导出诸神的观念,也就是说,这些观念也是整个人类所共有的。① "因为,这个观点不是通过某种人为安排、伦常习俗或法律而形成的,而是先于这一切而出现在每一个人的心里,所以,诸神必然存在。"②——这就是伊壁鸠鲁做出的推论,而在这件事情上面,他也比很多后人明智得多。

由此也看出,何其荒谬的是,在基督教的时代,甚至在我们这个时代,有些人所信仰的或许是别的什么东西,反正绝不是现实的诸神,但与此同时,他们却认为自己至少能够在某些方面使用欧赫美尔的解释。

---

① Quae est enim gens, aut quod genus hominum, quod non habeat sine doctrina anticipationem quandam deorum? quam appellat πρόληψιν Epicurus, id est anteceptam animo rei quandam informationem, sine qua nec intelligi quidquam, nec quaeri, nec disputari potest. ["哪一个民族或族类不是在缺乏训导的情况下已经具有某种对于神的预知?伊壁鸠鲁所说的先知,就是其灵魂预知到事物的一个信息,而假若没有这个信息,人们就不可能理解任何东西,也不可能进行质疑和争辩。"]西塞罗《论神的本性》第一卷,第16节。——谢林原注

② Cum non instituto aliquo, aut more, aut lege sit opinio constituta, maneatque ad unum omnium firma consensio, intelligi necesse est, esse deos. ["这个观点不是通过某种人为安排、伦常习俗或法律而形成的,而是长久以来所有的人的共识,所以诸神必然存在。"]同上书,第17节。——谢林原注

第二个层次的观点是,全部神话所意指的都不是神,既不是本真意义上的神,也不是非本真意义上的神,总之不是人格化的存在者,而是一些非人格性的对象,并且只是以诗意的方式被想象为人物。这种解释方式所依据的是"人格化原则";也就是说,那些人格化了的东西,要么是伦理的属性和现象,要么是自然的属性和现象。

因为诸神是伦理存在者,而且在每一个神那里,当一个精神属性或心灵属性显露出来时,会排斥别的精神属性或心灵属性,随之超越了常人的表现,所以,诸神可以被当作伦理概念的象征来使用,而这种使用长久以来就已经出现了。当诗人需要借助一位神祇来提倡节制和自制时,他不会召唤怒气冲冲的赫拉,而是会召唤镇定自若的雅典娜。但我们不能因此就认为,无论对诗人本人而言,还是对神话而言,雅典娜都仅仅是一种人格化了的智慧。培根生活在一个党派之争极为严重的时代,因此他在自己的《论古人的智慧》(*De Sapientia Veterum*)这本小册子里利用神话作为政治理念的伪装。至于把神话想象为一种人为掩饰的道德哲学,如同卡尔德隆①《神奇的魔术师》(*Der wunderbare Magus*)中的精灵所说的那样:

> 这些只是童话,在其中,
> 那些庸俗的作者

---

① 卡尔德隆(Pedro Calderón de la Barca, 1600—1681),西班牙作家,代表作为戏剧《人生如梦》(*La vida es sueño*)。——译者注

> 矫借神的名字
> 肆无忌惮地包装
> 道德哲学。

这并不是学者的观点，而是耶稣会士发明出来的一个教育思想，他们为了和新教学校竞争，也给学生讲授古代诗人的作品（虽然绝大多数时候都是采取断章取义的方式），并且最终也是这样解释神话。

至于物理学的释义，从材料上看，这些释义的可能性诚然是不可否认的，哪怕这个解释并未因此就得到辩护，因为在这种情况下，人们必须首先把自然界本身孤立出来，否认它与上界的一个普遍世界有任何联系，否认这个世界或许在神话里的表现和在自然界里的表现是完全一样的。这些解释的可能性仅仅证明了神话的普泛性，而神话实际上是这样一种东西，即一旦允许对它进行寓托式解释，那么要说出它不意味着什么，比说出它意味着什么还要更加困难。这类尝试根本没有想到一个**形式化的**解释，即去表明这种意义上的神话是如何产生出来的，因此它们充其量只不过是一些空洞的、适合无聊人士的游戏。

那些仅仅借助少许偶然印象就敢于做出全称判断的人，甚至可能深入一些**具体的**物理学释义里，而这种事情已经多次发生。在炼金术的鼎盛时期，术士们可以在特洛伊战争里看到所谓的哲学过程。他们的释义本身能够以词源学作为依据，而这些词源解释的似是而非可以说毫不逊色于当今通行的某些词源解释。比

XI, 29

如,特洛伊战争的罪魁祸首**海伦**(Helene)其实是指**塞勒尼**(Selene)①或月亮(炼金术中用来标示白银的符号);同理,神圣之城**伊利俄斯**(Ilios)②明显是指**赫利俄斯**(Helios)③或太阳(它在炼金术中意味着黄金)。自从"反燃素化学"④引起普遍注意之后,人们在希腊的男性神祇和女性神祇那里看到的全是这种化学的质素,比如在他们看来,调和一切的爱情女神阿佛洛狄忒就是那个引发每一个自然过程的氧气。今天的自然科学家主要研究电磁学和化学,既然如此,凭什么就不能在神话里发现这些东西呢?想要反驳这样的释义者是徒劳的,特别是当他极为幸运地发现,他竟然能够在如此久远的古代世界的镜子里看到自己的最新面孔,于是觉得没有必要去说明,首先,那些发明了神话的人究竟是通过何种方式掌握了他所预先设定的那些美妙的物理学知识,其次,到底是什么东西促使那些发明者要用一种神奇的方式将这些知识包装和隐藏起来。⑤

相比这些具体的释义,另一种释义始终是更高级的,即在神话里看到自然界的历史。对有些人而言,神话仅仅是年复一年的太阳运动的一个寓托,而这种肉眼可见的运动是以黄道十二宫为标

---

① 早期希腊神话中的月亮女神。——译者注
② 即特洛伊(Troja),因此荷马《伊利亚特》(*Ilias*)在字面上的意思其实是"关于伊利俄斯(特洛伊)的故事"。——译者注
③ 早期希腊神话中的太阳神。——译者注
④ "反燃素化学"(antiphlogistische Chemie)是法国化学家拉瓦锡(Antoine-Laurent de Lavoisier, 1743—1794)给自己的新化学理论取的名字。他通过实验证明,燃烧是一种氧化作用,不存在所谓的"燃素"。——译者注
⑤ 康德在谈到当初的燃素假说时曾经提到一位年轻的美洲土著,当人们问他为什么如此着迷于从倒光的瓶子里作为泡沫而涌出的英国啤酒时,这位土著回答道:"**我好奇的不是啤酒从里面冒出来,而只是你们当初怎么能够把它灌进去**。"——谢林原注

志①；对另外一些人而言，那种以诗的方式呈现出来的自然界的现实历史，或者说那一系列翻天覆地的变化，是发生在自然界当前的宁静状态之前，并且意味着那些先后崛起的诸神族类相互之间的敌对关系，尤其是提坦一族与最新一代神祇之间的斗争；有些人甚至进而推出，神话里面可能包含着一种自然的**世界生成学说**（宇宙谱系学）。在上一辈学者里，主要是海涅②试图证明最后这个观点③，与此同时，他也可以说是第一个认为有必要澄清这种意义上的**"产生过程"**的人。他断言哲学家是神话的原创者，并且认为神话的原初内容在某种程度上是一系列关于世界的形成过程的哲学论题。所谓宙斯夺去父亲克罗诺斯的王位，并且在某些传说里甚至阉割了他的父亲，意思是（或许我在这里没有精确复述他的文字）：曾经有一段时间，创造性自然界仅仅产生出粗野的、莫可名状的东西（大概相当于无机物），然后出现了一个时间点，当此之际，单纯质料的创造终止了，产生出来的也不再是无形态和无形式的东西，而是精巧的有机物。这种无形式的创造的终止，相当于克罗诺斯被阉割；宙斯本身已经是一种精巧的自然力，并且创造出精巧

---

① 根据哥廷根大学当初的一名讲师多恩内登的《埃及日历》和其他著作，埃及的整个诸神学说都仅仅是一个日历体系，是对于太阳每年的运行以及伴随着这个运行而在一个埃及年份中设定下来的现象更替的隐晦描述。——谢林原注。译者按，多恩内登(Carl Friedrich Dornnedden)的上述著作发表于1797年，完整的书名为《埃及日历，或一种关于艺术和神话的起源的新理论》(*Phamenophis, oder Versuch einer neuen Theorie über den Ursprung der Kunst und Mythologie*)。

② 海涅(Christian Gottlob Heyne, 1729—1812)，哥廷根大学教授，德国古典学家和考古学家，被誉为现代古典学研究和神话研究的奠基人。——译者注

③ 海涅《论荷马传说的起源和原因》(*De origine et causis Fabulaum Homericatum*)，《哥廷根评论集》第八卷。——谢林原注

的事物,而通过这种自然力,那种最初的、粗野的自然力遭到阻碍和限制,不能再继续进行创造。当然,这个意思是值得一听的,而且这样一些解释或许始终可以作为预习知识而具有意义,因为它们在早先的时代至少维护了那个认为神话里面有一种实在的内容的观点。但是当人们追问,哲学家为什么想到要用神话这个形式来包装他们的珍贵知识,海涅却试图尽可能清除这件事情里面的人为因素;按照他的说法,哲学家不是自愿选择了这个阐述方式,而是迫不得已乃至被逼着这样做;之所以如此,一方面原因在于,最古老的语言缺乏一些科学术语来表达普遍的本原或原因,于是语言的贫乏迫使哲学家把抽象的概念人格化,用生殖的形象来表述逻辑的关系或实在的关系;另一方面原因在于,哲学家是如此深深地被对象本身打动,以至于他们努力想要以戏剧的方式把这些对象当作行动的人物而呈现在听众面前。①

据说这些假想的哲学家本人**已经知道**,他们所谈论的不是现实的人物。但既然如此,他们所创作的那些人格化存在者究竟是

---

① Nec vero hoc (per fabulas) philosophandi genus recte satis appellatur *allegoricum*, cum non tam sententiis involucra quaererent homines studio argutiarum, quam quod animi sensus quomodo aliter exprimerent non habebant. Angustabat enim et coarctabat spiritum quasi erumpere luctantem orationis difficultas et inopia, percussusque tanquam numinis alicujus afflatu animus, cum verba deficerent propria, et sua et communia, aestuans et abreptus exhibere ipsas res et repraesentare oculis, facta in conspectu ponere et in dramatis modum in scenam proferre cogitata allaborabat. ["但实际上,哲学家的这种(借助于神话传说的)做法并非完全是**寓托式**的,而人们之所以努力想要翻转各种精微的意义,只不过是因为他们不知道哲学家拥有另外一种表达方式。畏惧和精神上呼之欲出的痛苦和挣扎,还有语言表达上的困难和贫乏等等,就仿佛是神为心灵注入的一道亮光,与此同时,哲学家和每一个人都共有的本性却阻止他心急火燎地把这些事物和事情原本的样子展示在人们眼前,而是必须以戏剧的方式将它们带上舞台,并补充以他自己的思想。"]海涅上述著作第 38 页。——谢林原注

怎样转变为现实的人物,随之转变为神的呢?或许人们可以想象,这是通过一种非常自然的、不可避免的误解,即缘于后来的一些人不知道这些观念之所以产生的秘密。但海涅对这个过渡另有看法。他认为,任何知道神话的意思的人都理解这种人格化。这时诗人注意到,如果把对象想象为**现实的人物**,那么就可以给各种各样奇妙的童话和传说故事提供素材,而通过这些童话和传说故事,人们就有望在一个喜欢娱乐的民族那里找到突破口。海涅甚至倾向于认为,荷马尤其懂得如何把这些具有哲学意味的神话转化为完全正常的历史。据说荷马仍然熟知各种哲学意义,而且人们可以从他偶尔脱口而出的某些暗示中领会到这些意义;只不过他对此深藏不露;他作为诗人太懂得如何利用自己的特长,即让那些哲学意义顶多是隐约透露出来,因为哲学理念在民众那里是不受欢迎的,与此相反,那些毫无意义的历史故事,哪怕其中仅仅表现出对象和状况的某种更替,对民众的吸引力也要大得多。诗人固然懂得神话人物的科学意义,但通过这个方式,他们使神话人物独立于这个意义,达到一种无意义状态,而民间信仰只懂得在这种状态下看待神话人物。

XI, 32

这里有一个需要指出的事实,即虽然希腊人远比我们更接近神话的起源,但已经不能说比我们更了解这个起源,正如希腊的自然科学家也并不比今天的我们更接近自然界。因为在柏拉图的时代,人们至少在某些方面已经试图为流传下来的神话提出完全类似的释义,对此《斐德罗》中的苏格拉底说道:为了透彻地理解这些神话,需要一个完全投入这项辛劳事业的人,而这样的人并不是特别幸福和值得羡慕的,因为在这种情况下,他必须耗费很多时间去消除粗俗的理解(ἄγροικος σοφία),把一切东西梳理清楚或使之接近于真相,但遗憾的是,任何专注于更严肃和更重要的事物的人都没有这个闲暇。①

与此非常相似的是西塞罗记载的一位学园派哲学家的言论②,而其针对的是斯多亚学派奔忙于神话释义的做法;因为值得注意的是,最终在希腊和罗马的哲学舞台上仅存的两个体系,即**伊壁鸠鲁学派**的体系和**斯多亚学派**的体系,已经分化为两种解释,一种是**历史学的**或**欧赫美尔的**解释,另一种是**自然科学的**解释。诚然,斯多亚学派承认,有些人是因为做出了极大的善行而被拔高为神,比如赫尔库勒斯③、卡斯托耳和波鲁克斯④、阿斯克勒庇俄斯⑤等等,

---

① 柏拉图《斐德罗》229,《理想国》第三卷,391D。——谢林原注
② *Magnam molestiam suscepit* et minime necessariam primus Zeno, post Cleanthes, deinde Chrysippus commentitiarum fabularum reddere rationem, vocabulorum, cur quique ita appellati sint, causas explicare. Quod cum facitis, illud profecto confitemini, longe aliter rem se habere atque hominum opinio sit: eos enim, qui Dii appellentur, rerum naturas esse, non figuras Deorum. ["首先是芝诺,然后是克利安特,再然后是克吕希波,毫无必要**费尽心血**去评注各种神话传说,为之提出理由,并解释它们之所以被这样称呼的原因。而当他们这样做的时候,他们对于事物的看法却是与人们通常的观点大相径庭,即那些被称作神的东西,不是诸神的形态,而是事物的本性。"]西塞罗《论神的本性》第三卷,第24节。——谢林原注。译者按,芝诺(Zeno)、克利安特(Cleanthes)和克吕希波(Chrisippus)分别是早期和中期斯多亚学派的领袖和最重要的代表。
③ 赫尔库勒斯(Herkules)即希腊英雄赫拉克勒斯(Herakles),曾经完成十二项伟大的功绩。——译者注
④ 卡斯托耳(Kastor)和波鲁克斯(Pollux)是一对孪生兄弟,经常在海上救助船员,后被尊奉为神,成为天上的双子星座。——译者注
⑤ 阿斯克勒庇俄斯(Aeskulapios)为阿波罗之子,精通医术,救死扶伤,后被奉为医神。——译者注

因为这个起源看上去是明白无误的。但在涉及诸神的历史的一切更深层次的东西(比如乌兰诺斯被阉割,萨图恩被朱庇特征服①)时,他们却是用纯粹的自然关系进行解释。② 这两种解释最终让位于**新柏拉图主义者**的解释,他们在神话里看到的全是真正意义上的形而上学,但从根本上说,这其实是一种无奈之举,因为他们是为了与基督教的精神性内涵相抗衡,才赋予异教一种类似的内涵。③ 他们致力于一方面让自己的思辨理念与古代宗教传统达成一致,另一方面又利用后者去支持前者,但由于他们根本没有想到神话的自然起源问题,而是预先设定神话是一种无条件的权威,所以他们没有资格被算作真正意义上的神话解释者。

海涅反对人们把他的解释或他所说的哲学家的伪装方式称作寓托,因为这些哲学家并非故意采取这个方式去掩饰他们的学说或观点。仿佛这一点是多么关键似的!我们已经听够了他的絮絮叨叨,比如哲学家在谈到诸神时,仅仅想到各种自然力,以及哲学家言不由衷,其表达出的不是他们真正思考的东西,如此等等。假

---

① 萨图恩(Saturn)即克罗诺斯,朱庇特(Jubiter)即宙斯。——译者注
② Alia quoque ex ratione, et quidem physica, magna fluxit multitudo Deorum; qui induti specie humana fabulas poetis suppeditaverunt, hominum autem vitam superstitione omni referserunt. Atque hic locus a Zenone tractatus, post a Cleanthe et Chrysippo pluribus verbis explicatus est. etc. ["基于别的原因,亦即自然的原因,从神的多样性派生出诸多事物;但诗人创作的神话传说迷惑了人类,让人毕生沉陷在各种各样的迷信里面。但恰恰对于这些东西,从芝诺开始,从克利安特直到克吕希波,却是连篇累牍地加以解释。"] 上述西塞罗著作,第24节。——谢林原注
③ 参阅维克多·库桑在其两篇讨论奥林匹奥多罗斯的文章中的相关论述。《学术月刊》1834年第6期和1835年第5期。——谢林原注。译者按,库桑(Victor Cousin, 1792—1867),法国哲学家和古典学家,谢林和黑格尔的学生。奥林匹奥多罗斯(Olympiodor),公元6世纪的新柏拉图主义哲学家。

若海涅真的如此激进，竟然假设神话的**内容**是科学，难道他不应当宣称神话的**表述**也完完全全是真正意义上的科学表述吗？这样的话，至少他会义无反顾地走到诗意的观点的对立面，但他为什么又止步于中途半端呢？总的说来，海涅确实不是一个能够完整地进行推论或哪怕是以尝试的方式透彻思考推论的最终后果的人。或许是一种幸运的漫不经心阻止了他拿这个哲学解释去接受终极考验，而这件事情还得仰仗于一位更古板的人物，即海涅在古典学研究领域里的那位著名的追随者，戈特弗里德·赫尔曼①，因为后者坚定地贯彻了这种解释的真正意义，也就是说——撇开其明显带有个人色彩的表述不论——，他甚至在[诸神的]**名字**里也仅仅看到**对象**本身的科学命名，比如在他看来，"狄奥尼索斯"不是酒神，毋宁按照严格的词源学来说是酒本身，同理，"福玻斯"②也不是光明之神，而是指光明本身；这样的一个解释，作为寓托式解释的死敌，已经值得我们加以考察并做出详细的论述。

只要人们考察上述神祇的名字——这位杰出的语法学家就是这样构建他的理论③——，就会发现，第一，全部名字一般而言都是**有所意味的**；但如果人们遵循一种有时候展现于光天化日之下，有时候又只有通过深入探究才能认识到的词源学，去考察这些名字的意义，就会发现，第二，它们总的说来仅仅包含着自然界的各种形式、力、现象或活动的谓词；如果人们进一步考察它们置身其中

---

① 赫尔曼(Gottfried Hermann, 1772—1848)，德国古典学家。——译者注
② 福玻斯(Phoibos)即太阳神阿波罗。——译者注
③ 赫尔曼《论希腊最古老的神话》(*Disseratio de Mythologia Graecorum antiquississima*)，利普斯 1817 年版。——谢林原注

的关系和联系,就只能推断出,这些名字也应当仅仅是自然现象的名称;因为如果人们把它们当作是诸神的名字,那么很快就会忽视它们的任何可见的联系,而如果人们完全把它们当作是对象本身的纯粹的科学名称,并且发现其中包含着对象的核心谓词——在通常的偶然名称里,谓词要么根本没有被表达出来,要么不再是可辨识的——,就承认神话的叙事除此之外还有一个极为便利的手段,即通过**生殖**(Zeugung)的形象去表达出一个现象对于另一个现象的依赖性,正如我们即使完全没有意识到这是一种形象化的说话方式,也会说热是由光**"生产"**(erzeugt)出来的,或一个本原乃至一个概念是**"出身于"**(abstammen)另一个本原或概念等等,而在这种情况下,我们就看到一个具体的整体,其成员呈现出它们之间的一个完全清楚的、科学的联系。

从前,生活着一些人——不对,按照这种说话方式,赫尔曼的理论本身也像神话一样开始叙述了,而且是采用那种最司空见惯的形式——,因此我们希望这样说:从前,在某个时间和某个地方——比如在色雷斯(据说这是塔米里斯①、奥菲欧②和利诺斯③的出生地)或吕基亚(据说这是第一位游吟诗人奥伦④的出生地),当然最终的结果是,我们甚至必须追溯到遥远的东方——,在一个总的说来懵懂无知的民族里,必定生活着一些天赋异禀、出类拔萃的人,他们

---

① 塔米里斯(Thamyris),希腊传说中著名的游吟诗人,男同性恋的发明者。——译者注
② 奥菲欧(Orpheus),亦译为"俄尔普斯",希腊传说中太阳神阿波罗与九位缪斯女神之一的卡利俄珀所生的儿子,精通音乐。——译者注
③ 利诺斯(Linos),希腊传说中著名的音乐家和诗人,塔米里斯的老师。——译者注
④ 奥伦(Olen),希腊早期诗人和祭司,赞歌的发明者,第一位以六步韵脚的形式来宣读阿波罗神谕的人。——译者注

通过观察而认识到自然界的各种力量、现象甚至法则,随之想要提出一种关于万物的起源和联系的规范理论。在这样做的时候,他们遵循着那个唯一使得明确的、稳妥的和清楚的知识成为可能的方法①,亦即首先寻找每一个对象的标志性谓词,以便通过这个方式而掌握对象的**概念**。比如,当普通人把雪称作"雪"时,他仅仅是在想象对象,但没有真正思考对象。反之那些杰出人士关心的是概念,并认为名称应当牢牢抓住概念。比如,他们想要表达出糟糕天气的三种类型:雪、雨、冰雹。他们发现冰雹在**撞击**,便说这是"撞击的东西",但这样表达出的只是一个谓词,不是一个对象。因此他们把冰雹称作"**撞击者**"(音译"科托斯"),即希腊文的 κόττος(来源于 κόττω [撞击]),而众所周知,科托斯是赫西俄德所说的一位百臂巨人的名字。他们发现雨在田野里冲刷出了垄沟(实则更常见的情况是注满垄沟),于是把雨称作"**制造垄沟者**"(音译"古埃斯"),即希腊文的 γύγης,而这也是赫西俄德所说的第二位百臂巨人的名字。最后,他们发现雪是一种沉重的东西,于是将其称作"**重人**"(音译"布里阿瑞俄斯"),即希腊文的 βριάρεως,但在这种情况下,他们所思考的并不是一个人,更不是一位百臂巨人,毋宁仅仅是雪本身。因此,并非如海涅所设想的那样,对象本身拟人化了,毋宁说,只有表述拟人化了,而且这种单纯**语法上**的拟人化不像某些出现在每一种语言里的表述那样,单纯与自身相关,比如把一种狭长的刀称作"**穿刺者**",把那种将葡萄酒从酒桶里舀出来的

---

① 赫尔曼《论神话的本质和处理方式》(*Ueber das Wesen und die Behandlung der Mythologie*),莱比锡1819年版,第47页。——谢林原注

工具称作"**起重者**",或像农村人那样把焚烧秸秆的东西称作"**燃烧者**",把那些侵袭树木的甲壳虫称作"**贪吃者**"等等。至于把对象本身想象为**人格性存在者**,如同民间俚语把一阵呼啸大作的风称作"圣·勃拉修斯"①那样,这完全违背了那些或那一位发明者(因为赫尔曼到最后甚至认为只有一位发明者②)的目的。严肃的科学精神对海涅意义上的那种人格化阐述已经毫无兴趣,因为这个时代的当务之急是制造出一个整体,比如赫尔曼在赫西俄德的神谱里面看到的那个整体,其中有着如此之多的深刻知识,以及一种前后一贯的联系,一种简明扼要的秩序(这些都是他自己使用的术语),以至于他毫不迟疑地宣称那种位于神谱根基处的学说是古代世界最令人惊叹的旷世杰作;他在那些神话传说里看到的不是许多猜想的肤浅堆砌,而是各种立足于**漫长经验**、**细致观察**乃至**精确计算**的理论,而在整个神话体系里,他不仅看到了各种缜密的**科学**,而且看到了深刻的智慧。③

我们必须仔细考察,到底是什么原因导致了这些显然是夸大其词的赞美。要么是因为人们天然地就偏爱自己真正发现或自以为发现的那些对象,要么是因为人们对于某些谓词——比如拉普拉斯④《宇宙体系论》(*Système du monde*)中的那些看上去至关重要的谓词——的价值和有效范围只具有一个不太确切的概念,要么

---

① "勃拉修斯"(Blasius)在字面上的意思为"呼啸者"。——译者注
② 见上述著作第107页。——谢林原注
③ 见上述著作第47页。——谢林原注
④ 拉普拉斯(Pierre-Simon Laplace,1749—1827),法国数学家和天文学家,提出了著名的"拉普拉斯定理"和关于行星起源的星云假说。——译者注

是两个原因共同导致了这个结果。无疑,在缜密科学的这类结论里,不包含如下一些学说:比如"谷种"(περσεφόνη,音译"佩耳塞福涅")必须被掩埋在大地里(被阴间之神掠走),才会结出果实①;"酒"(δίονυσος,音译"狄奥尼索斯")来自"葡萄藤"(Σεμέλη,音译"塞墨勒")②;大海的波浪是持续的,但其方向却是变化不定的,而每一个来到这个世界上的人都仿佛不费吹灰之力就获得了类似的波浪。为了相信神谱具有一种哲学精神,人们不应当只盯着个别方面(尽管这里有一些众所周知的命题是不可避免的),而是应当通观整体,尤其应当重视其开端。现在,我们不妨听一听赫尔曼对这个开端的解释。

[赫尔曼认为,]那位古老的哲学家(据说赫西俄德本人在惘然无知的情况下已经以该哲学家的学说为最初的基础)希望完全从头开始解释世界,亦即从还没有任何东西的地方开始。出于这个目的,哲学家说:先于一切东西的是**卡俄斯**或"混沌"(Chaos);从词源学来说,混沌(来自 χάω 或 χαίνω [敞开])意味着一个**开阔的**、完全敞开的、未充实的东西,亦即一个**缺乏任何物质**的**空间**。因此不言而喻,紧随其后的无非是那个将其充实的东西,即**物质**,但物质本身仍然必须被看作是无形式的。从词源学来说,**该亚**(Gäa)来自 γάω 或 γέγαα [产生],意味着**一切东西从中生成的那个东西**,因此它不是指"大地",而是指全部生成活动的原初质料,或者说一切未来将要产生出来的东西的那个无形式的根基。现在,既然已经

XI, 38

---

① 按希腊神话,谷神德墨忒尔的女儿佩耳塞福涅被冥王哈得斯抢到阴间为妻。——译者注
② 按希腊神话,塞墨勒是酒神狄奥尼索斯的母亲。——译者注

设定了一切东西的产生所依据的"**在其中**"和"**从中**",就只缺一个第三者了,即全部东西是"**通过其**"而产生出来的。这个第三者是一条将全部东西联系在一起的纽带,即**厄若斯**或"**联合者**"(Eros,来自 εἴρω [联合]),这个纽带**在当前阶段仅仅**具有这个科学的意义,而不是指后来的那位**神**。现在,把这三个要素设定下来之后,哲学家可以放心地解释万物本身的创造。

空间作为第一要素,其最初的三个产物分别是:1)**厄瑞玻斯**(Erebos)或"**掩蔽者**";这个名字意味着"黑暗",它掩蔽着质料,这时还没有什么东西从中产生出来;2)**纽克斯**(Nyx),但这个名字不是指"黑夜",毋宁说,人们在这里同样必须坚持它的原初意义,即它来自 νύειν 或 νεύειν [弯腰],相当于拉丁文的 nutare [点头] 或 vegere [发起运动],意味着"下降";换言之,空间的第一个后果(亦即产物)是运动,而最初的和最简单的运动则是向下的运动,即降落。前两者合起来生产出 3)**以太**(Aether)和**赫莫拉**(Hemere),即"光明"和"白天";因为这位宇宙谱系学诗人把"黑暗"想象为某种类似于云雾的有形事物,所以当它与纽克斯结合(亦即降落),就自上而下变得明亮和晴朗。

接下来是第二要素亦即那个仍然无形式的物质的各种产物。物质在未交媾的情况下独自生出**乌兰诺斯**(Uranos),即"最高者"。其意思是说:物质里面的较精细的部分**自行**提升自己,从而成为天空,与较粗糙的部分分离,后者留下来成为真正意义上的大地。这个较粗糙的部分是通过这里提到的**大山**和**蓬托斯**(Pontos)而暗示出来的,"蓬托斯"不是像赫西俄德误解的那样指深海,而是如赫尔曼教授现在正确理解的那样意味着一般意义上的"深",其来自动词 πιτνεῖν [降落],因此也和拉丁文的 fundus [深渊]意思相近。因此只有在与最高者分离之后,"该亚"才意味着**大地**;当大地与**最高者**发生交互作用,其第一个产物就是**俄刻阿诺斯**(Okeanos),这个东西不是指环绕世界的大海,从词源学来说毋宁来自 ὠκυς [飞速],因此意味着"飞奔者",即那个蔓延到一切地方、填满一切深坑的水。当这个原初的水进行灌注的时候,各种要素发生了巨大的动荡,它们上下左右交互穿插,直到最终通过相互限制的方式达到静止。这个骚乱局面的标志,就是该亚和乌兰诺斯在生出原初的水之后生出的其他孩子,即那些以男女混搭的方式出现的**提坦**(Titanen),亦即"追求者",来自 τείνω [扩张]和 τιταίνω [紧张],因为他们是那个仍然有着狂野追求的、躁动不安的自然界的各种力量。从他们的名字来看,其中每两位都表达出一个对立,而这类对立是人们在那个仍然紧张的、与自身相冲突的自然界里必须预先设定的。也就是说:1)**克利俄斯**(Krios)和**科俄斯**(Koios),即"**分割者**"(来自于 κρίνω [分割])和"**聚集者**";2)**许佩里翁**(Hyperion)和**伊阿佩托斯**(Japetos),即"攀登者"和"跌落者";3)**忒亚**(Theia)和**瑞亚**(Rheia):这二者的共通概念是"**被驱动着前进**",但区别在于,在这个过程中,有些东西保留着自己的实体(忒亚),有些东西失去了自己的实体(瑞亚来自 ῥέω [流逝]);4)**忒弥斯**(Themis)和**谟涅摩绪涅**(Mnemosyne),在当前的语境下,二者不可能保留通常的意义,毋宁说,前者是一种把流动的东西稳固下来的力量,反之后者是一种激励和推动僵化东西的力量;5)**福柏**(Phoibe)和**忒提斯**

(Thethys)，前者是一种消灭无用事物的净化力量，后者是一种吸收有利事物的力量。最后出生的是**克罗诺斯**(Kronos)或"**终结者**"，来自动词 κραίνω [完成]；也就是说，"时间"(Chronos)只有从克罗诺斯那里才获得自己的名字，因为它和克罗诺斯一样，使一切东西达到完成或终结。

赫尔曼向我们保证，以上所述不仅包含着一种彻底的科学联系，甚至包含着**真正的**哲学，也就是说，这种哲学摆脱了一切超自然的东西，转而试图以纯粹自然的方式解释一切东西。在这里，诸神是无迹可寻的，除非是有人故意把他们放置到其中。所有这些说辞都证明了一种思维方式，对于这种思维方式，与其说它是无神论，人们更倾向于说它是有神论。因为细看之下，它除了回溯到最初的开端和推演到最终的现象之外，唯一强调的就是自然的联系，而这迫使人们不得不做出一个判断，即这些思想的原创者并非对诸神一无所知，毋宁说，他的意图甚至是**论战式**的，亦即刻意地针对着那些现成已有的诸神观念。①

正是在这里，我们到达赫尔曼理论的巅峰，而正如你们看到的，海涅的那个在整体上孱弱的尝试，即剥夺神话的全部原初的宗教意义，相比之下简直是小巫见大巫。

但同时也可以看出，赫尔曼将自己的解释仅仅限定在真正神话意义上的诸神上面。他根本不愿意解释诸神信仰的起源，毋宁说，他在自己的那些假想中已经预先设定了一个本来应当通过某些哲学家而摆脱既有的宗教迷信的民族，只不过这些哲学家的思

---

① 见上述著作第 38、101 页。——谢林原注

考又导致了另一种新的诸神信仰。

此外,我们实在无法想象,一个按照赫尔曼的观点拥有如此睿智的哲学家的民族,与那些迄今为止毫不具备诸神观念的民族竟然是站在同一条水平线上。如果一个民族的语言具有如此丰富的音节,并且有着足够的弹性以通过意义确凿的词语去标示科学概念,那么它绝不会像非洲的丛林部落一样,仅仅通过倒吸气音来表达自己。人们绝不会认为,那些假想中的哲学家所属的民族是处于南美土著的层次,而根据唐·菲利克斯·阿萨拉①的叙述,教皇主持下的宗教大会甚至在官方文件里面剥夺了那些土著作为"人"的资格,因此天主教神职人员拒绝让他们参加圣礼,最终只有通过教皇的一个圣谕,并且经过与本国教会的漫长斗争,他们才被承认为"人"②。原因在于,只有刚才提到的这些人类一直到现在都不具有一丁点的宗教观念。

即使不受上述论战性意图的影响,我们也必须承认赫尔曼所预设的那个民族已经具有诸神观念,当然,这只是一些最初级的,或如他所说的,最粗俗的诸神观念。[赫尔曼认为,] 从各种迹象来看,这个民族的宗教是立足于粗糙的物理学迷信,而这个迷信又是立足于那样一个观念,即存在着一些不可见的、与自然现象有着密切关系的东西。后来个别具有**成熟的思维力量**的人发现,他们心目中的神无非是自然界及其各种力量;于是这里就产生出那种

---

① 阿萨拉(Don Felix Azara, 1746—1811),西班牙冒险家和科学家。——译者注
② 阿萨拉《美洲大陆旅行记》(*Voyage dans l'Amerique méridionale*),第二卷,第186—187页。——谢林原注

纯粹物理学的、摆脱了一切宗教要素的知识，而它的发明者之所以宣扬这种知识，目的在于让这个民族永远摆脱一切诸神观念。通过这个出人意料的方式，就可以解释为什么神话迄今为止都是不可思议的，因为人们过去总是以颠倒的方式企图让神话从诸神观念中产生出来，如今却忽然发现一件新颖而奇怪的事情，即神话之所以被发明出来，是为了**消灭一切宗教观念**，而且神话的发明者恰恰最为清楚地知道，根本不存在类似于诸神这样的东西。①

假若赫尔曼赋予神谱发明者的那个高贵意图得以实现，那么我们这个时代的博爱人士一定会为此欢欣雀跃，即远古时期并非只有一些迷信诸神的奴仆，毋宁还有一个与任何宗教无关的自由族类，这个族类以纯粹自然的方式理解一切东西，祛除了一切超自然的妄想。只可惜这个意图落空了，因为那些发明者虽然给自己的民族宣讲那些学说，但是却采取了一个不可思议的方式，即仅仅预先指出那种完全由于语法而造成的人格化，然后就撒手不管，让他们的民族一方面胡思乱想什么不可见的、躲在自然现象背后的存在者，另一方面自行摸索真正的意义，或者在误解这个意义的情况下，仅仅去**自我蒙蔽**；至于这个民族后来如何把那些仅仅被命名为人的自然力量当作**现实的**人物，"完全并且仅仅以这种方式看待他们"②，这件事情虽然很复杂，但在某种意义上毕竟还是可以理解的。再往后，至于这个民族如何不但误解了那些学说，而且在毫无

---

① 赫尔曼《论神话的本质和处理方式》，第140页。——谢林原注
② 《赫尔曼与克罗伊策关于荷马和赫西俄德的书信集》，海德堡1818年版，第17页。——谢林原注

必要的情况下**接受了**遭到误解的学说，进而给那些不可见的存在者（在这个民族看来，这些存在者和自然现象有着密切联系，因此具有意义）添加上一些完全不可理喻的人物，或更确切地说，仅仅添加上这些人物的无意义的名字，如此等等，所有这些说法都超越了全部可信性，以至于我们根本没有心情继续倾听这位令人尊敬的学者的长篇大论。总的说来，我们是出于两方面的考虑而重视赫尔曼的假想，第一个原因是，它在上述路线里是最后一个可能的假想，而且它的优点在于揭示出神话的科学内容，从而不必超越神话；第二个原因是，无论如何，这个假想包含着某种对我们来说非常重要的东西，即语文学的基础，以及其最初观察到的一种不可否认的真相。与此同时，哪怕**这样**一位人士绝不是出于戏谑（有些人认为赫尔曼是在开玩笑，这个推测对他而言简直是一种奇耻大辱），而是无比严肃（这种严肃在他的所有别的著作中都是清晰可见的）和勤奋地旁征博引，我们仍然不能认同他的那个观点，即［神话］**任何时候都不是**基于某种真实的和正确的东西。

综上所述，赫尔曼的贡献仅仅在于把我们的注意力重新导向古代世界的那个引人注目的、谜一般的产物，即赫西俄德的诗，尤其是这部诗的较少受到关注的科学方面。赫尔曼并不是第一个注意到那些名字的**科学**意义的人，但他力排众议，表明这些科学意义是一个**事实**，而且应当得到任何一种追求完满性的理论的关注和解释。这位著名人士在运用其渊博的语言知识时遭到了他的部分同行的嘲笑，但对于一个更崇高的目的来说，这种运用恰恰是每一位真正的研究者都应当感恩的东西。

尤其是这一切由之出发的那个核心观点,是我们必须毫无保留地完全赞同的,即赫尔曼提到了一种特别是在《神谱》的开端明确无误地显露出来的**哲学**意识,只不过他的错误在于不由分说地断定这种科学意识起源于一位虚构的原初作者(正如之前所述,我们最终必须在遥远的东方寻找这样一位作者),但这部诗作就其现存的原初形态而言毕竟是一位现实的作者亦即赫西俄德本人的作品,哪怕它在某些地方看起来支离破碎,或通过某些插入的段落和后世的补充而有所扭曲。正因为赫尔曼过于匆忙地提出这个观点,所以他才忽视了某些引人注目的、与他的理论完全冲突的情况,即恰恰是这个开端包含着如此之多抽象的、非人格的,从而完全与神话无关的东西,比如该亚还没有与乌兰诺斯结合就独自生出许多大山(οὔρεα μακρὰ),而即使人们用第一个字母大写的词语来标示这些大山,也不能说它们就是一些人物。因为在希腊和在我们德国一样,奥林波斯山(Olympos)、品都斯山(Pindos)、赫利孔山(Helikon)等著名的大山虽然从它们的名字来看是一些个体,但并不是一些人物。假若《神谱》是一位哲学家的作品,假若这位哲学家所遵循的法则就是不使用通常的名字,而是使用科学术语来标示事物,那么,为什么这些大山没有获得一个从它们的属性里高度提炼出来的**普遍**名字,就像后来的"提坦"那样成为诸多神祇共有的一个名字呢?

另一个值得注意的地方是**厄瑞玻斯**(Erebos)这个中性词。赫尔曼在把它翻译为拉丁文的"掩蔽者"(opertanus)时,不动声色地把它改造成了一个阳性词;然而厄瑞玻斯始终是指"掩蔽的东西":荷马同样仅仅把它看作是中性的,因为在他那里,厄瑞玻斯永远都是指大地下面的黑暗场地,此外没有别的意思。尽管如此,这种非人格性并没有阻止诗人[赫西俄德]让厄瑞玻斯和纽克斯在相爱中结合,并生出一些孩子:

> οὓς τέκε κυσσαμένη Ἐρέβει φιλότητι μιγεῖσα.
> [与厄瑞玻斯相爱怀孕生了他们。]①

正如在许多大山那里,本真的东西和非本真的东西、通常的命名和据说是人格化的命名混淆在一起,同样在这里,一个始终抽象的概念终究被人为地神话化了。当诗人采取这种做法的时候,他肯定不是神话的发明者,而是很显然已经把神话当作模版。

厄瑞玻斯和纽克斯的孩子是以太和赫莫拉。"以太"无疑是一个纯粹物理学的概念,在这里,无论是赫西俄德还是任何别的人都没有想到一位神祇或人物,除非是像阿里斯托芬②笔下的苏格拉底那样呼唤道:

> Ὦ δέσποτ᾽ ἄναξ, ἀμέτρητ᾽ ἀὴρ, ὃς ἔχεις τὴν γῆν μετέωρον
> Λαμπρὸς τ᾽ ΑΙΘΗΡ.
> [噢我的国王和主人,无边的空气,把地球高悬在空中。

---

① 赫西俄德《神谱》第125行。——译者注
② 阿里斯托芬(Aristophanes,前446—前385),古希腊最著名的喜剧作家。——译者注

光明的以太啊！]①

但这个呼唤恰恰证明,以太没有被当作一位神话人物,因为阿里斯托芬的意图是要表明,苏格拉底根本**不是**在呼唤神话人物。②

在堕落的纽克斯的孙辈里,甚至出现了"谎言"(ψευδέες λόγοι)和"模棱两可"(ἀμφιλογίαι)之类完全非人格化的东西。在这个问题上,赫尔曼的救急办法就是将其归咎于后来插入的段落。他把全部涉及纽克斯的后代的文字都标示为"**窜文**",以表明这样一些概念不可能**起源于**《神谱》,但他在这样做的时候,难道不应当把这个否定记号首先用在厄若斯身上吗？难道他已经忘了,在阿里斯托芬的群鸟合唱里,就像在这里一样,也是以完全相同的方式对厄若斯展开哲学思考？最重要的是,难道他不应当首先把这个否定记号用在《神谱》的**第一行诗**——"最初是卡俄斯"——上面吗？我们真的非常遗憾地发现,语法上的人格化原则在《神谱》的第一行诗那里就触礁沉没了,因为,谁曾经把卡俄斯(混沌)当作一位神或一位人物？谁曾经说过"卡俄斯神"这样的话？

"卡俄斯"这个突兀地出现于《神谱》开端的概念对荷马来说是完全陌生的,而在阿里斯托芬那里,它已经成为那种努力超越民间信仰的哲学用来**反对**诸神的一个战斗口号。也就是说,这个概念以无比明确的方式昭示出一种抽象的、摆脱了神话因素的思维的

---

① 阿里斯托芬《云》,第264—265行。——译者注
② 或许只有在这个意义上,埃斯库罗斯才在《普罗米修斯》第88行,亦参阅随后的另外一些呼唤)里提到 ὦ δῖος αἰθήρ [噢高贵的以太]。——谢林原注

最初躁动,昭示出一种自由的哲学的最初躁动。在赫西俄德那里,"卡俄斯"和那个同样跻身最初概念之列的"以太"是一种纯粹物理学智慧的最早的可证实的萌芽,而阿里斯托芬更是把这种智慧的组成部分归结为苏格拉底的如下一句誓词:

Μὰ τὴν Ἀναπνοήν, μὰ τὸ ΧΑΟΣ, μὰ τὸν Ἀέρα.
[凭呼吸、卡俄斯和空气起誓。]①

众所周知,阿里斯托芬经常把一些更深刻的、完全属于父辈的思想家当作靶子,以取笑这种风趣幽默的哲学,并且乐此不疲。

也就是说,赫尔曼正确地看到了《神谱》开端的哲学因素,但他对此的解释却犯了南辕北辙的错误。他向我们保证,赫西俄德不知道自己面对的是某种科学,并且幼稚天真地把那些表达出哲学概念的命名当作现实的诸神的名字,然而正如之前指出的,诸如卡俄斯、以太等等根本就不可能是神。既然如此,既然过去从来没有任何人把卡俄斯和以太当作神,那么赫西俄德就更不可能有这种想法。卡俄斯(混沌)——只有后世才把它解释为虚空的空间,或甚至解释为各种物质元素的一种粗糙混合物——是一个**纯粹思辨的**概念,但它不是一种先行于神话的哲学的产物,而是一种**跟随**神话、努力对神话加以理解把握、随之超越了神话的哲学的产物。只有那种已经达到其**终点**,并在终点那里**回望开端**,力图从开端出发来理解把握自身的神话,才有可能把卡俄斯放置于开端。哲学既

---

① 阿里斯托芬《云》,第629行。——译者注

非先行于诗,也非先行于神话,但在赫西俄德的诗里,我们确实能够看到一种哲学的最初运动,这种哲学挣脱了神话的束缚,随后甚至对神话发起挑战。这件事情是如何发生的呢?希罗多德之所以将赫西俄德的《神谱》与荷马相提并论,甚至认为其占据着一个比荷马更重要的位置,岂非恰恰是因为它标示着神话发展过程的一个本质性环节,即它是那种**开始具有自我意识**、**努力想要呈现自身**的神话的最初产物?根据一些极为古老的传说,在这两位如此迥然不同的诗人之间已经存在着一种竞争,亦即存在着某种对立,而根据我们在希腊文明里察觉到的那种完全和谐的合法则性,两位诗人岂非标示着神话的**两种**同样可能的**结局**,而不是神话的两种**开端**?荷马岂非已经表明,神话如何终结于诗,而赫西俄德则表明,神话如何终结于哲学?

这里我再补充一个评论。无论人们在赫尔曼的解释里找到多少不可信的东西,在我看来最不可思议的一点是,这位以批判意识自我标榜的人士竟然不加区分地断言,所有那些其起源已经消失在久远黑夜里的名字(比如克罗诺斯、波塞冬、该亚、宙斯),还有那些把相对较晚的起源刻在自己额头上的名字(比如普鲁托斯①、荷赖②、卡里忒斯③、欧诺弥亚④、狄克⑤及许多类似的名字),都是**连带着**并且**一次性地**从某一个人的头脑中产生出来的。

---

① 普鲁托斯(Plutos),财神,字面意思为"财富"。——译者注
② 荷赖(Horai),时序三女神的统称,字面意思为"时季"。——译者注
③ 卡里忒斯(Charites),美惠三女神的统称,字面意思为"优美"。——译者注
④ 欧诺弥亚(Eunomie),时序三女神之一,字面意思为"美好秩序"。——译者注
⑤ 狄克(Dike),时序三女神之一,字面意思为"正义"。——译者注

第三讲　神话不是少数个体或某个民族的"发明"

XI, 47　　我们已经把第一种观点称作"纯粹诗意的观点",而接下来我们将把第二种观点称作"哲学的观点",这并不是因为我们觉得后者特别有哲学意味,亦即适合一位哲学家,毋宁仅仅是因为它赋予神话以一种哲学的内容。——最初我们是以一种自然的、不经意的方式接触到这两种观点,而且我们是首先让它们按照自己的**特殊预设**来表述自己,然后对此展开研究,而这种做法同时给我们额外带来一个便利,即某些事实性的东西预先得到评述,接下来我们就不需要复述这些内容,而是可以预先假定它们是一种已经得到证实的东西。但正因如此,**两种观点的共通之处**就还没有凸显出来,更没有得到评判。在当前的情况下,即使双方各自的特殊预设都有可能是站不住脚的,它们的共通之处却不会受到影响,并且能够被看作是各种新的尝试的可能的根基。因此,为了完成对上述两种主要观点的考察,我们必须强调指出二者的共通之处,并且让它接受评判。

　　目前看来,我们至少能够轻易地认识到两种观点的第一个共同的预设,即把全部神话看作一个**发明**。现在我们必须做出决断:究竟是放弃这个共同预设呢,还是认为其错误或许仅仅在于,其中一种观点在神话里仅仅看到诗的发明,而另一种观点在神话里仅仅看到哲学的发明。但在做出决断之前,首先需要指出的是,这两种观点本身相互之间并不是绝对的排斥关系。一方面,纯粹诗意的观点也承认一种宣教的内涵,只不过它认为这是一种纯粹偶然的、不经意之间具有的内涵;另一方面,哲学的观点也不能缺失诗意的因素,只不过对**哲学**而言,这种因素或多或少是人为造成的,因而仅仅是另一种方式下的偶然东西。

现在,纯粹诗意的解释唯一承认的就是前一方面,即任何宣教的内涵都完全是一种偶然的东西,而这看起来已经与诸神族类的先后秩序中的系统性,与那个在诸神历史的某些部分中体现出来的阴森严肃本身相矛盾。就目前的情况而言,我们还根本不愿意去思考另外一个问题,即神话曾经被当作真实的诸神**学说**,而且它曾经以不容辩驳的方式规定了各个民族的行为和禁忌,规定了它们的整个生命,而这一点本来无论如何也必须得到解释。然而相比第一种解释主张的这种偶然性,我们更不能接受的是另一种解释放置在神话起源中的粗糙意图,尤其是人们喜欢越俎代庖,替海涅假想出的哲学家去做那两件事情,即首先杜撰出内容,然后再专门为其寻找形式或包装。就此而言,看起来有必要追问,我们是否能够保留"神话总的说来是一个发明"这一普遍的假设,同时把诗和哲学这两个要素更密切地联系在一起,通过合并上述两种解释而将它们提升到一个更高的层次,通过二者的融合去克服每一种解释在单独提出来时遭到的驳斥?总的说来,我们已经可以提出这个问题,即诗和哲学是否如同两种解释假定的那样,自在地就是外在于彼此,或者说二者是否有一种**自然的**亲缘性,二者相互之间是否有一个堪称必然的吸引力?人们必须认识到,**真正的**诗歌形象同样要求**普遍有效性**和**必然性**,在这方面丝毫不亚于哲学概念。当然,放眼近代,只有极少数大师做到了这一点,即他们笔下的形象虽然只能从偶然的和倏忽即逝的生活中汲取素材,但他们却为其注入一个普遍而永恒的意义,用一种神话的雄浑力量去包装它们;但也只有这少部分人才是真正的诗人,至于另外那些"诗人",严格说来只是徒具虚名而已。反过来,哲学概念也不应当是一些纯粹普遍的范畴,毋宁说,它们应当是一些现实的、已规定的本质性(Wesenheiten),而它们愈是成为这样的本质性,愈是从哲学家那里获得一种现实的和特殊的生命,就看起来愈是接近于诗歌形象,哪怕哲学家对于任何诗歌包装都嗤之以鼻;因为在这里,诗意因素位于思想之内,不需要从外面添附到思想上面。

但现在人们尤其可能提出一个问题:从根本上说,当神话产生出来的时候,是否已经有严格意义上的**诗**和严格意义上的**哲学**,即那种在形式上相互对立的诗和哲学?换言之,我们实际上看到的是,首先神话已经出现,并且完整地填满意识,然后诗和哲学才把神话当作一个共同的中心点,从那里沿着不同的方向分道扬镳,而且即使在这个时候,它们的彼此分离也是非常缓慢的。也就是说,在赫西俄德那里已经出现了哲学和神话的分离的最初痕迹,但从赫西俄德到亚里士多德,直到哲学与全部神话因素分离,随之也与诗意因素分离,这中间还需要一段漫长的时间。至于另外一条道路,就没有这么漫长;这不是指从毕达哥拉斯主义者的唯实论到亚里士多德的唯名论的道路——因为本原（ἀρχαί）对于前者和后者而言都同样是一些现实的本质性，而且二者的内在同一性也是依稀可见的——，而是指从前者的神话式术语到后者的纯粹概念化表述方式的道路。现在，假若这个来自神话的共同起源仍然不能证明诗和哲学恰恰在神话之内是合体的，那么我们当然不能说其中一方**单独作为**诗或哲学就发挥着作用，更不可能说其中一方先行于神话，并且本身就是神话的基本要素。

对于语言学家和语言研究者而言，"因为诗和哲学出现在神话里，所以它们也共同促成了神话的产生"这一推论是完全站不住脚的；在那些最古老的语言的塑造过程中，可以揭示出哲学的无穷宝藏。然而当这些语言经常称呼一些甚至最抽象的概念时，它们是借助于一种现成已有的哲学，才保留住那种原初的、对后来的意识变得陌生的意义吗？还有什么东西比判断中的系词的意义更抽象？什么东西比那个看起来是"无"的"纯粹主体"概念更加抽象？诚然，我们只有通过谓述才知道主体是什么，但哪怕主体没有任何属性，它也不可能是无；那么它究竟是什么东西呢？当我们谓述它的时候，我们说：它是这样或那样的，比如"一个人是健康的或生病的"，"一个物体是晦暗的或明亮的"；但在我们谓述出这些之前，"人"究竟是什么东西呢？很显然，他仅仅是一个能够健康或生病的东西；因此主体的普遍概念是一个纯粹的"**能够**"（Können）。阿拉伯语有一个罕见的情况，即那个用来表述"**是**"的词语，和我们德语的"**能够**"不仅发音相同，而且毫无疑问是同一个词，因为它不像所有别的与之参照的语言那样，其谓词是第一格，而是和德语的"Können"(比如"能够[说]一门语言")以及拉丁语的"posse"一样,其谓词是第四格;别的就不需要再说了。① 既然如此,莫非是哲学把大量科学概念安放在同一个动词的那些彼此不同的、乍看起来完全风马牛不相及的意义里,然后又是哲学不得不呕心沥血重新找出这些概念之间的联系?阿拉伯语尤其充斥着许多具有完全不同的意义的动词。人们通常的说法是,这里原本有一些彼此不同的词语,但后来的发音不再区分它们,而是将它们合并起来;这个说法或许在某些情况下是可信的,但要真正得到认可,它必须证明自己确实是用尽了全部手段之后也不能揭示出一个内在的联系。然而真实的情况是,另外一些研究出人意料地让我们大开眼界,在那里,那些看起来不能结合的意义之间呈现出一个哲学的联系,那个貌似紊乱的状态里面也呈现出一个真实的概念体系,这些概念的实实在在的联系不是浮于表面,而是只有通过一些更深刻的科学探究才会被揭示出来。

XI, 51

闪米特语的根源是一些动词,确切地说,一些规则性双音节的、由三个根式组成的动词(即使在那些在发音时已经成为单音节的动词那里,这个原初的类型也在个别形式中重新体现出来)。按照语言的这个根源,人们不得不把希伯来语里那个意味着"**父亲**"的词语追溯到一个动词,即"**欲求**"或"**渴望**",也就是说,这个动词同时包含着"渴求"概念,后者在一个从它派生出的形容词里也浮现出来。相应地,人们几乎可以说,这里表达出了一个哲学概念,

---

① 如果人们追溯这个词语在希伯来语里的意义,同样会遭遇"**能够**"或"**主体**"(亦即"那个站在下方的东西")的概念。——谢林原注

即"父亲"作为先行者、开端者,是一个渴求着后继者的东西。另一方面,人们完全有理由提出反对意见,即希伯来人不是从一个动词,更不是像这样以哲学的方式推导出他们的"父亲"概念,以及他们不可能先于"父亲"概念就认识到"欲求"这样的抽象概念,因为"父亲"概念在本性上属于最初的概念之一。但这一点根本不是关键之所在;真正的问题是:虽然希伯来人没有这样做,但那个创造出希伯来语的精神在如此称呼"父亲"的时候,是否使用了那个动词,正如当创造性自然界在塑造头颅的时候,是否已经预见到了神经系统在头颅内的分布路线?语言不是支离破碎的、原子式的,而是在它的所有部分里同时作为整体,亦即以有机体的方式产生出来的。上述联系是一个客观地存在于语言自身之内的联系,正因如此,它绝不是一个被人故意放置到语言中的联系。

莱布尼茨① 曾经这样评价德语:Philosophiae nata videtur [它看起来是为哲学而生的];如果说在任何地方都只有精神才能够创造出一个适合于自己的工具,那么在语言里,当哲学还不是真正意义上的哲学时,她已经为自己准备好了一个工具,而接下来就应当去使用这个工具。

假若没有语言,就不仅没有哲学意识,甚至根本没有任何人类意识;正因如此,语言的根据不可能是由意识奠定的,而且我们愈是深入语言中,就愈是会明确地发现,它的深度远远超过了那种最具有意识的产物的深度。

语言和各种有机事物是一样的;就我们看到的而言,它是盲目

---

① 莱布尼茨(Gottfried Wilhelm Leibniz, 1646—1716),德国哲学家、数学家。——译者注

地产生出来的，但我们又不能否认，它的塑造过程哪怕在一些最细微的地方都具有一种不可探究的意图。

但是，难道人们没有注意到，在语言的单纯物质性塑造过程中，已经有一种**诗**吗？我指的不是人们通常所说的"隐喻式概念"之类精神性概念的表述，即便它们按照其源头而言很难说是不真实的。自在地看来，语言里面隐藏着何其之多的诗的珍宝，但这些珍宝不是诗人放置到语言中的，毋宁说，他只是仿佛从作为藏宝屋的语言里取出它们，仅仅说服语言将它们展示出来。如果所有的语言都是用性别去思考或容许一个**对立**的事物，比如，当德语说，[阳性的]天空，[阴性的]大地，[阳性的]空间，[阴性的]时间，并由此出发直到用男性神祇和女性神祇来表述精神性概念，那么每一个命名岂非都是一种人格化？

人们几乎忍不住要说："语言本身仅仅是一种枯萎的神话；那在神话里仍然以活生生的、具体的方式区分开的东西，在语言里仅仅通过一些抽象的、形式化的区别而保留下来。"

现在，经过以上所有这些考虑，人们或许不得不承认：那在神话里发挥作用的哲学不可能是一种后来在诗那里寻找各种形象的哲学，毋宁说，这种哲学本身就是诗，在本质上同时是诗；同样反过来可以说：那创造出神话形象的诗，并非服务于一种有别于它的哲学，毋宁说，这种诗本身就是哲学，在本质上也是一种创造出知识的活动，亦即哲学。后面这一点会导致如下结论：首先，在神话观念里，真理——这种真理不是纯粹偶然的，而是具有一种必然性——是第一位的东西；其次，神话里的诗意因素不是外在地添进来的,而是一个内在的本质性东西,并且是和思想本身一起被给予的。如果人们把哲学因素或宣教因素称作内容,把诗意因素称作形式,那么这个内容绝不可能单独存在,而是只能在这个形式中产生出来,因而和这个形式是不可分割地交织在一起的。就此而言,神话不仅是一个**自然的**产物,而且是一个有机的产物;相比单纯的机械论解释方式,这确实是一个重要的进步。但这个有机物还需要接受以下考察。诗和哲学,每一方单独而言都是一个本原,能够做出自由的、故意的发明,但由于它们彼此捆绑在一起,所以真正说来每一方都不可能自由地发挥作用;因此,神话是这样一些活动的产物,它们自在地是自由的,但在这里却是不自由地发挥着作用,换言之,神话和有机物一样,是一个自由而必然的产生过程的产物;如果人们仍然使用"发明"这个词,那么可以说,神话是一种既无意也有意的本能式发明的产物,这种发明从一方面来看摆脱了一切生搬硬造的人为因素,同时从另一方面来看具有最深刻的意义,而且其中的那些最实在的特征绝不能被看作是一种纯粹偶然的东西。

以上所述大概就是从那两个解释出发,通过二者的综合而达到的一个更高的观点,因为按照后来的哲学为思想指定的这条路线,人们必然会达到这个综合,而康德学派的那些概念却只能导致一个赫尔曼式的解释。很显然,相比赫尔曼的或类似的解释,一种有机的理解把握看上去已经大有用武之地。但我们必须仔细考察,这样一个综合将会得出怎样一种现实的**解释**。

假若人们所持的是这样一个观点,即那个产生出神话的**本原** XI, 54

在发挥**作用**的时候等同于联合起来发挥作用的哲学和诗,同时**本身与哲学和诗没有任何关系**,那么我们可以承认这个观点是真实的和正确的,但这并不意味着,我们对于那个本原的真正本性已经具有哪怕最低限度的认识,因为自在地看来,这个本原本身也有可能是某种**完全不同于哲学和诗的东西**,与二者毫无共通之处。或者人们所持的是这样一个观点,即保留哲学和诗,把二者都当作**发挥作用者**,只不过二者没有分离,而是像生殖活动中的男性和女性一样共同发挥着作用;就此而言,这里也适用那条普遍的准则,即无论在什么地方,当两个以某种方式相互对立的本原共同发挥着作用时,由于二者不可能都是支配者,所以只有其中一方是真正发挥作用者,而另一方更多的是予以配合,扮演着被动的、工具式的角色。在这种情况下,我们所拥有的仍然仅仅是一种哲学诗或一种诗化哲学,它们相互之间的关系和单独而言的哲学和诗之间的关系没有任何区别;人们借助这个上升而赢得的一切东西,都只不过是那两种解释的一个形式上的改善;这些东西确实有一定道理,但唯一的前提是,那两种解释本身也有一定道理。

又或者——同样的意思换一个方式来表述——上述综合仍然保留诗和哲学这两个我们熟悉的活动的**名称**,但是,正因为二者不可能作为它们**自身**而发挥作用,所以它们也不再进行**解释**,进行解释者不在它们这里,而是在一个统摄着它们的东西那里,这个东西不允许诗和哲学发挥作用,而是仅仅通过它们而发挥作用(如果可以这么说的话)。**这个东西**就是本质,是真正意义上的本原或我们寻找的那个东西。诗和科学仅仅出现在产物中,它们可以说是某种必然的居间者,但作为居间者,恰恰只是一种后来增添的东西,一种偶然的东西。因此,事情并不是像起初的两个观点认为的那样,只有其中一方(要么宣教因素,要么诗意因素)必然显现为偶然的东西,毋宁说,二者在这里都降格为偶然的东西,至于本质性东西或真正意义上的进行解释者,却是一个独立于二者,位于二者之外和之上的东西。到目前为止,这个东西是一个完全未知的伟大事物,而我们仅仅知道一点,即它作为一个统摄着诗和哲学的东西,不可能与自由发明有任何共通之处,并且必定来源于完全不同的地方。但来源于什么地方呢?由于从我们唯一知道的两个本原——哲学和诗——出发不能得出它们的发挥着作用的、实在的统一体,所以我们暂时只能进行猜测。有些人或许觉得是来源于那种惯用的、对很多东西都可以派上用场的**视灵**(Hellsehen);假若人们对于这种视灵本身能够提出更通透的见解,那么它倒是可以解释很多东西。还有一些人或许觉得**梦的状态**也是一个不错的解答,比如伊壁鸠鲁就是把一些飘忽不定的现象(这些现象让人相信神的存在)仅仅看作梦的现象。除此之外,诗和哲学作为人的天性在梦的状态里也可能发挥作用。甚至**癫狂**也不应当被绝对排除,因为它是一个自由的发明,哪怕这个状态并没有摆脱理性和幻想的全部影响。问题在于,所有这些解释能带来什么收获呢?毫无所获。因为人们为了解释神话观念的产生过程而假定的任何一个状态,本身都必须得到解释,亦即同时必须具有历史上的动因。论证的关键在于表明,通过怎样的自然禀赋或神的旨意,这样一个状态曾经在某一段时间里控制着人类或人类的一部分;因为神话首

XI, 55

先是一个**历史**现象。

以上评注已经表明，如果只是依据迄今讨论的那两种抽象的解释，那么我们只能是寸步难行，因为这两种解释本身就不可避免地把一些历史前提与它们的抽象前提结合在一起。现在既然我们打算考察这些历史前提，那么我们的研究就从抽象论述的领域转移到历史的领域。

XI, 56　　我们回到"神话总的说来是一个**发明**"这一观点。只要接受了这一观点，就会立即承认那个**外在的**前提，即神话是由某些**个别的人**发明的。对于哲学的解释而言，这个假设是不可避免的。诗意的解释起初也反对哲学的解释，但是如果它不放弃一切历史的叙述或企图完全沉迷于不确定的东西中，最终说来也会诉诸某些个别的诗人。仔细看来，这种假设某些个别的人是神话的原创者的做法是一个如此宏大的前提，以至于人们只能无比感叹，这个前提是伴随着怎样一种无意识状态而变得普遍流行，仿佛事情根本不可能是别的样子。诚然，如果谁觉得有必要以某些诗人或哲学家为前提，那么他总会很容易地找到这样一些人；人们相信自己有理由把原初时间看作一个虚空的空间，任何人都可以自由地把他喜欢的或趁手的东西灌输进去，于是在关于原初时间的那些不确定的观念里，一切东西仿佛都是容许的。海涅除了需要他所说的那些诗人哲学家之外，还需要一些真正意义上的诗人，后者的任务在于把哲学论题转化为童话，除此之外，他很有可能还需要一些渴求着统治权的祭司，而这些人的任务在于把哲学论题转化为民间信仰。赫尔曼所说的那些哲学家虽然是某类头脑清醒的诗人，但同样直接面向民众;他唯一忘了解释的一点是,那些哲学家或诗人是如何开始让民众倾听他们自己臆想出来的智慧,更不要说如何让民众牢牢记住这些智慧,竟至于不知不觉地把这些智慧当作一种诸神学说。

推而言之,如果有谁认为,一个民族的神话是由某些个别的人发明出来的,那么他同样会轻松地认为,一个民族的语言也是通过某些个别的人的努力而产生出来的。引入一种神话绝非像现在我们引入一些教学计划、教材、教义手册那样轻而易举。创造一种神话,并且让它在人的思想中具有其必须具有的那种可信性和实在性,以便达到民族性的程度,哪怕只是用于诗歌创作等等,这些工作都不但超出了任何个人的能力,而且超出了众多出于这个目的而联合起来的人的能力。

即使我们承认上述一切是可行的,那么也只会产生出某一个民族的神话——但神话不是**某一个**民族的事情,而是许多民族的事情。

那是一段幸运的时光,其时海涅还能够心满意足地认为,他已经用他自己的方式并依靠他的那些假设解释了**希腊**神话。但赫尔曼已经没有这么幸运,因为他发现,希腊神话和东方神话有着如此之多的相似之处,但二者未必是以同样的方式产生出来的。① 他觉察到,那个能够解释某一种神话的东西,必须能够解释全部神话。另一方面,他的目光是如此之敏锐,以至于不可能没有注意到,按

---

① 《赫尔曼与克罗伊策关于荷马和赫西俄德的书信集》,海德堡1818年版,第14、65页等。——谢林原注

照他对于神话在某一个民族那里的产生过程的解释,那么同样一个偶然事件,更或确切地说,同样一系列偶然事件(在这个序列中,每一个随后的偶然事件都比前面的偶然事件更不可信)能够在第二个、第三个、第四个民族那里重复发生,而这件事情本身已经足够神奇,而且最终超出了全部可信性。但他的正直心并没有因此受到动摇;因为,那些在某个地方首先产生出来的观念蔓延到另外一些民族那里,这始终是可能的,而这个可能性只会提升他的解释的价值,因为这表明,对于诸神的信仰——这种信仰不仅属于希腊,而且属于亚洲和埃及,属于整个世界——是起源于一种代代相传的宇宙论,这种宇宙论是以偶然的方式由某一个民族的少数个别的人思考出来的,然后以更偶然的方式得到包装,并因此遭到误解,但并不因此就具有更少的真理性,而且正是他的词源学—语法学诠释技艺才揭示出,这种宇宙论的原初思想仿佛是通过一个奇迹而得到拯救,保存在赫西俄德的诗歌里,也就是说,在这部诗歌里,那些起源于东方的名字只不过是被替换为同样意义的、以同样的方式仿制的希腊名字。①

假若要以一种正直而又委婉的方式来表达这样一种偶然性给我们的印象,那么我们会说,它让我们回想起这位学者对于**伊娥**(Io)传说的解释。伊娥是俄刻阿诺斯的孙女,伊那科斯(Inachos)的女儿,因为被宙斯爱上而引起了赫拉的嫉妒;为了瞒住赫拉,宙斯将伊娥变为一头母牛,而满心狐疑的赫拉就让一个守卫监视着这

---

① 《赫尔曼与克罗伊策关于荷马和赫西俄德的书信集》,第14、65页等。亦参阅赫尔曼《论希腊最古老的神话》,第IV页。——谢林原注

头母牛,如此等等。俄刻阿诺斯(世界大洋)的孙女和伊那科斯(从词源学来说指"泛滥者",亦即一条泛滥的河流)的女儿还能够是什么呢?无非是一条由于河流泛滥而产生出来的、流动的**溪水**。从真正的词源学来看,"伊娥"仅仅意味着"游移不定的东西"。宙斯对于伊娥的爱还能够是什么呢?无非是一场让水势更加湍急的雨,至于赫拉对于伊娥的嫉妒,无非是一个**民族**("赫拉"被翻译为"人民")由于洪水泛滥而感到的愤怒,而伊娥所变的**母牛**则是指泛滥洪水的**曲折河道**,因为母牛长着弯弯的角,而弯弯的角意味着洪水的曲折河道。最后,守卫指一个民族为了阻挡洪水而修建的**大坝**;守卫的名字叫作阿尔戈斯(Argos),他之所以是白色的,因为大坝是用白色的陶土修建的,而他之所以有一千只眼睛,因为陶土有大量的微小孔隙,用来吸收水分。这个传说在临近末尾的时候说,守卫被[赫尔墨斯用牧笛声]催眠了。牧笛声意味着波涛声;守卫**被杀了**,意思是:大坝崩溃了;伊娥在疯狂状态下跑到埃及,在那里与尼罗斯(Nil)①结婚,意思是:流淌的河水注入尼罗河;伊娥和尼罗斯生下厄帕福斯(Epaphos, Occupus[占据者]),意思是:洪水产生出那条**占据和淹没整片土地**的尼罗河。②

也就是说,这个传说无非意味着洪水泛滥之类司空见惯的事情,再加上一些空洞的和无关紧要的发挥。那么问题来了,最古老的诗歌艺术有必要给这件事情披上一件如此珍贵的外衣吗?关于

---

① 尼罗斯(Nil),希腊神话传说中的尼罗河之神,俄刻阿诺斯之子。——译者注
② 赫尔曼《论希腊远古史》(*Dissertatio de Historiae Graecae primodiis*),在这篇论文里,早先应用于神谱的诠释原则也被应用于希腊传说中的历史。——谢林原注

伊娥的疯狂逃窜（埃斯库罗斯的描绘给我们留下了无比深刻的印象），神话传说有必要拿出一个如此冗长的铺垫吗？庄严肃穆的、统治着埃及的尼罗河，居然起源于一个如此偶然的事件？更不可思议的是，那条承载着诸神学说和诸神传说的生动洪流，那条仿佛发源于幽深之处，以深沉而强大的方式席卷整个史前世界的洪流，居然具有一个同样肤浅的起源，仅仅是由某一个人或少数个别人的胡思乱想编造出来的？那些通过随意的反思而抽象出来，然后由枯燥的知性凭借零星知识而制造出来的自然概念和人格化形象，充其量相当于一种幼稚的聪明把戏，就连它们的始作俑者都对这些东西不屑一顾，而它们居然能够让各个民族在数千年的历史里误入歧途？从这个不但枯燥无味而且矫揉造作的开端里，居然能够发展出诸神信仰的黑暗的和深不可测的力量？

以上描述的这种偶然性意味着，希腊人、埃及人和印度人的神话，简言之，整个世界的神话，是起源于某一个人或少数个别人以极为偶然的方式臆想出来、然后加以包装的宇宙论，这种宇宙论虽然最终遭到误解，但还是成为人们的信仰——这样一种偶然性看起来属于这个类型的偶然性，即如果权衡全部情况，那么虽然其中某些情况不太可能支持这种偶然性，但余下来的那些情况却让人觉得，这个世界上的那些最伟大和最重要的事件是通过最偶然和最微不足道的原因而产生出来的。

现在有一种更高级的观点，它假设有一种本能式的发明，而且在这里企图把自己摆在一个更高的立场上；当我们指出把神话看作个别人的发明是一个荒谬的观点，它却昂然回答道："神话当然不是由个别人发明的,而是源于**民族自身**。"在它看来,一个民族的神话与这个民族的生活和本质是如此之浑然天成,以至于神话只能源于民族自身。一切本能类型的东西在群体里发挥的作用都是大于在个人那里,这是毫无疑问的,好比在动物王国的某些家族里,有一种共同的艺术冲动把那些彼此独立的个体集结起来创造出一个共同的艺术作品,同样,在那些彼此不同,但属于同一个民族的个体那里,也有一种精神性联系,这种联系仿佛是基于一种内在的必然性,并且必然在一个类似于神话的共同产物中启示自身。更有甚者,这种精神性共同作用似乎已经延伸到神话最初产生的时间之前。关于这个问题,**沃尔夫**的荷马研究早就已经提供了一个伟大而重要的类比,而他的同时代人却没有足够聪明地认识到这一点。假若《伊利亚特》和《奥德赛》不是一个个体的作品,而是横亘一个时代的整个族类的作品,那么人们至少必须承认,这个族类是像一个个体那样进行创作。

人们普遍承认,有一种**民间诗歌**,它是一个受到特别眷顾的自然产物,比全部**诗歌艺术**都更加古老,并且与后者分庭抗礼,一直存在于各种传说、童话和歌谣里面,而这些东西的起源是谁都不知道的;同样,人们承认有一种自然的世间智慧,它在日常生活中的偶发事件或人际交往的激励之下,不断发明出新的谚语、谜语和比喻故事。就这样,借助于自然诗歌和自然哲学的交互作用,一个民族不知不觉地,在毫无反思的情况下,在生活里创造出那些更高级的形象;它需要用这些形象去满足它的空虚心灵和幻想,并因此觉得自己提升到了一个更高的层次,而这些形象反过来又让这个民族的生活变得更加高贵和美丽，简言之，它们一方面具有深刻的自然意义，另一方面同样具有诗的意义。

　　由此看来，人们只能在少数个别人和整个民族之间做出选择，此外别无他法，而在当今这个时代，谁还会迟疑半天才说出自己的选择呢？但这个答案愈是显而易见，人们愈是需要仔细考察，这里是否隐藏着一个悄然蒙混进来，但经不住检验的前提。这类假设与研究者的关系，相当于隐藏在水面下的珊瑚礁与航海者的关系。批判精神与非批判精神的唯一区别恰恰在于，后者拿着一些没有意识到的前提就直接采取行动，反之前者绝不容忍任何隐藏的和未经讨论的东西，而是尽可能把一切东西明明白白地推演出来。

　　没错，当我们听到"神话不是来源于少数个别人，而是来源于整个民族"时，我们确实松了一口气。在这里，这个民族被理解为一个总体，但它毕竟只是**某一个**民族。然而神话不仅仅是**某一个**民族的事情，而是许多民族的事情，在这些民族的神话观念之间，不仅有一种普遍的和谐一致，而且有一种细节上的和谐一致。这里首先显露出一个伟大的、不容反驳的事实，即在那些最不相同、最不相似的民族的神话之间，有一种内在的亲缘性。那么人们打算如何解释这个事实，即神话是一个**普遍的**、就整体而言在任何地方都相同的现象？难道都是归结为某一个民族那里可以设想的各种原因和状况？假若事情是这样，也就是说，假若神话首先是从某一个民族那里产生出来的，那么很显然，要解释刚才所说的那种和谐一致，唯一的办法就是进一步假设，神话观念确实首先是在某一个民族那里产生出来，然后从这个民族传播到第二个民族，再传播到第三个民族,如此以往,而在这个过程中,神话观念当然也会发生一些扭曲,但就整体和根底而言,它们始终是同样一些观念。赫尔曼不是唯一以这个方式解释这个事实的人。另外一些人并没有因为他们的独特前提而被迫接受这个观点,而是提出另外一种解释,即神话其实只是看起来是一个普遍的现象,至于各种神话的材料上的和谐一致,只不过是一种偶然的和外在的和谐一致。诚然,用这样一种纯粹外在的和次要的联系来解释那种不是位于表面,而是位于深处的亲缘性,这是很方便的,但这种意义上的和谐一致与最初的假设是相矛盾的。假若希腊人是从埃及人那里来继承他们的德墨忒尔,那么德墨忒尔就应当像伊希斯①那样去寻找其被谋杀的丈夫,或伊希斯应当像德墨忒尔那样去寻找其被掠夺的女儿。这里的相似性仅仅在于,二者都在寻找一个失去的东西。但由于这个失去的东西对二者而言是各不相同的,所以希腊观念不可能是埃及观念的单纯复制品,也不可能是依赖于后者,毋宁说,它必定是独立于更早的埃及观念而自行产生出来的。这些相似性不是原版与复制品之间的相似性,它们不意味着一种神话单方面来源于另一种神话,而是意味着全部神话的一个共同的来源。这不是一种可以外在地解释的相似性,而是一种亲族关系的相似性。

这个伟大的事实作为一个绝佳的推演工具,本来应当发展出一种真正的理论,但假若人们仍然按照那个外在的机械方式去解

---

① 伊希斯(Isis)是埃及神话中的生命女神,她的丈夫奥西里斯(Osiris)被其弟塞特(Seth)杀害并碎尸。伊希斯四处寻觅丈夫,终于找到了他的除了生殖器之外的所有碎尸。奥西里斯后来复活,成为冥王。——译者注

释不同神话的亲缘性,那么也可以轻松地应付过去。即便如此,这里始终保留了一个前提,即神话能够在一个民族里面或通过这个民族而产生出来。但在我看来,有一件人们迄今觉得理所当然的事情恰恰是非常需要加以考察的,即从根本上而言,是否可以设想,神话在一个民族里面或通过这个民族而**产生出来**?因为首要的问题是,民族究竟是个什么东西,或者说究竟什么东西使它成为一个**民族**?毫无疑问,这不是指或多或少某些就自然方面而言同类型的个体单纯在空间里的共存,而是指这些个体之间在意识上的共同性。这个共同性仅仅在一种共同的语言中直接表现出来;但如果不是在一个共同的世界观中,我们又应当在哪里找到这个共同性本身或它的根据呢?再者,如果不是在一个民族的神话里,这个共同的世界观又如何能够原初地包含在这个民族里面,并且被给予它呢?由此看来,一个现成已有的民族绝不可能额外获得一种神话,无论这种神话是由民族里的少数个别人发明出来,还是通过一个共同的本能式创造而产生出来。后面这一点看起来也是不可能的,因为我们根本不能设想一个**民族**在没有神话的情况下**存在着**。

人们或许会反驳道,一个民族是通过共同投身于一件事业(比如农业或商业),通过共同的伦常习俗、法律制度、管理组织等等而凝聚形成的。诚然,这一切都属于民族的概念,但有一点大家不要忘了,即在所有民族那里,管理的权力、法律制度、伦常习俗,甚至各种日常事务等等,是如何密切地与诸神观念联系在一起。关键的问题在于,上述一切东西作为前提无论如何都是**和一个民族一**

起被给予的,而我们是否可以设想,它们与那些总是与神话伴生的宗教观念毫无关系? 有些人会说,确实存在着某些民族,在那里看不到宗教观念以及神话观念的半点痕迹。比如前面提到的那些仅仅在外形上与人相似的南美族类就是如此。但正如阿萨拉所报道的,这些族类相互之间**恰恰不具有任何类型的共同体**,而是像田野里的动物那样生活着,因为他们认识不到一种可见的或不可见的统治着他们的力量,相互之间只有陌生的感觉,正如同类的动物相互之间也是这种感觉;也就是说,他们没有形成一个民族,正如狼和狐狸也没有形成一个民族,甚至可以说他们的社会性还不如某些共同生活和劳动的动物,比如海狸、蚂蚁或蜜蜂等等。① 任何把他们改造为民族的努力都将是徒劳的,也就是说,在他们中间不可能建立一种社会联系。强迫他们成为一个民族只会导致他们的毁灭,而这就证明:首先,如果一个东西不是生来就是一个民族,那么无论是通过神的力量还是通过人的力量,都不可能将它转化为一

---

① 参阅阿萨拉《美洲大陆旅行记》第二卷。该书第44页谈到潘帕人(Pampas)的时候指出: ils ne connaissent ni religion, ni culte, ni soumission, ni lois, ni obligations, ni récompenses, ni châtiments [他们不懂宗教,不懂献祭,不懂服从,不懂法律,不懂义务,不懂奖赏,不懂惩罚]。第91页谈到圭亚那人(Guanas)的时候也是如此;第151页谈到伦瓜人(Lenguas)的时候也指出: ils nereconnaissent ni culte, ni divinité, ni lois, ni chefs, ni obéissance, et ils sont libres en tout [他们不懂宗教,不懂神性,没有法律,没有统治者,没有服从,在一切方面都是自由的]。第113页谈到姆巴哈斯人(M'bajas)的时候同样也是如此,而在这里人们发现,那些生活在市民制度下的人为这些野人任命的所谓的酋长享有什么地位,也就是说(参阅第43页),酋长们既不发号施令,也不实施惩罚,甚至不会提出什么要求,但享受着其他人的某种程度的尊重,这些人在聚会的时候基本上都是顺从酋长的意见,唯唯诺诺,但这不是因为他们把酋长当作首领或觉得自己有某种义务,而是因为他们觉得酋长比他们自己具有更多的理智、狡猾和身体力量。在夏鲁阿人(Charruas)那里,没有谁有义务去参与实施一件已决定的事情,甚至那个提出建议的人也没有这个义务;他们的贸易构成了宗派本身,绝大多数情况下是通过拳头来解决问题。亦参阅该书第16页。——谢林原注

个民族；其次，在缺乏意识的原初的统一体和共同体的地方，也不可能产生出这样一个统一体和共同体。

同样在这里，神话旁边又出现了语言。我们立刻发现，假设一个民族的语言能够通过其中少数**个别人**的努力而产生出来，这是荒谬的。但另一方面，如果认为语言能够**在这个民族里面或通过这个民族**而产生出来，仿佛一个民族能够在没有共同的语言时**存在着**，这难道不是一件同样荒谬的事情吗？难道不是只有当具有一种共同的语言时，才会有一个**民族**吗？

换言之，如果人们以为，在进行立法的时候，并非一切东西都必须由个别的立法者制定，毋宁说，法律是在民族的生活过程中由这个民族自身创造出来的，那么他们的意思仿佛是说，一个民族能够从头开始为自己**制定**法律，因此能够在没有法律的情况下**存在着**，殊不知它只有通过它的各种法律才成为一个民族，并且是**这一个**民族。实际上，一个民族在**作为民族**存在着的同时，已经获得了一个维护其生活和持存的法律，至于一切在它的历史进程中才产生出来的法律，只能是那个法律的继续发展。但它只能是在获得它作为民族而与生俱来的世界观的同时，获得这个原初法律，而那个世界观就包含在它的神话里。

无论人们如何解释神话在一个民族里面或通过一个民族而产生出来，他们始终已经预设了一个前提，亦即假定希腊人或埃及人在以某种方式获得他们的神话观念之前，就已经是希腊人或埃及人。现在我想问大家，如果拿走他们的神话，那么希腊人还是希腊人，埃及人还是埃及人吗？也就是说，这些人并非首先已经是希腊人或埃及人,**然后**再从某些人那里获得或亲自创造出他们的神话,毋宁说,他们只**有**和他们的神话**一起**,只有在具有各自的神话时,才是希腊人或埃及人。每一个民族的历史都是伴随着它的存在而开始的,而假若一个民族的神话是在它的历史过程中出现的,那么这就尤其是通过它与其他民族的历史关系和历史接触而产生出来的,而这意味着,它在具有一种神话之前,已经具有一种历史。但人们看到的毋宁始终是相反的情况。一个民族的神话并不是由它的历史所规定的,正相反,它的历史是由它的神话所规定的,或更确切地说,神话并不**规定**一个民族的命运,它本身就**是**这个民族的命运(好比一个人的性格就是他的命运),是这个民族从一开始就落入的宿命。难道谁会否认,印度人、希腊人等的整个历史是伴随着他们的诸神学说而被给定的?

如果一个民族的神话不可能是在一个现成已有的民族里面或通过这个民族而产生出来,那么唯一的答案就是,神话和民族是同时产生出来的,相当于**它的**个体的民族意识;凭借这个民族意识,一个民族从人类的普遍意识中挣脱出来,并恰恰因此是**这一个**民族,而它之所以不同于任何别的民族,不只是因为它的语言,同样也是因为它的民族意识。

正如你们看到的,通过以上所述,我们已经完全抽走了迄今评论的各种解释的基石,而它们全都企图以此为依据而自圆其说:这个基石是一种历史意义上的基石,即预先设定了诸多民族的存在,但我们已经指出,神话和民族是同一时间产生出来的。每一个民族的神话的源头都回溯到一个与时间无关的区域,在那里,人们根本没有时间去发明什么东西（无论这是少数个别人的发明，还是民族自身的发明），没有时间去进行精心的包装，没有时间去误解。换言之，对于海涅、赫尔曼等人假设的那些情况，根本就不存在时间。在神话产生的时间里，那些假设——即神话总的说来是一个发明——是行不通的，无论这是一些与民族相对立的个别人的发明，还是整个民族通过一个共同的本能而作出的发明。伴随着各个民族自身一起产生的神话观念规定了这些民族的存在，而且**必须**被看作真理，也就是说，首先被看作完整的、完全的真理，然后被看作诸神学说，而我们必须解释，这些观念如何可能在这个意义上产生出来。为了进行这个研究，我们**不得不**寻找另外一些理解要点，因为在迄今呈现出的东西里面，没有什么能够回溯到那个区域。对于迄今讨论的那些解释，我们并不想断言它们没有包含**任何真相**；这有点过分了，但它们确实没有包含**真相本身**，这个东西始终是有待寻找的，而我们现在也不能以跳跃的方式一蹴而就，而是只能借助于一个层次分明的、不放过任何可能性的发展过程。——我希望大家能回想一下我们的研究方法，因为我认为这个方法可能带来的主要收获在于，让你们学会如何把握和掌控一个如此复杂棘手、如此变化多端的对象，最终通过一个条理清楚的推进过程而获得完全清楚的认识。——目前看来，以上所述的一个确定而清楚的结论是：我们所寻找的真相位于迄今的各种理论**之外**。换言之，真相位于迄今评述的那些解释所排斥的某个东西里，而且现在至少有一点很明确，即这个东西是所有那些解释不约而同都想要排斥的。

第四讲　神话的宗教式解释

前面提到两个观点,一个观点认为神话里面原本就没有任何真理,另一个观点虽然承认神话里面有一种原初的真理,但又认为真理不是位于**严格意义上的**神话之内,尤其当神话意指诸神学说和诸神历史时就更是如此;如果这两个观点都行不通,那么我们在放弃它们的同时,本身就论证了第三个观点,并表明这个观点已经是必然的,即神话过去和现在都被看作真理。但这个观点本身就等于宣称,神话原初地被看作诸神学说和诸神历史,它原初地所具有的是**宗教的**意义,而这个意义恰恰是之前那些解释想要排斥的东西;也就是说,所有那些解释都试图表明,虽然不可否认神话作为诸神**学说**确实具有宗教意义,但这个意义对于原初的产生过程来说是陌生的,是后来才糅合到这个产生过程中。纯粹诗意的观点仅仅否认一种故意放置到神话里的意义,它虽然承认某些原初的宗教意味,但出于同一个理由,它又坚决反对任何宗教意义上的**产生过程**;在它看来,神话里的那些貌似是宗教因素的东西,和任何别的貌似如此的宣教意义一样,都必定是一种偶然的、无意义的东西。另一方面,在那些对诗毫无兴趣、更偏向于哲学的解释那里,情况又完全不同,宗教意义作为一种原初**偶然的**东西根本就没有立足之地。在海涅看来,神话的发明者很清楚他们构想出来的人格化形象不是真实的存在者,原因很简单,因为它们不是神;它们与诸神的概念毫无关系,因为诸神是一些令人畏惧的存在者,而人们只畏惧真实的或被认为是真实的存在者。按照最严格一贯的推论——这个推论当然只会出现在赫尔曼那里——,人们甚至必须刻意地排斥宗教意义。

现在,如果我们把迄今评述的全部理论统称为"非宗教(irreligöse)理论"(当然,这里不涉及任何令人起疑的附带意义),那么它们或许会拒绝这个名称,因为在它们看来,它们至少在某些方面确实设定了某些**先于**神话的宗教观念,即并不是**完全**排斥宗教因素。无论如何,如果一个人忠于欧赫美尔,就必定会认为,虽然神话里的诸神仅仅是非本真意义上的神,但在这之前有一些本真意义上的神。赫尔曼同样谈到了神话的一个预备阶段,即一种粗糙的物理学迷信,在其想象中,那些真实可信的存在者是与自然现象结合在一起的;甚至海涅,假若被问起此事,也会毫不犹豫地接受这个观点,因为他必须预先设定一些本真意义上的神,这样才可以表明,他所说的那些人格化形象虽然不是本真意义上的神,但**被当作是**神。也就是说,这些解释本身也承认有一些本真意义上的神,随之确实承认宗教因素,至少是把它当作一个背景。这样看来,人们似乎不可能提出一个关于"非宗教观点"的普遍范畴。

但至少就刚才提到的几种观点而言,首先必须判定一点,即我们是否承认,它们所说的那些先于神话里的诸神的存在者是一些**真正**具有宗教意义的存在者。首先,它们当然是一些真实的存在者,被人们误以为隐藏在各种自然作用后面,而人们之所以有这个误解,或许是因为没有认识到真正的原因,或许是源于一种纯粹动物式的下意识的恐惧,或许是基于人特有的一种肯定性倾向,即每当他们知觉到一个作用,就预先设定了意志和自由;此外还有一个原因,即人们是借助"存在"(Existenz)概念来思考外在事物,但这个概念完全是人们自己创造出来的,而且人们只是逐渐将其普遍化,并慢慢学会将那些在人类意识里与这个概念结合在一起的东西与之区分开。① 这些与自然进程结合在一起的存在者作为一种极为强大的、通常说来超于人类力量之上的东西,令人畏惧,而这就是最初的对于神的畏惧(primus in orbe Deos fecit timor),又因为它们仿佛是按照其任性和心情有时候阻碍、有时候支持人类事务,所以人们企图用卑躬屈膝的方式祈求其眷顾。据说,对于这样一些存在者的信仰就是最初的宗教。

XI, 69

近代以来,主要是**大卫·休谟**②阐发了这种解释,但他不是从对于自然现象的反思推导出最初关于许多不可见的存在者的观念;在他看来,自然现象的和谐一致与恒常往复毋宁指向唯一的一个存在者,反之只有当人们观察并经验到生活中的矛盾和变动,才第一次觉得有许多神祇。但由于原始人类本身的生活仅仅是一种自然生活,并且其纷杂的遭遇主要是依赖于自然界的变化,所以这个区别是没有意义的。在休谟看来,这种最初的真实的多神论之所

---

① 参阅《法兰西百科全书》中的"存在"词条,后来流行的那些关于诸神观念的最初起源的解释看起来对其多有借鉴。该词条的作者是杜尔哥。——谢林原注。译者按,杜尔哥(Anne Robert Jacques Turgot, 1727—1781),法国神学家和经济学家。
② 休谟(David Hume, 1711—1776),苏格兰经验论哲学家。——译者注

以成为神话,只是因为某些人类个体在他们那个时代统治着或照顾着另外一些人,于是被后者以宗教的方式加以崇拜。

另一条道路是由**约翰·海因利希·福斯**①奠定的。他同样认为,神话产生于最初的一些非常粗野的观念,而这些观念又是起源于一种有时不完整有时完整的动物性愚钝状态。他既不承认神话里面有任何宣教的,尤其是原初宗教的意义,也不认为神话是纯粹的诗歌,而在这种情况下,他只能在诗歌之外寻找宣教意义的另一个对立面,并且在完全无意义的东西里找到了这个对立面;那些原初观念愈是无意义,就愈是卓越,也就是说,他用这个极端的手段去反对任何想要在神话里看出一个意义的尝试,并且认为人们只应当**像他那样**对待神话,即仅仅关注其僵死的、粗糙的字面意思。在他看来,当人们处在这种最初的极为愚钝的状态中,受到各种自然事件的激励,就以为自己与这些事件有联系,并且猜测它们和他们是一样的,亦即也是一些粗野的存在者,而这就是最初的诸神。但要从这里过渡到神话,必须依靠**诗人**,于是福斯将他们召唤出来;在他看来,诗人的任务在于慢慢塑造那些枯燥无味的形象和无规定的存在者,用人类的各种优良品性修饰它们,最终将其提升为一种理想的人格化形象。到最后,这些诗人甚至发明出那些存在者的**历史**,并通过它而以一种惬意而迷人的方式掩饰那些原本无意义的东西。按照福斯的观点,神话就是这样产生出来的。

任何人只要对希腊神话稍有了解,都会在其中认识到某种意

---

① 福斯(Johann Heinrich Voß, 1751—1826),德国古典时期的著名诗人,其德译本《伊利亚特》(1793)和《奥德赛》(1781)流传至今,被奉为传世经典。——译者注

味深长的、内涵丰富的、有机的东西。只有那些对于自然界极端无知的人——这种无知在早先的许多语文学家那里曾经占据支配地位——，才有可能想当然地认为，从上述那些如此偶然和完全无关联的观念中能够产生出某种有机的东西。除此之外，我还想借这个机会提一个问题：为什么有些德国学者能够在很长一段时间里都如此笃定地认为，在一个几乎没有任何人类活动痕迹的极为粗野的状态里，会直接冒出来一些**诗人**？诚然，古人的著作提到了奥菲欧，他用自己甜美的歌声引导着那些生活在荒野里的人摆脱动物的粗野性，走向人的生活。比如贺拉斯曾经说：

> Sylvestres homines sacer interpresque Deorum
> Caedibus et victu foedo deterruit Orpheus,
> Dictus ob hoc lenire tigres rabidosque lenos.
> [当人类尚在蒙昧之时，诸神的圣使
> 奥菲欧让他们放弃屠杀和野蛮生活，
> 因此传说他能够驯服老虎和凶猛的狮子。]①

很显然，这些文字与一条特殊的奥菲欧教义有关，即人们应当爱护动物的生命；但这条教义与那种要求血腥献祭的诸神学说毫无共同之处，正如奥菲欧的生活方式也完全不像荷马笔下的英雄那样大块吃肉，大碗喝酒。没有任何一位古代作家指出奥菲欧对神话的产生有贡献；可以肯定的是，至少福斯也根本没有想到奥菲欧；

---

① 贺拉斯《诗艺》第391行以下。——谢林原注

他关于神话诗人的观点极有可能是现炒现卖,来自他那段美好的,但已逝去的哥廷根求学岁月。福斯平时在谈到海涅的时候总是带着极为鄙夷的语气,但具体到这些问题,他并没有因此拒斥海涅学派的观点。当时海涅拿着英国人伍德①的《论荷马的原创天才》(*Über das Originalgenie des Homer*)这本书教导人们:荷马最值得学习的地方,就是其对于野蛮人的生活习俗的娴熟描绘,或者像海涅极为天真幼稚地补充的那样,对于**另外一些**仍然生活在野蛮社会和野蛮国家制度中的**民族**的生活习俗的娴熟描绘②;曾经有一段时间,海涅的学生热衷于把荷马拿来和莪相③以及古德意志的英雄诗歌吟唱者进行比较,而在后者这里,他们不但为托伊特④的仍然身披兽皮的儿子们在战场上的勇猛倾心不已,而且相信这些人总的说来已经达到一种更为人性化的生活,但实际上,通过荷马诗歌勾勒出的它那个时代的欣欣向荣的社会图景,人们绝不会联想到什么野蛮人或半野蛮人,而是仅仅联想到当时的歌手所面对的听众,而这一点已经通过奥德修斯的如下这番话而得到证明:

能听到这样的歌人吟唱真是太幸运,

---

① 伍德(Robert Wood, 1717—1771),英国古典学家,1769 年发表《论荷马的原创天才》(*An Essay on the original genius of Homer*),该书德译本于 1773 年出版。——译者注
② 参阅海涅后来又发表于《哥廷根学者报》的关于伍德著作的书评,他在写这篇书评的时候,伍德著作的德译本尚未出版。——谢林原注
③ 莪相(Ossian),凯尔特神话中的英雄和诗人,其代表作《莪相史诗》于 1760 年由苏格兰诗人麦克菲森(James Macpherson, 1736—1796)翻译出版,从而产生了巨大影响。但也有人认为这其实是麦克菲森自己的作品。——译者注
④ 托伊特(Teut),又名图伊斯托(Tuisto),古德意志神话中的大地之神。——译者注

他的歌声娓娓动听,如神明们吟咏。
我想没有什么比此情此景更悦人,
整个国家沉浸在一片怡人的欢乐里。
人们会聚王宫同饮宴,把歌咏聆听,
在我看来,这是最最美好的事情。①

也就是说,以上描述的这种类型的存在者应当是最初的、本真意义上的神,并且在神话里的诸神之前已经存在着。现在的问题是,我们是否可以把他们看作一些真正具有宗教意义的存在者。我们非常怀疑刚才所说的那些观念能否被称作宗教。因为,比如那些散居在广阔的拉普拉塔河②平原上的野蛮人也不乏一种下意识的对于自然界的阴森不可见的东西的敬畏,这种敬畏甚至在某些动物那里也有迹可循;这些人同样认为自然现象里面有一些若隐若现的幽灵般的存在者;尽管如此,阿萨拉向我们保证,他们那里根本**没有任何宗教**。诚然,人们针对这个断言提出了一些反对意见③,但对于阿萨拉这样的人,是不可能用一些空洞废话就加以反驳的。于是人们又引用西塞罗的那句名言,即没有哪一个民族野蛮粗俗到这个地步,竟然对于诸神不具有任何观念。我们当然可以接受这个说法,因为我们已经指出,那些毫无统一性可言的部落根本不能被称作"民族"。要摆脱一个长久服膺的信念,这对于

---

① 出自《奥德赛》第九卷。此处采用了王焕生的译文。——译者注
② 拉普拉塔河(Laplata)是南美洲仅次于亚马逊河的第二大河,全长4100公里,流经巴西、巴拉圭、乌拉圭、阿根廷等国家,最后注入大西洋。——译者注
③ 参阅该书法文版译者的注释。——谢林原注

任何人来说都总是很困难的;众所周知,关于某些美洲部落,罗伯逊①也提供了一些完全相同的证据,而这些证据也遭到了同样的反对;诚然,关于这样一类问题——比如当有些人看上去在毫无敬畏的情况下完全按照他们的伦常习俗和本性去做一切事情时,这是否证明他们在对一个可见的或不可见的存在者进行献祭——,不可能仅凭观察就做出一个完全准确无误的判断;但礼拜行为却是一种可见的行为。见识卓越的阿萨拉和那些普通的旅行者根本不可同日而语。如果说我们的备受赞誉的**亚历山大·冯·洪堡**②所依托的是渊博的科学精神,那么当阿萨拉踏上那片土地的时候,却是秉承一种独立的、不偏不倚的思维方式,即哲学家的思维方式,并且以探索自然界和人类的历史为己任,而我们这个时代的知识技能,尤其是我们德国的自然研究者,在很多方面都仍然期待着那些问题的解决。阿萨拉不可能错认事实,即那些野蛮人的任何行为都没有表明他们对于某个对象具有一种宗教式的崇拜。由此得出一个同样无可置疑的结论,即他们那里没有宗教。③

---

① 罗伯逊(James Robertson, 1742—1814),爱尔兰裔美国殖民者,其于1779年建立的纳什维尔市(Nashville),后来成为田纳西州的首府。——译者注
② 亚历山大·冯·洪堡(Alexander von Humboldt, 1769—1859),德国地理学家和博物学家,地球物理学创始人之一。德国著名的学术科研支持机构"洪堡基金会"就是以他的名字命名。——译者注
③ 由于事实对于结论来说非常重要,我在这里不妨引述一些具有证明意义的段落。在如下这个段落里,阿萨拉以一种高度概括的方式做出了解释:
    Les ecclésiastiques y ont ajouté une autre fausseté positive en disant, que ce peuple avait une religion. Persuadés, qu'il était impossible aux hommes de vivre sans en avoir une bonne ou mauvaise, et voyant quelques figures dessinées sur leurs pipes, les arcs, les bâtons et les poteries des Indiens, ils se figurèrent à l'instant, que c'étaient leurs idoles, et les brulèrent.(转下页)

假若那些不可见的、和各种自然进程一起被联想到的存在者已经是**神**,那么凯尔特民族的山妖和水怪、德意志民族的地精、东方民族和西方民族的女妖就都是神了,但这些东西从来都没有被当作神。希腊神话里同样充斥着山妖、树妖、女仙等等,它们作为诸神的侍从虽然有时候也受到崇拜,但从来没有被当作神。诚然,人们对它们也抱有敬畏之心,甚至试图通过各种馈赠来取悦它们,以赢得它们的友善对待,但这些都不能证明它们是作为**神**(亦即宗教意义上的存在者)而受到崇拜。这些行为所针对的是一些并非是神的神,因此看起来没有达到概念的真正强大的力量。简言之,这些存在者仅仅是在非本真的意义上被称作"神"。休谟本人也承认这一点,并且宣称:A bien considérer la chose, cette pretendue

XI, 74

(接上页)Ces peoples emploient aujourd'hui encore les mêmes figures, mais ils ne le font que pour amusement, *car ils n'ont aucune réligion*.[神职人员又补充了一个似是而非的陈述,说这些野蛮人有一种宗教。因为他们深信,人活着不可能没有好坏之分,但是当他们看到野蛮人的烟斗、弓箭、棍棒上面和印第安人的陶器一样画着一些形象,就马上意识到这些东西是野蛮人的偶像,于是把它们都烧了。这些野蛮人今天还在使用同样的形象,但他们这样做只是为了娱乐,**因为他们没有宗教**。]《美洲大陆旅行记》第二卷,第3页。

关于巴拉圭人,他在该书第137页是这样叙述的:Quand la tempête ou le vent renverse leurs huttes ou cases, ils prennent quelques tisons de leur feu, ils courent à quelque distance contre le vent, en le menaçant avec leurs tisons. D'autres pour épouvanter la tempête donent force coups de poing en l'air; ils en font quelquefois autant, quand ils aperçoivent la nouvelle lune; mais, disentils, ce n'est que pour marquer leur joie: ce qui a donné lieu à quelques personnes de croire, qu'ils l'adoraient: mais le *fait positif* est, qu'ils ne rendent ni culte ni adoration à rien au monde et qu'ils n'ont aucune réligion. [当狂风暴雨吹倒他们的小屋或茅屋时,他们会带着一些火把,迎着风跑一段距离,用这个来威胁风。还有的人为了吓唬暴风雨,就对着天空拳打脚踢;有时他们看到新月也会这样做;但他们说,这只是为了娱乐,虽然这使得有些人认为他们是在崇拜它;但**真正的事实是**,他们从不献祭或崇拜**世界上的任何东西,因为他们没有宗教**。]——谢林原注

Religion n'est en effet qu'un Athéisme superstitieux, les objêts du culte qu'elle établit, n'ont pas le moindre rapport avec l'idée que nous nous formons de la Divinité. [仔细看来，这种所谓的宗教实际上仅仅是一种与迷信结合在一起的**无神论**。他们所崇拜的那些对象与我们关于神的观念没有丝毫关系。]① 在另一处，他又说：只要人们从古代欧洲的信仰里拿走**上帝和天使**（因为天使作为神的无意志的工具，脱离了神是不可想象的），仅仅保留那些女仙和地精，就会出现一种与那种所谓的多神论类似的信仰。②

现在，根据大卫·休谟的这个不可辩驳的解释，我们就可以把迄今出现过的那些解释统称为"非宗教观点"，并且通过这个方式与之完全决裂；同样清楚的是，我们直到现在才过渡到宗教的观点，并且将其当作一个全新的发展过程的对象。此前的发展过程仅仅聚焦于这个问题，即哪些解释能够被称作宗教的观点，哪些不能。健全知性的观点是：首先，多神论无论如何也不可能是无神论，一种**真正的**多神论不可能与有神论毫无关系；其次，只有这样的神才能够叫作本真意义上的神，他们无论经历多少中间环节，无论是以什么方式，终究是以某种方式把上帝当作根据。——在这些地方，即使人们决定把神话称作"虚假宗教"(falsche Religion)，这也是无济于事的，因为"虚假宗教"并不因为其虚假而是"非宗教"(Irreligion)，正如谬误（至少是那种配得上这个名称的东西）并不是

---

① 休谟《宗教的自然史》，第25页。这里及以下的文本引自该书（优秀的）法译本。——谢林原注
② 同上书，第35页。——谢林原注

真理的完全匮乏,毋宁只是颠倒的真理本身。

接下来我们要指出,为了达到一种真正的宗教观点,需要什么东西。但我们立即遭遇到一个困难,这个困难是在展开宗教的观点时才冒出来的。也就是说,究竟是什么原因使得早先的那些解释者如此坚决地抗拒宗教的意义,宁愿拿出十八般武器,甚至主张一些令人难以置信的东西,也不承认在神话里,或哪怕是在那些据说先于神话的观念里(即使休谟已经指出这些观念没有包含任何与上帝有关的东西),有某种真正的宗教因素?简言之,人在本性上就畏惧一些看上去不可克服的困难,企图避之三舍,只有当他看到所有这些虚假的麻痹手段都于事无补时,他才会投身到那种不可逃避和不可反驳的东西里面去。

XI, 75

只要假定神话真正的宗教意义是其原初的意义,就面临着一个困难,即必须解释上帝怎么可能原初地是多神论的根据。这里同样呈现出**多种不同的**可能性,而我们接下来的任务就是对它们进行辨析。换言之,既然除了宗教的观点之外我们已经别无选择,我们就完全接受这个观点,看看它如何得到展开。在这里,我们同样必须从最初可能的前提出发,以理解把握原初的宗教意义。

但无论在什么场合,**最初可能的**前提都是那个包含着最少的假设的前提,而在这里无疑就是那样一个前提,它最为缺乏对于上帝的真正认识,而是仅仅以这样一种认识的潜能或萌芽为前提。很显然,这就是一种在古人那里已经流行,并且在早先的学校里普遍教导的 Notitia Dei insita [关于上帝的天赋知识],实际上,与这种知识联系在一起的概念,无非是一种仅仅以潜能的方式存在着的关于上帝的意识(Gottesbewußtseyn),而这种意识本身就必然会过渡到现实性,亦即提升为一种现实的关于上帝的意识。这里或许有一个环节,把早先提到的本能式产生过程转化为一个明确的概念:在这种情况下,它就是一种制造出神话的**宗教本能**;换言之,除了如此设想这种纯粹普遍的、不确定的关于上帝的知识,还能有别的什么办法呢?任何本能都在寻求一个它与之相关联的对象。基于这样一种对于若隐若现的上帝的朦胧摸索,那种真正的多神论似乎也是不难理解的。尽管如此,我们在这里仍然必须循序渐进。

人类认识活动的直接对象始终是自然界或感官世界,上帝仅仅是一个被追求的朦胧目标,而且首先是在自然界里被寻求。只有在这里,人们偏爱的那种解释,即**自然界的神化**,才有其地位,因为无论在什么情况下,首先至少必须有一种朦胧的关于上帝的天赋知识。也就是说,不可能先于这种知识就去讨论自然界的神化。如果以一种宗教本能为前提,我们就可以理解,为什么首先是在一些恒常出现的要素或天体中,人们相信发现了他们寻找的上帝,因为这些东西对人类施加最为强大或最为有利的影响。当人类逐渐接近上帝,就让上帝下降到大地,最初觉得他出现在一些无机的形式里,但很快就觉得他更像是有机的存在者,并且在很长一段时间里想象着他具有动物的形式,直到最后认为他具有纯粹的人的形态。持这种观点的人(尤其是伏尔尼[①]和杜普

[①] 伏尔尼《宗教礼仪的起源》(*Origine de tous les Cultes*)。——谢林原注。译者按,伏尔尼(Constantin François Volney, 1757—1820),法国历史学家。

伊①等人）认为，神话里的诸神是一些神化了的自然事物，或者说主要只是一个神化了的自然事物，即太阳，而它在一年的周期里，每次处在不同的位置时都被看作**另一个神**。

这种从 Notitia insita［天赋知识］出发的解释如果想要获得更大的哲学声望，就必须完全对自然界置之不理，让这种知识在独立于外部世界的情况下完全内在地产生出来，也就是说，它必须假定，那个宗教本能具有一个内在于自身的法则（自然界里的层级秩序也是由同一个法则所规定的），并且借助这个法则而贯穿整个自然界，在每一个层次上既把握上帝，然后又重新失去上帝，直到上帝成为那个凌驾于全部环节之上的上帝，这时上帝把那些环节设定为自己的"过去"，随之设定为**自然界**的单纯环节，而他自己则是超然于自然界之上。在这个不断上升的运动中，因为上帝就是目标或终点（terminus ad quem），所以在每一个层次上，人们所信仰的都是上帝，因此无论如何，由此产生出来的多神论的最终内容就是真正的上帝。

果真如此的话，这种解释就将是第一次让神话产生自一个纯粹内在的，同时又必然的运动，而且这个运动摆脱了一切外在的和纯属偶然的前提；在这个意义上，这种解释至少应当被看作我们必须推进到的那种最高解释的榜样。换言之，这种解释本身还不能

XI, 77

---

① 杜普伊《废墟》(Les Ruines)。——谢林原注。译者按，杜普伊(Charles François Dupuis, 1742—1809)，法国历史学家。谢林在这里可能是出于笔误，将两位作者的著作搞混了。也就是说，《宗教礼仪的起源》的作者其实是杜普伊，而《废墟》——完整书名为《废墟，或关于帝国革命的沉思》(Les Ruines Ou Méditations Sur Les Révolutions Des Empires)——的作者是伏尔尼。

说是最终的或最高的解释,因为它同样具有一个尚未澄清的前提,即那个宗教本能本身;假若宗教本能足够强大,能够让人类始终处于这个以真正的上帝为目标的运动中,那么它必定是某种实实在在的东西,必定是一个现实的潜能阶次(Potenz),而为了解释这个潜能阶次,不能仅凭单纯的"上帝"理念就敷衍了事,因为在这种情况下人们可能觉得,这只不过在玩一个逻辑上的把戏,仅仅是一种枯燥无味的哲学为了逃避困难而喜欢使用的蹩脚伎俩,即首先把上帝理念贬低为一个最贫乏的形态,然后在思想中矫揉造作地让这个形态重新达到完满。这里的关键并不是在于神话的材料确实与**单纯的理念**有一种联系(这一点不仅适用于神话,也适用于自然界),但如果人们不能用这样一种把戏去解释自然界,类似的把戏也不能用来解释神话;这里的关键是要做出解释,但不是去解释神话单纯观念上的可能性,而是去解释神话的现实的产生过程。假定有一个和任何别的本能一样真实的宗教本能,就等于迈出了第一个步伐,而我们最终将会认识到,如果是从一个单纯观念上的关系(即意识与某一个对象的关系)出发,那么神话是不可解释的。

XI, 78　　总的说来,假定多神论出现之前已经有一种正规的学说,相比假定多神论之前有一种关于上帝的纯粹天赋的知识,会遭遇更大的困难。一方面假定有一种学说,另一方面假定这种学说必然会遭到扭曲,并发展为多神论,这同样是令人不能接受的。大卫·休谟凭借无坚不摧的思想既否认这样一种学说之产生的可能性,也否认其遭到扭曲的可能性。至于 Notitia insita [天赋知识],根本就不在他的考虑范围之内。一般而言,休谟属于这样一类人,他们既不想谈论任何本能,也不想谈论任何天赋的概念。他首先宣称,任何两个民族,甚至两个人,都不可能关于宗教达成一致意见,然后由此得出一个结论,即宗教情感不可能像自爱或两性之间的爱慕那样是基于一个自然的**冲动**;他顶多只愿意承认,我们每一个人都倾向于相信**某一个**不可见的、理智的力量的存在,而且他看起来对这个倾向也是极为怀疑的,哪怕它是基于一个原初的本能。①

休谟的意图在于否认神话的宗教意义真的是一种原初的意义;从这个立场来看,他本来应当首先否认 Notitia insita [天赋知识] 这个东西,除非他觉得从已经揭示出的理由来看,不再有这个必要;也就是说,在他那个时代,一种关于天赋知识的学说已经完全过时了,已经失去任何效力。因此他觉得唯一必须加以否认的是这样的观点,即多神论和神话之前可能有一种宗教**学说**,然后这种学说在二者那里发生扭曲。在休谟看来,只要人们假定这样一**种学说**,那么它只能是一种以科学的方式发现的学说,只能是一种以理性推论为基础的有神论,即"理神论"(Theisme raisonne)。然而一种以理神论为前提的解释还从来没有真正存在过。休谟之所以提到这种解释(他也不知道别的解释),只不过是为了断然否认一种原初的有神论意义。这样一来,他就可以非常轻松地表明,这样一种有神论——理神论——在神话之前的那段时间里不可能产生出来,而即使产生出来了,也不可能扭曲为多神论。

值得注意的是,休谟在这部《宗教的自然史》里已经假定一件事情是可能的,而众所周知,他在他的那些更具有普遍意义的哲学

---

① 休谟《宗教的自然史》(*The Natural History of Religion*),第 110 页。——谢林原注

著作里却是极不愿意承认这件事情;这就是——理性能够通过一些推论从可见的自然界出发达到概念,达到关于一个**理智的创世者**或一个最完满的存在者等等的信念,简言之,达到休谟所理解的那种有神论。当然,这种有神论是一个如此空无内容的东西,可以说在根本上属于一个老朽的或行将就木的时代,而不是属于一个仍然充满青春活力的时代,而休谟也因此可以理直气壮地省略他的整个证明。

[休谟认为,]任何一个人只需大致观察一下我们的知识的自然进步过程,就会确信,广大无知的群众起初只能具有一些极为粗糙和错误的观念。既然如此,他们怎么可能上升到一个最完满的存在者之类的概念,并且知道整个自然界里面的秩序和规律性是来自于这个存在者呢?难道谁相信,这样一些人会把神性想象为一个纯粹的精神,或一个全知、全能、无限的存在者,而不是将其想象为一个有限的、带有激情和欲望,甚至具有人的器官的力量?假若前一种情况是可能的,那么同样可以轻松设想,在修建茅屋之前,就已经有宫殿,或在耕作之前,就已经有几何学了。①

但如果人们曾经通过一些以自然界的奇迹为基础的推论而相信存在着一个最高的存在者,那么他们就**不可能**抛弃这个信仰,转而堕落为一种偶像崇拜。当人们借助于一些原理而掌握了这个卓越的观点,那么这些原理就应当更轻易地维护这个观点;因为去揭示和证明一个真理,其困难远远大于坚持一个已经被揭示出来并得到证明的真理。那些以推理的方式获得的思辨知识,其处境完

---

① 休谟《宗教的自然史》,第5页。——谢林原注

全不同于那些很容易遭到扭曲的历史事实。如果某些观点是通过推论而获得的,那么它们的证明要么是足够清晰和通俗易懂的,让每个人都能够信服——在这种情况下,这些证明无论怎么传播,都足以在任何地方保障其原初的纯粹性;要么这些证明是晦涩难懂的,超越了普通人的理解能力——在这种情况下,任何以之为基础的学说都只能为少数人所了解,并且一旦这些人不再关注它们,它们就被埋葬于忘川。但无论是前一种情况还是后一种情况,人们始终都会发现,不可能有一种先行的有神论后来堕落为偶像崇拜;困难而抽象的知识与广大群众是无缘的,然而唯有在他们那里,原理和观点才会遭到扭曲。①

　　因此正如我们还要附带指出的那样,对于休谟而言,真正的有神论,亦即他所说的那种有神论,在人类那里不可能先于一个训练有素且完全成熟的理性时代而出现。也就是说,在多神论起源的那个时代,这样一种有神论是不可想象的,而且在远古时期,无论出现什么类似于有神论的东西,都**只是看起来是如此**,并可以简单地通过如下方式加以解释,即在那些无神的民族里,其中一个民族把人们所相信的不可见的存在者中的**某一个**提升到最高级别,而这件事情的原因,要么是因为这个民族认为自己的疆域是处在那个存在者的特殊管辖之下,要么是因为它认为,那些存在者相互之间的关系和人相互之间的关系是一样的,即其中一个人作为君主统治着其他人。一旦发生了这种提升,人们主要关心的就是得到这一个存在者的眷顾,为其修建宫廷,增加对它的朝贡,好比不

---

① 休谟《宗教的自然史》,第 8—10 页。——谢林原注

仅普通人把世俗的君主们称作法律规定的至高无上者和最受蒙恩者，甚至基督徒都自愿地把他们称作**神圣的君主**。一旦开始这种围绕着献媚的竞争，每一个人都层层加码唯恐落后，就必然导致这种竞争通过一些愈来愈稀罕而华丽的修饰语在持续上升的夸张中最终达到一个无以复加的界限，在那里，这个独一的存在者被称作**最高的存在者**、**无限的存在者**、无与伦比的存在者等等，成为**世界的主宰和维护者**。① 在这种情况下，人们就产生出这样一个存在者的观念，它**外在地**看起来类似于我们所说的上帝。当休谟在事实上通过这个方式得出那个悖谬的，甚至看起来很古怪的命题，即"多神论先于有神论"，他本人不可能没有清楚地意识到，这样一种有神论真正说来仅仅是无神论。

现在，假设无论出于什么不可避免的理由，多神论之前都有一种学说，那么这种学说的内容以及产生过程必须得到明确规定。关于前一方面亦即实质方面，人们无论如何不应当满足于当前学校所讲授的那种空洞而抽象的学说，毋宁说，只有一种内容丰富的、系统性的、充分展开的学说才能够与目的相契合；但这样的话，这种学说就更不可能是人的发明了，因此从形式的方面来看，人们不得不假设一种**不依赖于**个人发明的宗教学说，而这只能是**上帝**启示出来的学说。但在这种情况下，自在地看来，已经出现了一个全新的解释领域，因为上帝的启示是上帝与人类意识的一个实在的关系。启示行为本身是一个实在的事件。伴随着这个事件，我们似乎掌握了早先所要求的，但没有发现的东西，即那个与全部人

---

① 休谟《宗教的自然史》，第45页以下。——谢林原注

类发明相对立的东西;无论如何,相比之前的那些提议,比如梦的状态、视灵状态等等,上帝的启示是一个更为可靠的前提。休谟能够违抗他的时代,坚持认为没有必要哪怕提到这个可能性。而赫尔曼,就像他自己说的那样,对这种虔诚的观点更是不屑一顾。①尽管如此,或许有唯一的一个原因,促使他以相对客气的口吻谈到这个观点,也就是说,首先,它在一个核心问题上(即假设有一种**扭曲**)符合他自己的理论,其次,只要接受了他制造出的两难选择(除了人的发明和上帝的启示之外,不能设想第三种东西),那么他的观点就具有正确性,哪怕人们接受了那个虔诚的观点,也无关大局。诚然,假若神话仅仅存在于书本里而不是别的什么地方,或仅仅是一种教学内容,那么赫尔曼的理论肯定是极为优秀的。但是,如果人们指出各民族基于他们的神话观念而实施的违背人性的献祭,他的理论又将如何回答呢?或许人们可以质问赫尔曼:Tantum quod sumis potuit suadere malorum [什么东西能够说服他们去做邪恶的事情呢]?从你假设的那个东西,——从那些如此纯洁的前提中,能够产生出如此之多的邪恶东西吗?你必须承认,即使你把所有那些和你一样否认原初的宗教意义的人召唤在一起,也不能够从这样一些原因里推导出这样一些结果;你必须承认,你需要一个不可置疑的权威,以便不但要求这个献祭,而且实施这个献祭,比如为了某一个神而活活烧死人们最疼爱的那些孩子!如果只有一些宇宙论哲学家隐藏在幕后,如果人们根本不知道有一个实在的事件赋予这些观念以一个不可抵抗的控制意识的力量,难

---

① 赫尔曼《论神话的本质和处理方式》,第25页以下。——谢林原注

道自然界在那里不会立即重新接管自己的各种权利？自然的情感和这些如此违背人性的要求是完全抵触的,只有一个**超自然的事实**才能够命令它保持沉默,而这个事实的印记即使历经全部混乱状态,也始终保留下来。

当然,即使人们把神话看作启示真理的一个扭曲,这也仍然不足以假定它之前有一种纯粹的**有神论**,因为有神论仅仅意味着,人们泛泛地思考着上帝。然而启示里面不只是一般意义的上帝,而是一个已规定的上帝,这个上帝是真正的上帝,他启示自身,也把自身启示为真正的上帝。因此这里必须补充一个规定:那个先行于多神论的东西,不是有神论(Theismus),而是**一神论**(Monotheismus),因为无论何时何地,后者都不是仅仅标示着一般意义上的宗教,而是标示着真正的宗教。自从基督教时代以来,一直到近代,确切地说直到大卫·休谟的时代,"一神论先于多神论"这一观点都得到了完全的、普遍的、无可辩驳的认同。人们仿佛断定,多神论之所以产生的唯一原因,就是一个更纯粹的宗教遭到败坏,而这个假设又在某种程度上与另一个观点紧密联系在一起,即这个宗教是来源于上帝的启示。

然而单纯的"一神论"这个词语并非意味着万事大吉。它的内容是什么呢？它是否已经包含着后来的多神论的材料？如果人们坚持认为一神论的内容在于"上帝的唯一性"这一单纯的概念,那么这当然是不可能的。因为,上帝的这种唯一性又包含着什么呢？它恰恰是对于一神之外的另一个神的纯粹否定,是对于全部多样性的纯粹排斥;问题在于,这种唯一性怎么会产生出自己的对立面呢？这种言之凿凿的、抽象的唯一性为多样性提供了怎样的材料或怎样的可能性？当莱辛①在《论人类的教育》(*Erziehung des Menschengeschlechts*)里写下这些话时，也意识到了这个困难："即使最初的那个人立即秉承了'唯一的上帝'这一概念，这个后天获得而非先天具有的概念也不可能长久保持它的纯粹性。一旦自行其是的理性开始改造这个概念，就把唯一的无限者分割为许多有限者，并且分别给予每一个部分以一个特殊的标志；于是通过这个自然的方式，多神和伪神就产生出来。"②在我们看来，这些话的价值在于证明这位卓越人士也曾经考虑过这个问题，虽然仅仅是以蜻蜓点水的方式；除此之外，人们可以推测，莱辛在这部主旨宏大得多的论著里，在他打算点到为止的地方，希望尽可能迅速地逃离这个困难的要点。③其实真相就包含在他的言论中，也就是说，一个**并非先天具有的**概念，就其不是先天具有的概念而言，必然会遭到败坏。除此之外，当后天获得的概念——后一个表述解

---

① 莱辛(Gotthold Ephraim Lessing, 1729—1781)，德国戏剧家、文艺批评家。——译者注
② 参阅《论人类的教育》第6节和第7节。——谢林原注
③ 莱辛本人在给他的兄弟的一封信里(《全集》第30卷，第523页)谈到了《论人类的教育》，而那里的语气表明，**他**对这部著作并不满意："简言之，我把《论人类的教育》寄给了他(出版商福斯)，而他认为我应当把这本书扩充到六个印张。我可以把这个东西完全送给世人，**因为我绝不会承认它是我的作品**，然而有很多人盼望着了解我的整个计划。"——假若人们企图根据这些加粗的字句而推测莱辛根本不是这部著作的作者，那么结论毋宁正相反。当莱辛说他绝不会承认这是他的作品时，恰恰承认了**这是**他的作品。如果《论人类的教育》不能让莱辛这样的伟人完全满意(亦即在一种广阔的意义上满意)，这岂非意味着，他把它的内容看作某种权宜之计，将来必须由某种完全不同的，但现在还不能具体阐述的东西所取代？我敢说，一位伟大的作者，尤其是像莱辛这样的伟大作者，如果他发表这样一部不能让他满意的著作，那么一定是把它当作走向一个更高发展过程的过渡环节和中间层次。——谢林原注

释了前一个表述：人是**秉承了**(ausgestattet)这个概念——遭到理性的改造，多神论就应当产生出来；假若事情是这样，那么多神论的产生就是合乎理性的，也就是说，并非多神论本身，而是只有那个假定在它之前的概念才是不依赖于人的理性。在假设唯一者的分割时，莱辛可能是在如下事实中找到了中介，即统一体总是同时被思考为上帝与自然界和世界的全部关联的总括；神性在朝向这些关联的每一个方面时都仿佛具有一个不同的面貌，但并没有因此使自己变成杂多。神性在每一个可能的面貌下都获得一个特殊的名称，随之表达出神性的各种特征，这是很自然的；这类名称的例子甚至出现在《旧约》里面。相应地，这些不可胜数的名称过渡到同样多的特殊神祇的名称。这种多样性让人们忘记了统一体，而当这个或那个民族——甚至在同一个民族之内，这个或那个部落，或在同一个部落之内，这个或那个个体——按照自己的需要和偏好对其中一个方面予以特殊关注，多神论就产生出来。至少在**库德沃斯**看来，这个过渡是如此轻易而悄悄地发生了。总而言之，这个单纯名称上的分化已经拉开了下面假定的一个实在的分化的序幕。

这里我们不妨回忆一下之前所说的一个结论，即神话里面的多神论不是单纯的诸神学说，而是诸神的历史。至于启示在何种意义上把真正的上帝设定到与人类的一个历史关系中，不妨这样设想，即这个伴随着启示而给定的诸神历史恰恰成为多神论的材料，而它的各个环节则是扭曲为神话的环节。在这个意义上，从启示到多神论的发展过程或许能够提供许多值得关注的东西。但在之前切实讨论过的那些解释里面，我们并没有找到这样一个发展过程；或许是因为这个发展过程的具体阐述可能会遭遇过于巨大的困难，或许是因为从另一个角度来看，人们可能觉得这个发展过程是一个过于大胆的设想。与此相反，人们专注于启示历史与人有关的方面，并且试图首先主要利用摩西五经①的单纯**历史学的**内容来诠释欧赫美尔的观点。比如希腊神话里的克罗诺斯应当是那位被异教徒尊奉为神的**含**(Cham)，因为克罗诺斯对父亲乌兰诺斯犯下了罪行，含也对父亲挪亚犯下了罪行。②事实上，含族③主要崇拜的就是克罗诺斯。至于反过来的解释，即《旧约》里的其他民族关于诸神的传说是在经过欧赫美尔的诠释之后才作为人类历史事件而广为叙述，在那个时代是不可想象的。

第一个这样以欧赫美尔的方式诠释《旧约》的人是**格尔哈特·福斯**④，他的著作《论偶像崇拜的产生和发展过程》(*De Origine et progressu Idololatriae*)在他那个时代配得上"完满而无所不包的博学"这一赞誉。但在应用这种诠释方式时，萨姆尔·博查特⑤经常陷入一种令人尴尬的小聪明，而著名的法国主教丹尼尔·休特⑥

---

① 摩西五经指《旧约》前五卷，即《创世记》《出埃及记》《利未记》《民数记》和《申命记》。这五卷也被称作"律法书"。——译者注
② 据《旧约·创世记》(9:20—24)，挪亚喝醉酒之后赤着身子睡觉，他的儿子含看到之后出去告诉自己的两个弟弟闪和雅弗。闪和雅弗进去给父亲盖上衣服，全程不敢看父亲的身子。挪亚醒来之后知道此事，就诅咒含的儿子迦南必给他弟弟作奴仆的奴仆。——译者注
③ 含族(chamitische Nationen)，亦称作含米特人(Hamite)，主要分布在非洲北部。——译者注
④ 格尔哈特·福斯(Gerhard Johannes Voß, 1577—1649)，荷兰神学家。这里提到的《论偶像崇拜的产生和发展》发表于1641年。——译者注
⑤ 萨姆尔·博查特(Samuel Bochart, 1599—1677)，法国神学家和东方学家。——译者注
⑥ 丹尼尔·休特(Daniel Huet, 1630—1721)，法国神学家。——译者注

更是将其捣鼓为一种完全枯燥无聊的把戏，比如他在其《福音证明》(*Demonstratio Evangelica*)里竟然能够证明，腓尼基神话里的托特①、叙利亚神话里的阿多尼斯②、埃及神话里的奥西里斯③、波斯神话里的琐罗亚斯德④、希腊神话里的卡德摩斯和达那俄斯⑤，总而言之，各种神话里的全部神祇和人物形象，都仅仅是同一个个体——摩西。这类诠释充其量只有作为 sententiae dudum explosae [已废弃的陈词滥调] 的例子才被提起，而这主要是针对最近一段时间以来某些人企图让它们死灰复燃的做法。

按照这种方式，总的说来，人们最终不再是在启示本身里，而是在作为**著作**的《旧约》里寻找最古老的那些神话的解释，而即使在《旧约》里，人们也主要是求助于那些与历史学有关的东西。在摩西五经**更偏重于教义**的部分里，如果人们可以假定其内容已经现成地存在于更早的传统里面，那么他们愈是轻易地在《创世记》最开始的言论（比如关于创世的历史）里察觉到对于一个虚假的宗教**现成已有的**学说的清楚回应，就愈是觉得其中没有什么关于神话观念的产生过程的材料。在创世的历史里，光是依照上帝的

---

① 托特(Taaut 或 Thot)，腓尼基神话中的月神。——译者注
② 阿多尼斯(Adonis)是希腊神话中最著名的美男子，爱神阿佛洛狄忒的宠儿，后来在狩猎的时候被野猪撞死。经过阿佛洛狄忒与冥王哈得斯协商，阿多尼斯可以每年有六个月的时间重返阳间。——译者注
③ 奥西里斯(Osiris)，埃及神话中的冥王，生命女神伊希斯(Isis)的丈夫。——译者注
④ 琐罗亚斯德(Zoroaster)，即"查拉图斯特拉"(Zarathustra)，波斯拜火教或袄教的创始人。——译者注
⑤ 卡德摩斯(Kadmos)，希腊神话中的英雄，忒拜城的创建者。达那俄斯(Danaos)，阿尔戈斯国王，他的 49 个女儿因为杀害各自的丈夫而被罚在地狱里永不停息地给一个无底的桶注水。——译者注

命令产生出来的,随之才有光明与黑暗的对立,而上帝虽然称光是好的,但并没有因此说黑暗是恶的;与之相联系的是,人们不厌其烦地宣称一切东西都是好的,似乎希望借此反驳那样一种学说,后者把光明和黑暗看作两个**本原**,它们不是被创造出来的,而是作为善本原和恶本原相互斗争,创造出世界。我之所以把以上情况作为一个可能的观点说出来,是为了明确地拒斥那种臆想,即认为这些篇章本身包含着希伯来人之外的其他民族的哲学命题和神话。至少人们不应当把这个猜想推及希腊神话,哪怕他们能够轻松地指出,相比另外一些记载(比如我们从波斯或印度那里了解到的记载),原罪①的历史与希腊人的佩耳塞福涅神话②有着大得多的共通之处。

直到18世纪末,那种把神话和启示联系在一起的解释尝试都遵循着这个限制。但从这个时代开始,得益于我们关于不同的神话,尤其关于东方的各种宗教体系的知识大为拓展,一个更为自由的,尤其是不依赖于启示的书面证词的观点能够流行起来。

人们在埃及神话、印度神话和希腊神话中间找到不少一致之处,于是在解释神话的时候最终走向一个共同的观念整体,将其看作各种诸神学说的统一体。在这种情况下,这个位于全部诸神学说根基处的统一体就服务于一个极端的猜想。也就是说,这样

---

① 指亚当和夏娃因为偷吃禁果而被逐出伊甸园。——译者注
② 佩耳塞福涅被冥王哈得斯劫走之后,她的母亲谷神德墨忒尔因为悲伤和愤怒而导致大地一片荒芜,宙斯被迫指示赫尔墨斯去地府救出佩耳塞福涅,但佩耳塞福涅这期间已经吃了阴间的石榴,因此不能全身而退,而是只能每年一半时间返回阳间,一半时间留在阴间。——译者注

一个统一体不可能是位于个别民族的意识里面（任何一个民族都只有在脱离这个统一体之后才形成自己的民族意识），同样也不可能是位于一个原初民族的意识里面。众所周知，"原初民族"（Urvolk）这一概念是**巴伊**①通过他的《天文学的历史》(*Geschichte der Astronomie*)和《论科学的起源书信集》(*Briefe über den Ursprung der Wissenschaften*)而鼓吹起来的，但真正说来，这是一个自相矛盾的概念。因为在这个概念下，人们所思考的要么是一个**现实的民族**的各种各样的特性，于是它不再能够包含着我们所寻求的**统一体**，而且是以它自身之外的另外一些民族为前提；要么人们所思考的是一个没有特性和没有任何个体意识的东西，于是它不是一个民族，而是民族之上的原初的人类本身。就此而言，人们是从首次察觉到那些一致之处出发，逐渐达到那个最终的观点，即在原初时间里，**原初启示**（Uroffenbarung）不是专属于某一个民族，而是属于整个人类；在这个观点的启发或教导之下，人类假定有一个远远凌驾于摩西五经的书面内容之上的体系，对于这个体系，摩西的学说并未给出一个完整的概念，而是仅仅在某种程度上包含着它的一个摘要；这个学说与多神论相矛盾，而为了消灭多神论，它凭借睿智的谨慎清除掉了所有可能由于误解而导致多神论的要素，仅仅坚持一件否定的事情——谴责多神论。所以，如果人们想要为那个原初体系提出一个概念，那么单凭摩西五经是不够的，毋宁说，人们恰恰必须在那些陌生的诸神学说中，在东方宗教的残篇和

---

① 巴伊（Jean-Sylvain Bailly, 1736—1793），法国天文学家，巴黎首任市长。——译者注

各种各样的神话中,寻找一些缺失的环节。①

威廉·琼斯②是第一位做出上述推论乃至更进一步的人。他一方面注意到了东方的诸神学说与希腊的神话观念的一致之处,另一方面也注意到了前者与《旧约》的学说的一致之处。他是东方诗歌史和亚洲宗教研究的创始人,在这些领域做出了不朽的贡献,并且是加尔各答的亚洲学会的首任主席。对于这个全新揭示出来的世界,即便最初的震撼让他过于激动,以至于在某些方面夸大其词,没能保持冷静的理智以及晚近时代所称颂的那种平静的审视,但在他能够掌握的整个知识范围之内,他的优美而高贵的精神都让他的观点远远超出那些粗俗而匠气十足的学者们的大堆平庸判断。

如果说威廉·琼斯的比较和推论经常缺失了细致的论证和阐述,那么反过来**弗利德里希·克罗伊策**③则是通过一种全面而滴水不漏的归纳能力而把神话的**原初的**宗教意义提升到一种无可辩驳

---

① 参阅我的《论萨摩色雷斯岛诸神》第 30 页的相关段落。当然,正如其语境所表明的,这个段落并没有包含着明确的主张,而是仅仅针对那里阐述的一个观点(即除了摩西的书面证词之外不承认任何东西),指出另一个相反的观点**同样是可能的**。除此之外,我当时主要考察的是神话的材料方面,尚且没有触及形式方面的问题,而这些问题只有在当前的讲授中才进入我们的讨论。——谢林原注
② 威廉·琼斯(William Jones, 1746—1794),英国东方学家,语言学家,将许多重要的梵文典籍(比如《罗摩衍那》《沙恭达罗》《摩奴法典》等等)首次翻译为西方语言。——译者注
③ 弗利德里希·克罗伊策(Friedrich Creuzer, 1771—1858),德国语文学家和神话研究者,代表作为 1810—1812 年陆续发表的四卷本《古代民族尤其是希腊人的象征系统和神话》(*Symbolik und Mythologie der alten Völker, besonders der Griechen*),其核心观点是荷马和赫西俄德所叙述的神话起源于东方。——译者注

的历史学明晰性。尽管如此,他的那部名著①的贡献并没有限定在这个普遍的方面;凭借一种深邃的哲学洞见,作者揭示出了不同的诸神学说和类似观念之间的最隐秘的一些特征,尤其是提出了一些激动人心的思想,比如存在着一个**原初的整体**,以及远古时期人类科学的一个体系,这个体系逐渐衰败,或者遭遇到了一场突如其来的破坏,于是其废墟碎片抛洒在整个地球上面,而这些碎片并不是某个个别民族单独占有的,毋宁说只有全部民族合在一起才完整地占有它们。自从他提出这些思想之后,至少人们再也不能回到从前那些以原子论的方式对神话的内容进行拼凑的解释。②

确切地说,克罗伊策的整个观点可以这样表述:由于启示本身不会直接异化,毋宁说只有意识中残存的启示结果才会异化,所以这里必定会出现一种学说,但在这种学说中,上帝不是仅仅在有神论的意义上呈现为一个与世界疏远的**上帝**,而是同时呈现为一个将自然界和世界包揽进来的统一体;至于其呈现方式,或许是像某种枯燥的有神论那样,把**全部**体系都不加区别地称作多神论,或许

---

① 克罗伊策《古代民族尤其是希腊人的象征系统和神话》,第四部分,第三版。我在准备当前这个系列讲座的时候使用的是该书第二版。——对于在读的大学生,我推荐莫泽尔(在同一个出版社出版的)著作的节选,因为这个节选用一卷的规模完整无遗地涵盖了全部关键问题;尤其值得重视的是吉格尼奥的法译本(克罗伊策博士《古代宗教》,译自德语,部分完成并持续进行中,巴黎 1825 年版,三卷),其中补充了一些重要的和新颖的信息。——谢林原注。译者按,吉格尼奥(Joseph-Daniel Guigniaut, 1794—1876),法国古典学家,以在法国介绍和宣传德国学界的神话研究成果而著称。
② 或许人们也可以把神话比拟为一首宏大的乐曲,当一群对于该乐曲的音乐联系、节奏和节拍一窍不通的人仿佛以机械的方式演奏该乐曲,那么它就只能呈现为一大堆混乱不堪的杂音,但是如果人们遵循艺术原理去演奏同一首乐曲,那么它就会立即重新展现出它的和谐,它的联系和原初的意义。——谢林原注

更像是人们心目中的东方流溢说体系,在其中,那个自在地看来摆脱了全部多样性的神性降落并内化到诸多有限的形态里面,而这些形态仅仅是它们的无限本质的同样多的展现(Manifestationen),或用最近流行的一个说法来说,仅仅是它们的无限本质的同样多的肉身化(Inkarnationen)。但无论是按照前一种方式还是按照后一种方式,这种学说都不是一种抽象的、绝对排斥多样性的东西,而是一种**实在的**、在自身内设定了多样性的**一神论**。

只要诸元素的多样性是由统一体统治和掌控着的,上帝的统一体就始终完整地保存在意识里。当一种学说从一个民族流传到另一个民族,或在同一个民族里,当一种学说经过漫长的传承,就染上了愈来愈浓郁的多神论色彩,因为那些元素虽然在一个有机体里从属于占据主导地位的理念,但它们逐渐摆脱了这个关系,变得愈加独立,直到这个整体最终分离崩析,于是统一体完全退隐,而多样性凸显出来。同理,按照威廉·琼斯的观点,印度的吠陀经的成书时间必定是远远早于摩西受命迁徙的时间,甚至可以追溯到大洪水之后的最初那段时期,而他在其中发现了一个与后来的多神论大相径庭、反之与原初宗教更加接近的体系。[在他看来,]印度后来的多神论不是直接起源于最古老的宗教,而是仅仅来自那些相对较好的、仍然保存在吠陀经里的传统的持续蜕化。总的说来,只要我们仔细审视各种各样的诸神学说,就会发现统一体的缓慢的、几乎逐级发生的退隐过程。当统一体仍然具有更强大的力量时,印度和埃及的神话观念看起来仍然具有一种宣教意义浓厚得多的内容,但与此同时,这些内容要庞杂得多,甚至在某些方面显得阴森恐怖；反之在希腊神话里，当统一体遭到更大程度的破坏，其内容虽然较少具有宣教意义，但恰恰因此具有更多的诗歌意义；也就是说，希腊神话中的谬误和真理已经截然分开了，而在这种情况下，谬误真正说来就不再是谬误，而是转变为一种**独特的**真理，一种诗意的真理，一种放弃了全部实在性的真理，而实在性恰恰存在于统一体里面。假若人们一定要说这些内容是谬误，那么它们至少是一种迷人的、美好的谬误，并且相比于东方宗教中的那种更实在的谬误，几乎可以说是一种纯洁无辜的谬误。

这么说来，神话就是一种**已经分化的一神论**。这就是之前的各种关于神话的观点逐步达到的最终巅峰。这个观点不是从那些无穷多的从自然界里面偶然显露出来的对象出发，而是从一个核心点亦即那个统治着多样性的统一体出发，单凭这一点，就没有任何人会否认，这个观点比之前的那些观点更加卓越。那掌控着神话的东西，不是一些偏狭的、具有极为偶然和模糊的本性的存在者，而是一个关于**必然而普遍的存在者**的思想，唯有这个思想才能够让人类精神俯首称臣，并将神话提升为一个由相互关联的环节构成的真正体系，而这个体系即使在发生分化之后也仍然给每一个个别观念打上它的烙印，因此它不可能终结于一种单纯无规定的多样性，而是只能终结于多神论——终结于**神**的多样性。

现在，伴随着最后这个阐述——我希望你们明确注意这一点，因为如果想要完整地理解我这个系列授课的意义，你们必须始终注意到那些过渡环节——这里不再是仅仅从**哲学**的角度宣称，真正意义上的多神论是以一神论为前提，毋宁说，一神论在这里已经成为神话的一个**历史前提**,而一神论本身又是从一个**历史事实**(一个原初启示)中推导出来的;通过这些历史前提,解释转变为猜想(Hypothese),因此同时能够接受历史的评判。

这个猜想的最强大的历史依据无疑在于,它提供了一个最简单的手段,用来解释那些在其他方面完全不同的诸神学说在观念上的亲缘性,而从这个角度来看,我们感到奇怪的是,克罗伊策竟然不太关注这个优点,反而把关注点主要放在诸民族的历史联系上,希望从中推导出那些一致之处,殊不知这个历史联系是一件很难证实,甚至在一些关键问题上无法证实的事情。另一方面,我们之前的那些阐述虽然得出了一些规定,即我们这里提出的"一神论猜想",但这个猜想就其当前的形态而言,看起来仍然是非常空泛的。此前我们已经得出一个命题:任何一个民族的神话都只能和这个民族本身一起同时产生出来。由于神话从未抽象地存在于什么地方,所以各种各样的神话,即一般意义上的多神论,只能和诸民族一起同时产生出来,而在这种情况下,我们假设的那种一神论的藏身之处就只能是在诸民族产生之前的那段时间。克罗伊策似乎也有类似的想法,因为他指出,只有当各个部落仍然聚居在一起,那种在最古老的学说里仍然占据着主导地位的一神论才能够继续存在,而伴随着部落的分离,多神论就必然产生出来。①

虽然我们不能断言克罗伊策所说的"**部落**(Stämme)的分离"是什么意思,但如果我们将其替换为"**民族**的分离",就会发现,在这个分离和多神论的出现之间,可以设想一种双重的因果联系。也

---

① 克罗伊策《论荷马和赫西俄德书信集》,第100页以下。——谢林原注

就是说，人们可以赞成克罗伊策的观点，即当人类分裂为各个民族之后，一神论就不能够继续存在，因为那个迄今占据着主导地位的学说在远离源头的情况下变得晦涩难懂，并且变得愈来愈支离破碎。但人们同样也可以说，如今产生出来的多神论是民族分裂的原因。现在我们必须在这两个可能性之间做出决断，因为任何东西都不应当停留在动摇不定和不确定的状态中。

但这个决断又依赖于如下这个问题。如果多神论仅仅是民族分裂的一个后果，那么我们必须找到人类之所以分裂为各个民族的**另一个**原因，也就是说，我们必须考察，是否存在着这样一个原因；而这意味着，我们必须在根本上考察并且回答那个很早以来就横亘在我们面前的问题：人类之分裂为各个民族的原因究竟是什么？此前所有的解释都已经假定了各个民族的存在。但这些民族是如何产生出来的呢？难道人们会相信，诸如神话、多神论以及**异教**(Heidentum)——在这里，这个术语首次出现在它的位置上——这样伟大而普遍的现象，或者说这样强大的现象，即使与那些涉及整个人类的伟大事件毫无关系，也能够得到理解把握？就此而言，"各个民族是如何产生出来的"这样的问题绝不是一个随意提出的问题，而是通过我们阐述的发展过程而自然出现的一个问题，因此是一个必然的和不可回避的问题。我们对此应当感到高兴，因为这个问题让我们挣脱了迄今的局促研究，看到了一个更为广阔而全面的研究领域，而这个研究领域恰恰因此将给我们带来一些普遍的、更高级的启发。

第五讲　各个民族的产生

各个民族是如何产生出来的？如果有人企图宣称这个提问是多此一举的,那么他必须要么主张"各个民族是**从一开始**就有的",要么主张"各个民族是**自行**产生出来的"。前一个主张恐怕很难得到认同。但人们或许可以试着主张,各个民族是自行产生出来的,即基于许多族类的持续增长而产生出来,而伴随着这个增长,不仅总的说来地球上愈来愈多的地方有人居住,而且部落分化的线索也更加分散。尽管如此,这个观点只是追溯到部落,而不是追溯到民族。当然,人们可以说,当那些爆发式增长的部落不得不分散开来并去寻找彼此远离的居所,他们相互之间就变得陌生了。但即便如此,这也没有导致各种各样的**民族**,因为否则的话,每一个部落分支都必定会通过新加入的成员而使自己成为一个民族;简言之,部落并不会通过单纯外在的分裂而转变为民族。最决定性的例子就是那些相距遥远的东方阿拉伯人和西方阿拉伯人。虽然与自己的弟兄们远隔重洋,非洲的阿拉伯人和阿拉伯海岸边的同胞仍然是同一个民族,哪怕其共同的语言和共同的伦理习俗有着细微区别。反过来,部落的统一体也没有阻止人类分化为各个民族,而这就证明,必须加上一个与部落分化完全不同的且完全独立的环节,一个**民族**才会产生出来。

XI, 95　　　假若只有空间上的分化,那么始终只能产生出一些同类的部分,但绝不会产生出非同类的部分,而那些民族从它们产生出来开始,在身体上和精神上就是非同类的。在历史的时间里,我们确实看到,一个民族如何遭到其他民族的侵略和排挤,被迫生活在局促的空间里,或完全离开其原初的居住地,但即便是一个遭到驱逐,甚至与故土远隔天涯的民族,也并没有因此不再坚持其民族性,或不再是同一个民族。无论是那些一直生活在其故土的阿拉伯部落,还是那些在非洲内陆颠沛流离的阿拉伯部落,都是按照自己的祖先来命名自己并相互区分,他们相互之间也有冲突和战争,但并没有因此对彼此而言成为另外一个民族,或不再是一个同根的族群,这就好比在大海里,总是有狂风掀起惊涛骇浪,但这些波浪很快就不留一丝痕迹地融入大海,重新制造出过去宁静的水面,或者像沙漠里的风暴一样卷起沙土形成破坏力十足的沙堆,但很快就重新呈现出过去平缓的沙面。

　　总的说来,存在于各个民族之间的分裂,作为一种**内在的**、正因如此不可克服和无可挽回的分裂,不可能仅仅是由一些**外部**事件造成的,因此也不可能仅仅是由人们首先想到的那些自然事件造成的。火山爆发、地震、海平面的变化、大陆板块的分离等等造成的分裂,无论达到什么程度,都只能得出同类的部分,但绝不可能得出非同类的部分。因此无论在什么情况下,都必须有一些**内在的**、在同种人类自身的内部产生出来的原因,通过这些原因,人类注定分裂为非同类的,进而相互排斥的部分。诚然,这些内在的原因仍然可能是自然的原因。我们始终可以设想,在那些**外部**事件发生之前,在人类自身的**内部**,出现了一个自然的趋异过程,这些差异性按照人类自身的一个隐秘法则外化出来,进而显露出某种精神性的、伦理道德的和心理的差异性,而通过这些差异性,人类注定分化为各个民族。

XI, 96

  为了证明有一种能够造成自然差异性的分裂力量,人们可以诉诸那些在任何时候都能够看到的相反后果,即那些仿佛在神意的安排下彼此分离的人类借助于大规模的相互接触乃至相互混血造成的后果——对此贺拉斯已经抱怨道,虽然神出于先见之明利用海洋把陆地分割为支离破碎的部分,但这是无用功,因为人们立即使用罪恶的交通工具逾越了禁忌的水流空间——;关于这一点,或许人们可以回忆起那些载入世界历史的疾病,即传教士们给新发现的或者说经过几千年之后重新发现的美洲带去的疾病,或者回忆起那些在世界大战中周期性地爆发出来的灾难性疾病,因为通过世界大战,许多天各一方的民族来到同一个空间,并且在某一瞬间仿佛成为同一个民族。同样,当那些由于广阔的陆地或由于河流、沼泽、大山和沙漠而彼此隔绝的民族意外地结合在一起,就产生出瘟疫性疾病;除了这些较大范围的例子之外,还有一些比较具体的例子,比如设得兰群岛①上面居住着少数几乎与世隔绝的人,每当有一艘外来的船只(这些船只每年来一次,给他们运送食品和其他生活用品),甚至每当有船员踏上他们的荒无人烟的海滨,他们就会患上一种抽搐性咳嗽(百日咳),直到这些异乡人离开

---

① 设得兰群岛(Schetlans-Inseln)位于英国(苏格兰)最北端,更接近挪威。——译者注

之后，他们的病情才会好转；与此类似的，甚至更引人注目的事情发生在孤独的法罗群岛人①身上，即只要有一艘外来的船只出现在那里，就总是会导致原住民患上一种独特的黏膜性发烧，甚至导致其中很多身体虚弱的人失去生命；南太平洋的岛屿上也有类似的情况，比如几个传教士的到来就足以让原住民患上他们此前从来没有遇到过的发烧，进而导致人口的减少；简言之，如果说那些原本已分裂的、彼此陌生的人类在某一瞬间重新达到的共存会制造出疾病，那么或许正是因为这个已经开始的自然的趋异过程和由此引发的病理现象或已经现实地产生出来的疾病，才导致那些早就彼此不容的人类相互之间的一种或许本能式的排斥。

在各种单纯自然意义上的猜想里面，这个猜想大概始终是与全部原初事件的合法则性最为吻合的；但一方面，它仅仅解释了那些彼此不容的族类，没有解释民族；另一方面，从另外一些经验来看，毋宁说是精神性的和伦理道德的差异性导致了某些人类的自然意义上的不相容。属于这方面的例子有，全部野蛮人在与欧洲人接触之后都迅速灭绝了，而在这些人之前，所有不像印度人和中国人一样依靠海量人口，或像黑人一样依靠天气而生存下来的民族，看起来都是命中注定要消失的。在范迪门之地②，自从英国人移居此地以来，整个原住民都已经消失无踪。在新南威尔士③也是

---

① 法罗群岛(Faröer)，丹麦的海外自治领地，地理位置位于挪威和冰岛之间。——译者注
② 范迪门之地(Vandiemensland)即今天的澳大利亚南部的塔斯马尼亚岛，曾经是关押流放罪犯的地方。——译者注
③ 新南威尔士(Neu-Süd-Wales)位于澳大利亚东南部，是英国在澳大利亚最早的殖民地。——译者注

类似的情况,仿佛欧洲民族的更为高级和更为自由的发展对于所有别的民族来说都是致命的。

人们在谈论"人类"(Menschengeschlecht)的各种自然差异时,必定会立即想到所谓的"人种"(Menschenracen),而人种的区别是如此之大,看起来甚至推翻了人类的共同起源。就这个观点而言(我们当前的研究不可避免会以某种方式谈到这个问题),如果武断地宣称人种区别与人类的原初统一体有着不可调和的矛盾,那么这无论如何是一个过于仓促的判断,因为关于共同起源的假设虽然会遭遇到一些困难,但这并没有证明任何东西;在这个研究领域,我们仍然只是一些初学者,对于大量的事实仍然一无所知,因此我们并不能断言,未来的研究是否会给我们关于这个对象的观点指出一个完全不同的方向,或扩展到我们迄今尚未想到过的一些方面。无论如何,所有那些评论默认的一个前提只不过是一个假设的而非得到证明的观念,即那个产生出人种区别的过程仅仅在一部分人那里发生,而我们看到这部分人现在确实被贬低为"人种"(真正说来,人们不应当把欧洲人称作"人种");然而相反的假设同样是可能的,即这个过程贯穿了整个人类,而人类的更为高贵的那个部分并不是完全置身于这个过程之外,而是克服了这个过程,进而将自己提升到一种更高的精神性,反之那些在事实上存在着的人种仅仅是这个过程的牺牲品,而在这部分人里面,飘忽不定的自然趋异过程的某一个方向固定下来,成为一种恒常的性格。如果我们的这个宏大研究能够顺利到达终点,那么我们希望提炼出一些事实,以便为那个关于普遍过程的思想扫清障碍,但这些事实并不是仅仅来自自然史(比如最新研究表明,不同人种之间的界限仿佛是游移不定的),而

XI, 98

是来自完全不同的一些方面。对于目前而言，我们只需要指出，我们的工作并不是仅仅为了服务于传统或取悦某种伦理情感，而是从纯粹的科学考量出发，坚持统一的起源，哪怕这个起源面对着一个始终都还没有被完全推翻的事实，即个体的后代本身也有能力重新生产出不同的人种，但只要事情没有呈现为不可能，我们就必须在这个前提下理解人类的自然区别和历史区别。

除此之外，哪怕前面提出的那些事实足以证明，人种演进过程——简而言之——已经延伸到各个民族产生的时间，但仍然有一点是值得注意的，即民族并不是按照人种来区分的，至少不是完全按照人种来区分。反过来我们可以证明，在同一个民族里面，在不同的族类之间，存在着一些几乎无异于人种区别的差异。尼布尔①已经提到了一件奇怪的事情，即印度婆罗门的皮肤是白色的，这种肤色在另外几个种姓②那里由高到低变得愈来愈暗，而在那些甚至不被看作种姓的贱民那里，更是完全变为猴子般的棕褐色。人们可以相信尼布尔并没有把肤色的原初区别与那种由不同的生活方式造成的偶然区别混为一谈，因为关于后面这种区别，众所周知，那些绝大多数时间都生活在荫凉地方的悠闲人士当然不同于那些几乎总是在野外经受日晒雨淋的人。如果说印度人的例子已经表明，在同一个民族里面，一种类似于人种区别的自然差异性仅仅意味着种姓的划分，但并没有推翻民族的统一体本身，那么埃及人的

---

① 尼布尔（Carsten Niebuhr, 1733—1815），德国数学家、东方学家、画家。——译者注
② 在印度语里，种姓叫作 Jati，但也叫作 Varna，亦即颜色。参阅《亚洲学刊》第六卷，第 179 页。——谢林原注

例子或许可以表明，人种区别在同一个民族里已经被克服了，否则的话，那个像黑人一样有着纤细卷曲的头发和黑色皮肤的人种消失到哪里去了呢？希罗多德在埃及的时候尚且见过这些人，并据此推测埃及人的来源，而他在那里提供的信息必须被看作最古老的证据①，除非人们愿意假定希罗多德本人根本没有去过埃及或仅仅是凭空杜撰。

通过迄今所述，或许有一个问题早就已经呼之欲出了，这就是："也许自然发展过程的四散分离的方向并不是原因本身，毋宁只是一些伟大的精神性运动的伴随现象，而且这些精神性运动必然是和各个民族的产生和塑造结合在一起的？"因为我们很容易回忆起一个经验，即在某些个别情况下，一个完满的精神性静止状态也会抑制某些自然发展过程，反之一个伟大的精神性运动也会唤醒某些自然发展过程或异常情况，好比伴随着人类的精神发展过程的杂多状况，疾病的数量和复杂性也在增长，而与之相对应的是，正如我们观察到的，在个人的生命里，一个深刻的精神转化环节经常是以一个已经治愈的疾病为标志，而一些新的来势汹汹的疾病则表现为伟大的精神解放的平行症状。②如果各个民族不

XI, 100

---

① 希罗多德《历史》第二卷，第104节。——谢林原注
② 参阅不幸早逝的施鲁尔博士的相关名著。——谢林原注。译者按，施鲁尔（Friedrich Schnurrer, 1784—1833），德国医学家和流行病学家。谢林这里所说的"相关名著"指的是施鲁尔的《地理疾病分类学，或关于地球不同地区造成的疾病变化的学说》(*Geographische Nosologie oder die Lehre von den Veränderungen der Krankheiten nach den verschiedenen Gegenden der Erde*, Sttutgart 1811)和两卷本《与自然世界和人类历史里同时发生的事件相关的流行病编年史》(*Chronik der Seuchen in Verbindung mit den gleichzeitigen Vorgängen in der physischen Welt und in der Geschichte des Menschen*, Tübingen 1823—1824)。

是仅仅在空间上以外在的方式,也不是通过单纯的自然差异而分离,如果它们在精神上以内在的方式相互排斥,同时在自身之内又牢不可破地凝聚为一个整体,那么我们在思考尚未分离的人类的那个原初统一体时——无论如何,这个统一体必定延续了一段时间——,必须同时想到一种精神性力量,它让人类保持在这个静止状态中,甚至压制着那些包含在其中的彼此偏移的自然发展过程的萌芽,阻止其走向现实;除此之外,我们在假设人类脱离那个尚未有民族区别,毋宁只有部落区别的状态时,也必须假设一个具有最深刻意义的**精神性**大分化(Krisis),这个大分化必定是在人类意识自身的根据里面发生的,而如果它足够强大的话,就能够掌控或规定着某些人类,让他们分裂为各个民族。

现在我们已经一般地指出,[民族分化的]原因必定是一种**精神性**原因,然而我们感到诧异的是,人们竟然没有直接认识到这件如此显而易见的事情。因为,不同的民族必定有不同的语言,而语言无疑是某种**精神性东西**。如果各个民族不是通过它们的任何一个外在区别(语言从某一个方面来看也属于这类外在区别)而分裂,而是通过语言以内在的方式分裂,那么真正说来,只有那些说着不同语言的民族才是不同的民族,而在这种情况下,语言的产生过程和民族的产生过程就是不可分割的。如果民族的差异性不是从一开始就有的,而是后来产生出来的,那么这一点必定也适用于语言的差异性。如果曾经有一段时间,那时还没有不同的民族,那么必定也曾经有一段时间,那时还没有不同的语言,同理,如果我们必须在那个后来分裂为民族的人类里预先设定一个未分裂的人类,那么我们也必须在那些区分着不同民族的语言里预先设定整个人类共同拥有的一个语言。这些观点是人们通常没有想到的，或者说是人们通过一种忧心忡忡的、丧失精神勇气的、死气沉沉的批判——正如我们看到的，这种批判在我们德国的某些地方尤其盛行——而禁止自己去思考的，但这些观点一旦被明确陈述出来，就**必定**会被认识到是无可辩驳的，而同样无可辩驳的是那个与它们必然联系在一起的结论，即正因为民族的产生过程必然伴随着语言的分化，所以在人类**内部**必定有一个先行的**精神性**大分化。在这里，我们与人类最古老的文献亦即摩西五经相遇了，而许多人之所以讨厌摩西五经，仅仅是因为他们面对这些文献束手无策，既不理解它们，也不知道如何使用它们。

《创世记》① 把各个民族的产生过程和不同语言的产生过程结合在一起，或更确切地说，把"语言的变乱"规定为原因，把"各个民族的产生"规定为结果。有些人认为这个传说的意图**仅仅**在于让我们理解语言的差异性，进而认为它是出于这个目的而发明出来的一个神话式的哲学论题。但事情绝非如此。这个传说绝不是什么单纯的发明，而是来自一个真实的回忆（这个回忆的某些方面甚至在另外一些民族那里也保存下来②），或者说是一个**追忆**

---

① 《旧约·创世记》第11章。——谢林原注。译者按，这里记载的故事是，人们原本具有共同的语言，并聚在一起想要建造一座通天塔（巴别塔）。上帝为了阻止这个行动，就让他们言语彼此不通，并且将他们分散在世界的不同地方。

② 参阅尤西比乌在其《编年史》第一卷里谈到的阿比德诺的著名残篇；此外还有柏拉图在《政治家》(272B)的记载，那里至少隐隐约约透露出同一个传说。——谢林原注。译者按，优西比乌(Eusebius von Caesarea, 260—339)，西方历史上第一位撰写基督教教会史的人，号称"教会史之父"。阿比德诺(Abydenos)，约生活于2世纪的希腊历史学家。至于柏拉图在《政治家》相关段落中提到的那个传说，则是在克罗诺斯的时代，人们具有共同的语言，不仅能够相互理解，甚至能够和动物交谈。

（Reminiscenz）——它确实来自神话时间,但却是对于这个时间里的一个真实事件的追忆;有些人不分青红皂白,把所有起源于神话时间或与神话有关的传说都立即当作虚构,但他们看起来根本没有想到,我们通常所说的那种神话时间或神话关系曾经也是**真实的**时间和关系。因此,如果人们不去理睬刚才提到的那个虚假意义,而是认为这个神话传说确实符合语言和事实,那么它就具有一个真实文献的价值,除此之外,不言而喻,我们也有权利去区分**事情本身**和叙述者站在**他的**角度去看待这件事情的**方式**。比如在叙述者看来,各个民族的产生是一个不幸,是一件坏事,甚至是一个惩罚。此外我们也必须考察,那个从任何方面看来都是突然发生的事件,其影响本来应当延续很长一段时间,但为什么在叙述者的笔下,这一切仿佛在一天之内就完成了。

总而言之,在叙述者看来,民族的产生是一个事件,亦即不是某种自行出现的东西,而是需要一个特殊的原因;这里恰恰蕴含着这个传说的真理,同时反驳了那个观点,即认为各个民族是在漫长的时间里通过一个完全自然的进程而产生出来的,此外不需要任何解释。在叙述者看来,这个事件对遭遇此事的人而言是一个**出乎意料的**,甚至不可理喻的事件,因此不难理解,为什么它会留下那个深刻的、持久的印记,而人类对于这个印记的回忆甚至延伸到历史时间里面。在远古的叙述者看来,民族的产生是一个**审判**(Gericht),因此实际上就像我们所称呼的那样,是一个大分化(Krisis)。

至于民族分化的直接原因,据说是那个直到当时都为整个人类所共同具有的唯一**语言**发生了**变乱**(Verwirrung)。单凭这一点就已经表明，民族的产生是依赖于一个**精神性**事件。

也就是说，倘若没有一个**内在的**事件，没有**意识本身**的一个震荡(Erschütterung)，那么语言的变乱是不可想象的。就这些事件的自然秩序而言，可以说最内在的事件必然是意识的一个异化，而随后的已经更偏向外在的事件则是语言的一个不由自主的变乱，至于最外在的事件，则是人类持续不断地分裂为一些不仅在空间上，而且内在地在精神上相互排斥的群体，亦即民族。按照这个秩序，居间的事件相对于最外在的事件（作为一个单纯的后果）而言始终表现为原因，亦即一个**最近的**原因；那个传说仅仅把这个原因称作最容易理解的原因，或者说**最先**呈现在每一个注意到民族的决定性区别的人眼前的原因，因为语言的区别**同时**是一个外在地可知觉的区别。

意识造成的影响首先导致语言的变乱，但**这个**影响同样不可能是一个单纯表面上的影响；如果结局应当是那个一直以来**共同拥有的**语言发生变乱，那么这个影响必须在意识的**本原**里，在意识的**根据**里，在那个一直以来作为共同体而把人类整合起来的东西里，摇撼着意识；那个**精神性**力量必须变得动荡不安（它一直以来都阻碍着每一个四散分离的发展过程），同时在一个完满的、绝对的同类性层次上维护着人类，以至于人类虽然分化为许多部落，但这个分化本身仅仅奠定了一个外在的区别。

造成这一切的是一个**精神性**力量。因为，无论是人类曾经的统一和聚集，还是其后来的四散分离，都需要一个肯定的原因才能够得到解释。至于同宗人类的这段时间具有**多久**的绵延，这是完全无关紧要的，因为这段时间里没有发生任何事件；总的说来，这段时间仅仅意味着一个出发点，即叙述的纯粹开端(terminus a quo)，但这个开端本身并不包含任何现实的时间，亦即不包含一系列不同的时间。尽管如此，我们必须认为这段均匀的时间具有**一个绵延**(Dauer)，而倘若没有一个阻碍着每一个四散分离的发展过程的力量，这个绵延根本就是不可想象的。如果我们追问，**哪一个**精神性力量强大到单凭自己就足以把人类限制在这个静止状态中，我们立即就会发现，它必定是一个**本原**，而且是唯一的本原，因为只有它掌控并且统治着人类意识；假若有两个本原分享这个统治，那么在人类里面就必然会产生出一些差异，因为人类在这种情况下必然会夹在两个本原之间。进而言之，这样一个本原在意识里面没有给另一个本原留下任何余地，它本身只能是一个无限的本原，一个**神**，即一个**完全**填满意识，为整个人类所共有的神，这个神仿佛把人类拉拽到他自己的统一体中，拒绝人类的任何运动和任何偏移，无论向右还是向左都不允许，就像《旧约》经常说的那样；只有这样一个神才能够给予那个绝对的静止状态或全部发展过程的停滞状态一个绵延。

人类所能获得的最坚定的团结状态和最彻底的静止状态，只能是来自那个统治着他们的神的无条件的统一体，因此从另一方面来看，人类所遭受的最激烈和最深刻的震撼，莫过于那个一直以来静止不动的唯一的神自己开始活动，然而只要另一个神或另外一些神出现在意识里或在其中显露出来，这件事情就是不可避免的。这种终究会冒出来的多神论(对此这里还不能给出一个更为具体的解释)使得人类不可能继续保持为一个统一体。因此多神论是一个被抛到同宗人类里面的分离手段。各种各样彼此抵牾的、在进一步推进中甚至相互排斥的诸神学说,对于民族的分裂而言,是一个不可或缺的手段。诚然,我们也可以怀疑迄今讨论的全部根据,绞尽脑汁想出另外一些造成人类分化的原因,但无论如何,那个势不可挡地造成人类的分离乃至分裂的东西,**必定**是一种决定性的多神论,以及与这种多神论联系在一起的,诸多彼此不再能够相容的诸神学说的差异性。同一个神,一方面在岿然不动的自身等同性中保持着统一体,另一方面必须变得与自身不同,动摇不定,如今甚至必须撕裂他此前曾经聚拢的人类,因此如果说神在其同一性中曾经是人类统一体的原因,那么如今他在其多样性中却成了人类分裂的原因。

诚然,在摩西五经的记载中,**这个**规定,亦即这个**最内在的**事件,并没有被明确说出来,但如果它仅仅提到了**最近的**原因(语言的变乱),那么至少暗示了较远的和最终的原因(多神论的产生)。在这些暗示里,唯一值得一提的是,它把变乱的事发地点称作"**巴别**"(Babel),这个地方未来将会成为一座大城市,并且在整部《旧约》里都被看作是那种决定性的、如今以不可阻挡之势传播开来的多神论的开端和最初驻地,正如一位先知所说的,在这个地方,"斟满的金杯使天下沉醉,**各个民族**喝了它的酒就癫狂了。"① 后面我们还会提到一种令人信服的完全独立的历史研究,它同样指出,

XI, 105

---

①《旧约·耶利米书》51: 7。——谢林原注

在巴比伦（Babylon）那里发生了向着真正的多神论的过渡。真正说来，异教（Heidentum）就是指民族崇拜——那个在德语里翻译为"异教徒"的希伯来词语和希腊词语，除此之外没有表达出更多的意思——，而这个概念和"巴别"这个名称的联系是如此之紧密，以至于直到《新约》的最后一卷，巴比伦都象征着全部异教徒和一切具有异教嫌疑的东西。这样一个显而易见的象征意义，这个与"巴别"名称密切相关的象征意义，其之所以产生出来，唯一的原因就在于它起源于一个不可预思的印记。

近代以来，人们经常试图把一座大城市的名称与这个名称包含着的重要回忆加以分割，为其寻找古老传说之外的另一个起源。比如，据说"巴别"（Babel）应当是指 Bab-bel，亦即巴力神（Belus-Baal）① 的宫廷；但这是白费力气！因为在这个意思里，"bab"仅仅是阿拉伯方言所独有的说法，而单凭这一点就已经反驳了这个推测。真实的情形毋宁是古老的传说所记载的那样："因为主在那里变乱了整个世界的语言，**所以那城名叫巴别**。"② 实际上，"Babel"仅仅是"Balbel"的缩写，但后面这个词语显然是一个象声词。十分奇怪的是，那个在口语"Babel"里消失无踪的象声因素，却在"Balbel"这个词语后来的一个变种里面保留下来，而这个变种属于另外一种晚近得多的语言；我指的就是希腊语的 βάρβαρος［野蛮

---

① 巴力神是犹太教以前迦南的主神，即太阳神、雷雨和丰饶之神，但被犹太教视为恶魔。——译者注
② 参阅《旧约·创世记》11: 9。——译者注

人],而迄今为止,人们都以为这个词语起源于迦勒底人①的"bar"(本意为"外")和"barja"(本意为"外来的人")。但在希腊人和罗马人那里,"野蛮人"(Barbar)这个词语不仅具有这个普遍的意义,而且明确地意指一个说着难懂语言的人,就像奥维德②的那句著名的诗所说的那样:

Barbarus hic ego sum, quia non intelligor ulli.③
[我在这里是一个野蛮人,因为没人能听懂我的话。]④

除此之外,人们在推测"bar"的来源时,也没有注意到音节的重复,殊不知象声因素主要就是在于这种重复,而单凭这种重复就已经能够证明,正如斯特拉波⑤所指出的,词语与**语音**有着密切的关系。也就是说,希腊语的"Barbar"是从东方语言的"balbal"转化而来

---

① 迦勒底人(Chaldäer)是公元前10—前9世纪定居于两河流域的一个民族,随后于公元前626年建立了"新巴比伦王国",并先后灭亡了亚述帝国和犹太王国。——译者注
② 奥维德(Ovid,公元前43年—公元17年),罗马古典时期三大诗人之一(另两位为贺拉斯和维吉尔),其最著名的作品为《变形记》(*Metamorphosen*)。——译者注
③ 奥维德《悲歌》(*Tristia*),V. 10. 37.——译者注
④ 这个意思在使徒保罗那里同样有迹可循。《新约·哥林多前书》(14: 11)说:Ἐὰν μὴ εἰδῶ τὴν δύναμιν τῆς φωνῆς, ἔσομαι τῷ λαλοῦντι βάρβαρος καὶ ὁ λαλῶν (ἐν) ἐμοὶ βάρβαρος. [我若不明白那声音的意思,这说话的人必定把我当作野蛮人,而我也将把他当作野蛮人。]而路德将其译为:"如果说话的人不对我说德语,那么我将不把他当作德国人。"按照这个用法,只要一个人说着难懂的语言,就是"野蛮人"(βάρβαρος),哪怕他并不是一个外来的人(extraneus)。西塞罗同样把 disertus [表达清楚的人]和 barbarus [野蛮人]对立起来。在柏拉图那里(《泰阿泰德篇》175D),βαρβαρίζειν [像野蛮人那样说话]也是指说一些晦涩难懂的东西:ἀπορῶν καὶ βαρβαρίζων [畏畏缩缩和像野蛮人一样笨拙]。——谢林原注
⑤ 斯特拉波(Strabo,公元前63年—公元23年),古希腊历史学家和地理学家。——译者注

的，而这个转化只不过是基于那个众所周知经常发生的两个辅音字母亦即 R 和 L 的混淆。"balbal"模仿的是那种结结巴巴地将元音切割得支离破碎的语音，意味着一种含糊不清的言语，而这个意义仍然保留在今天的阿拉伯语和叙利亚语里面。①

现在，这里自然而然地冒出另一个问题：后来产生的多神论如何能够被看作语言变乱的原因？在宗教意识的大分化和语言能力的外化表现之间，有着怎样一种联系？

对此我们或许可以简单地回答道："无论我们是否认识到其中的关系，事情**就是**如此。"一个研究的贡献并非总是在于仅仅解答一些困难的问题，更大的贡献或许在于提出一些新的问题，为未来的研究指明新的方向，或为已经存在着的问题（比如关于语言的根据和联系）开启一个新的方面。诚然，这个新的方面对我们而言似乎位于一个更深层次的未知领域中，但它恰恰因此让我们不会过于相信那些轻而易举的和肤浅的解决方案，进而能够帮助我们比所有的人更幸运地回答**根本问题**（Hauptfrage），因为它强迫我们从人们迄今没有想到的一个方面出发去理解把握这个问题。更何况我们还掌握了一些能够证明这个联系的事实，哪怕这些事实暂时是很难解释的。比如希罗多德那里有许多奇怪的言论，其中最令人惊诧的是他关于阿提卡民族的说法："他们本来是佩拉斯吉人，但在转变为希腊人之后，**也学习了另一种语言**(Τὸ Ἀττικὸν ἔθνος,

---

① 在《新约》的阿拉伯语译本里，也是用"balbal"这个词语来翻译 ταράσσειν τὴν ψυχὴν [心灵的惑乱]。见《新约·使徒行传》(15: 24)。除此之外，拉丁语的 balbus 和 balbuties，德语的 babeln 尤其是施瓦本方言的 babbeln（意为"咿呀学语"），还有法语的 babiller 和 babil，都是同样的象声词。——谢林原注

ἐὸν πελσσγικὸν, ἅμα τῇ μεταβολῇ τῇ ἐς Ἕλληνας καὶ τὴν γλῶσσαν μετέμαθεν)。"① 此前我们在提到希罗多德的那段著名文本时已经指出，所谓佩拉斯吉民族转变为希腊民族，这个转变恰恰就是从一种尚未明确展现出来的神话意识过渡到一种已经展开的神话意识。——关于语言能力（这里不仅指外在的语言能力，而且指内在的语言能力）的影响与各种宗教状态的关系，人们不妨自行考察，我在这里不置可否。对使徒[保罗]而言，科林斯教区的人**用舌头说话**绝不是完全正当的，充其量只是可以容忍的，但这恰恰证明，这种说话方式是一个确凿的事实，而它如果不是一个宗教影响的后果，还能是别的什么呢？我们经常忽视了一点，即那些规定着人类意识的不由自主的宗教运动的本原是一些具有普遍意义的本原，因此它们在给定的情况下能够成为另外一些作用乃至自然作用的原因。即使目前看来，这个联系是不可解释的，但经过人们的研究，它的某些方面已经通过小心翼翼的、逐步的推进而变得可以理解。至于宗教影响与语言能力的影响之间的联系，这虽然是一个问题，但并不是一个难解之谜，因为自然建构的某些独特方面也是和一个特定的神话或宗教形态结合在一起的。埃及人、印度人和希腊人各自具有不同的组织方式，但人们细加考察之下就会发现，每一个民族都在某种程度上与它自己的诸神学说的本性相一致。

当然，我们的主要目的在于证明多神论与古代传说的联系，而不是在于列举更多例子来指出宗教运动与语言的联系，以及那个

---

① 希罗多德《历史》，第一卷，第57节。——谢林原注

与语言变乱平行发展的现象。在整个宗教史里,能够与**语言变乱**事件相匹敌的只有一个东西,即那个在圣灵降临节①里暂时重建的语言统一体(ὁμογλωσσία),因为在这个节日里,基督教,确切地说整个人类,通过认识到唯一真正的上帝而重新结合为统一体,并开始其伟大的征程。②

如果不嫌啰唆的话,我还可以补充一点,即在整个历史里,唯一与**民族大分化**相对应的事件是**民族大迁徙**③,但后者更像是一种聚集或重聚,而不像是一种分离。因为世界史的各个关键转折点都是为一种力量所预留的,这是一种与早先那种排斥性的或分裂性的力量相匹敌的吸引性力量,只有它才能够带领那些天选的民族走出始终未曾显露的后台,来到世界史的舞台上,让他们接受基督教,并且使基督教成为它应当是的那个东西,正如基督教也只有通过这种**吸引力**才能够做到这一点。

无论如何,很显然,按照《旧约》的思维方式,"民族的产生""语

---

① 圣灵降临节(Pfingstenfest)是天主教的重要节日,时间为复活节之后的第七个星期日。——译者注

② 正因如此,我在《启示哲学》里把圣灵降临节现象称作"颠转的巴别",并且注意到后来很多人沿用了这个说法。当时我还没有读到格塞尼乌斯在《哈勒百科全书》的"巴比伦"词条中的提示。早期教父已经对这个对立见惯不惊,因此它确实有权利被看作是一个自然的对立。此外我在《启示哲学》里还提到了另一个来自波斯学说的平行例子,在那里,语言的差异性(ἑτερογλωσσία)被描述为阿利曼造成的结果,而在阿利曼被打败之后,重建的纯粹光明王国也昭示着语言的统一体。——谢林原注。译者按,格塞尼乌斯(Wilhelm Gesenius, 1786—1842),德国神学家和希伯来语言学家。阿利曼(Ahriman)是波斯琐罗亚斯德教中的黑暗之神,与光明之神奥穆德(Ormusd)或马自达(Ahura Mazda)相对立。

③ 民族大迁徙(Völkerwanderung)是18世纪末德国学术界提出的一个概念,指匈奴人于公元375年入侵欧洲,导致大量日耳曼人涌入西罗马帝国。——译者注

言的变乱"和"多神论"是一些同源的概念和相互关联的现象。如果我们从这里出发回顾早先的成果,就会发现,只有当每一个民族的神话已经得到明确规定,它**才**作为这样一个民族而**存在着**。因此对每一个民族而言,神话不可能在**已经实现**分化的时间,亦即在其已经是一个民族之后,才产生出来;另一方面,当每一个民族作为一个不可见的部分仍然包揽在人类的整体里面,神话也不可能产生出来。因此神话的起源只能是位于**过渡阶段**,那时民族尚且不是一个现成已有的确定的民族,但已经蠢蠢欲动,将要作为一个完整的民族而分裂出来。

但这一点同样必定适用于每一个民族的语言,即只有当民族决定成为民族,语言才规定自身。在这之前,只要民族仍然被包揽在大分化亦即转变之内,它自己的语言就仍然是流动不止的,尚未与别的语言完全划清界限,因此在这种情况下,人们其实是交叉说着不同的语言①,正如那个古老的传说也仅仅提到语言的一个**变乱**,而不是认为它立即就达到了彻底的解体。在希腊诸神的名字里面,有些显然不是来源于希腊语,而是来源于史前时间,即各种语言尚未完全分离,仍处在分离过程中的那段时间;希罗多德对于希腊语的感觉无疑是值得信赖的,比如他从"波塞冬"的名字里敏锐地察觉到了一种希腊语词源学,在这方面毫不逊色于我们这个

---

① 因此这是一种真正意义上的(复数形式的)"语言天赋";在科林斯也有某种完全不同于"说别国的话的语言天赋"的东西,而对此的解释是:各人听见各人用自己的乡谈说话(《新约·使徒行传》2: 6)。这之所以是可能的,仅仅是因为人们所说的语言是 instar omnium [完全一致的],而不是因为不同的语言彼此之间不再有张力或排斥;根据前面已经提到的那个段落,谁用这个方式说话,在使徒 [保罗] 看来就是 βάρβαρος [野蛮人]。——谢林原注

时代的一位语法学家①,而当希罗多德说希腊诸神的**名字**几乎全都是来源于野蛮人时,很显然,他既没有说希腊人的**诸神本身**也是来源于野蛮人,也没有说诸神是先于野蛮人。从这里出发,也可以解释那些在别的方面根据完全不同的本原而形成的语言的某些具体的、实质上的一致之处。通过对各种语言进行比较,我们发现总的说来存在着如下层级:有些语言仅仅是同一个语言的不同方言,比如阿拉伯语和希伯来语就是属于同一个主干统一体;有些语言属于同一个语系,比如梵文、希腊语、拉丁语、德语;除此之外,还有一些语言既不属于同一个主干,也不属于同一个语系,而这些语言之间的一致之处既不是由历史原因造成的(比如西班牙语和法语中的阿拉伯词汇②),也不是因为这些语言属于同一个主干或属于相同的发展层次(语系)。属于这类例子的有梵文、希腊语乃至古埃及语里面的闪米特词汇;也就是说,这些一致之处超出了全部历史的范围。没有任何一种语言是从一个现成已有的民族那里产生出来的,因此也没有任何一个民族的语言摆脱了与那个原初的语言统一体的联系,而这个语言统一体即使在发生分裂的时候也仍然试图维护自身。

无论是各种现象,还是各个民族的言行举止,都暗示着一个甚

---

① 众所周知,赫尔曼把"波塞冬"(Poseidon)解释为 ποτòν (πόσις) [可饮用的(饮品)]和 εἴδεσθαι [看上去],即 quod potile videtur, non est [一种看上去可饮用,实则并非如此的东西]。如果我没有搞错的话,这里的 potile 应当换成 potabile,因为海水——和所有液体一样——虽然在一般的意义上确实是"可饮用的",即 potile,但只有在特殊的意义上亦即适合人的味觉的时候,某种东西看上去才是"可饮用的",即 potabile。——谢林原注
② 著名的形容词 mesquin [平庸的]是一个纯粹的阿拉伯词汇,经过西班牙语而被法语吸收。——谢林原注

至在发生分裂的时候坚守其力量的统一体,这个统一体虽然与我们相距遥远,但已经透过远古的迷雾而隐约可见。

人们感觉到自己不再是整个人类,毋宁仅仅是人类的一个部分,不再归属于**绝对唯一的**上帝,而是落到一个特殊的上帝或许多特殊的神手中——这个感觉不是一个**外在的**刺激,而是一根扎在躁动不安的内心里的刺——;而正是这个感觉驱使人们翻山越岭,漂洋过海,直到每一个民族举目无亲,与一切陌生类型的东西分离,并找到那个注定属于**它**,也适合于**它**的地方。① 又或许这一切都是由单纯的偶然造成的?埃及最古老的原住民的黝黑肤色显示出他们内心的忧郁情绪,当他们来到狭窄的尼罗河谷②,这是偶然的吗?难道是他们觉得,只有在这样与世隔绝的地方,才能够守护他们应当守护的那些东西?也就是说,即使在四散分离之后,他们仍然没有摆脱内心的畏惧;他们感觉到了原初统一体的毁灭,这个统一体已经让位给一种变乱的多样性,而与之相伴的结局看上去只能是全部统一体意识乃至整个人类的彻底沦陷。

哪怕是关于这个极端状态,我们手里也掌握着一些证据,同理,关于真正的和合乎法则地推进的科学自己认识到的或要求的一切东西,哪怕历经沧海桑田,也肯定总是有一些遗迹保留下来;

---

① 根据摩西五经的一处文本(《旧约·申命记》32: 8),至高无上者把各个民族**分开**(即赐给一些个别的神,因为在通常的情况下,希伯来词汇都是接第三格)。类似的还有柏拉图在《政治家》(271D)里的说法:Τότε γὰρ αὐτῆς πρῶτον τῆς κυκλώσεως ἦρχεν ἐπιμελούμενος ὅλης ὁ θεός, ὡς νῦν κατὰ τόπους ταυτὸν τοῦτο ὑπὸ θεῶν, ἀρχόντων πάντη τὰ τοῦ κόσμου μέρη διειλημμένα [当时(最初的世界时代)是一位关心整个循环的神统治着宇宙,但现在宇宙却是划分为不同的部分,分配给诸神,各自完全管辖一个区域]。
② 参阅希罗多德《历史》,第二卷,第 104 节。——谢林原注

这一点就是我经常所说的一位真正的矢志不渝的研究者的信念。在这里，我请大家回想一下此前多次提到的南美洲的那些支离破碎的、仅仅在外表上类似于人的原住民。企图通过各种例子来证明这些人处于那种**最初的**，如人们假设的那样尚且最粗野的、最接近于动物的状态，是一个完全行不通的做法，正相反，这些例子以最明确的方式反驳了那个臆念（即认为这是人类的一个愚笨的原初状态），因为它们表明，从这样一个状态出发，任何进步都是不可能的；另一方面，我也不打算把各个民族堕落为野蛮人的例子应用到南美洲的那些族类上面。对某些只会用陈旧的思想自圆其说的笨蛋而言，那些原住民所处的状态根本不是一个问题，反之只有深刻的思想家才意识到他们迄今为止都还没有获得一个明确的定位。如果人们不应当假定各个民族是自行产生出来的，如果人们意识到必须去解释各个民族，那么他们也必须去解释这些虽然在身体上属于同宗，但相互之间没有任何伦理统一体和精神性统一体的群体。在我看来，这些群体仅仅是那个大分化的可悲结果，其余的人类从这个大分化中挽救了全部人类意识的**根据**，而这些群体却是完全丢失了这个根据。这些群体是那个已完成的、无可挽回的瓦解过程的活生生的证据；在他们那里，大分化的整个诅咒都应验了，——他们真的可以说是一群没有牧人的食草动物，因此当同一个大分化给予各个民族以实存的时候，他们却走向沉沦，没有成为一个民族。即使这些证据不能带来什么可靠的结论，但在独立于这些证据的情况下，我还是可以断定，就算他们那里有一些文明的痕迹，甚至有一些无意义地延续下来的习俗的微弱残余，这些也不能证明他们是一个被历史灾难或自然灾害摧毁的四分五裂的民族的残余部分。因为在各个民族产生之前的那个史前状态（这些人曾经也是那个状态的一部分），正如我们的解释足够清楚地指出的那样，无非是一个毫无文明可言的如动物般粗野的状态，从那里本来绝不可能过渡到一个社会的发展过程。但我们至少承认那个状态出现了部落的分裂，而一旦有这个分裂，就会有类似于婚姻和家庭的关系；哪怕是那些尚未成为民族的部落，至少也懂得某种流通的财物，而只要有财物，无疑也有契约；如果一个整体曾经是一个民族，并且具有相应的伦理、法律、市民机构，以及与之紧密相关的独特的宗教观念和宗教习俗，那么任何可能的政治分裂都不会导致这样一个绝对无法无天的、如此非人化的野兽状态，即那些群体所处的状态，因为这些人根本不懂得任何法律和约束性，不懂得所有的人都必须遵循的一个秩序，更不具有任何宗教观念。自然事件虽然可能在物质方面摧毁一个民族，但不能夺走它的文化传承、它的回忆和它的整个过去，反之那些群体根本不具有一个过去，和一个动物族类没有区别。当然，如果他们曾经是原初人类的一部分，但一切统一体意识在他们那里确实消亡了，那么他们的状态也是可以理解的。正如我指出的，不能用一种单纯的分化来解释各个民族，为此还需要一种聚合性的力量，而在那些群体那里我们发现，那曾经是整个人类的东西并没有把他们从原初统一体中拯救出来。

另外一个考察也为他们规定了这个位置。那个关于**语言**的变乱的古老传说所包含的真理在这些族类里面尤其得到了完全的确

XI, 114

证。我们已经强调过"**变乱**"(Verwirrung)这个术语。变乱之所以产生，唯一的原因在于某些邪恶的要素既不能形成统一体，也不能四散分离。正如各种语言的亲缘性在某些方面表明的那样，在每一个正在形成的语言里面，原初统一体都持续地发挥着作用；假若推翻了语言的统一体，就会推翻语言本身，进而推翻一切属人的东西；因为只有当人能够具有一个超越他自己的个别性的普遍意识，他才是人；语言也只有作为某种公有的东西才具有意义。语言，尤其是那些在精神上聚合在一起的人类民族的语言，扩散到巨大的空间之外，而这样的语言并不多见。因此在语言这里，意识的共同体仍然通过巨大的群体而保留下来。再者，这些语言在自身之内仍然始终保存着与其他语言的联系，保存着一个原初统一体的痕迹或共同来源的印记。我很怀疑在那些南美洲原住民的习语和那些真正的民族语言之间有任何实质上的一致之处，当然，我必须对此存而不论，但人们对于这些习语的研究已经能够满足我们的愿望，即找到它们的真正的、**基因式的**要素；人们已经找到了这些终极要素，但它们仅仅是分裂的要素，不是聚合和转变的要素。根据阿萨拉的说法，在南美洲的原住民那里，瓜拉尼语①是唯一的一种在较大的范围内通行的语言，但这个结论或许仍然需要一些更细致的考察。因为阿萨拉本人——他并没有走遍那些地方，而是和瓜拉尼人一起生活了数年之久——在别的地方又指出，从一个村落到另一个村落，乃至从一个住屋到另一个住屋，瓜拉尼语都在变化，以至于经常只有同一个家庭的成员才能够理解彼此的语言；

---

① 瓜拉尼人(Guarani)是巴拉圭的主要原住民，属于印第安人的一支。——译者注

不仅如此,在原住民那里,说话能力本身看上去都快要完全退化了。他们的语音从来做不到洪亮有力,他们仅仅轻言低语,哪怕在被杀害的时候也不会大喊大叫。他们在说话的时候,嘴唇几乎不动,而他们的言谈也没有伴随着任何具有强调意义的眼神。与这种冷漠联系在一起的,还有对于说话的**反感**,以至于如果他们要找一个人做什么事情,哪怕这个人就在百步之外,他们也绝不会呼唤他,而是亲自跑过去接他过来。因此在他们那里,语言就在终极界限附近游移,一旦越过这个界限就根本不再是语言。就此而言,人们确实可以质问,他们的习语——其音素通常是鼻音和喉音,而非胸音和唇音,而且绝大部分不能用我们的书面语言的符号表达出来——究竟是否配得上叫作语言?①

因此,正是**这种**由于失去全部统一体意识而感到的畏惧(Angst)和惊惶(Entsetzen),把幸存者聚拢在一起,驱使着他们至少坚持一个局部的统一体,即使不是作为人类,但毕竟作为民族而存在。这种由于看到统一体以及全部真正的人类意识的完全消失而产生的畏惧,不仅赋予他们最初的宗教机构,甚至赋予他们最初的市民机构,而这些机构的目的无非是要维护他们从统一体里挽救出来的东西,防止其遭到进一步的破坏。因为在失去统一体之后,每一个人都试图封闭自己,保障自己的占有物,所以他们竭尽所能,以维护一个名存实亡的统一体。这些措施主要有三点:1)塑造

---

① Ils parlent ordinairement beaucoup de la gorge et du nez, le plus souvent même il nous est impossible d'exprimer avec nos lettres leurs mots ou leurs sons. [他们通常都是用喉咙和鼻子来说各种事情,而在绝大多数情况下,我们不可能用字母来表达他们的语言或声音。] 阿萨拉《美洲大陆旅行记》第二卷,第 5 页,亦参阅第 14 页和第 57 页。——谢林原注

一些特殊的共同体,尤其是把那些负责传承普遍事物和统一体意识的人严格地区分出来:社会等级的划分和整个历史一样古老,是所有民族的共同点;我们知道的国家制度都是起源于这个时期,而这些制度的唯一意图就是通过这样的划分而更稳妥地维护统一体意识,并且间接地也为另外那些不可避免愈加分散的人维护统一体意识;2)制定严格的祭司章程,把知识确立为**教义**(Doctrin),这一点在埃及尤其有明确的体现①;3)至于外在的统一体,则是借助那些显然属于史前时间的建筑物,这些建筑物出现在地球上我们知道的任何地方,并且通过其庞大的尺寸和精密的结构而见证着一种堪称超人的力量,让我们不由自主地回想起那个关于民族分化的古老传说提到的那座带来灾难的巨塔。巨塔的建造者们说:"来吧,让我们建造一座城市和一座顶尖通天的塔,以此给我们一个名字,**免得我们分散在整个大地之上**。"②他们在这样说的时候,语言的变乱**还没有**发生,但他们已经预感到了那个有预兆的、即将到来的大分化。

他们想要给自己一个**名字**。通常说来,其意思是指让自己"变得著名",而按照语言的惯例,确实可以这样翻译。但巨塔的建造者们在这样说的时候,除非他们已经有一个名字,也就是说,除非他们已经是一个民族,否则他们不可能有让自己变得著名的想法;这就好比,假若一个人之前甚至没有一个名字,那么他根本不可能

---

① Πρῶτοι μὲν ὢν ἀνθρώπων, τῶν ἡμεῖς ἴδμεν, Αἰγύπτιοι λέγονται θεῶν τε ἐννοίην λαβεῖν, καὶ ἱρὰ ἵσασθαι—πρῶτοι δὲ καὶ οὐνόματα ἱρὰ ἔγνωσαν, καὶ λόγους ἱροὺς ἔλεξαν.[据说埃及人是最早接受神的知识的人,他们为神建造庙宇和祭坛,并举办献祭仪式——他们也是最早认识到神的名字并坚持神圣传统的人。] 琉善《论叙利亚女神》(*De Syria Dea*),第二节。——谢林原注

② 参阅《旧约·创世记》11:4。——译者注

像通常所说的那样**让自己变得著名**。因此按照语言的本性,这里的表述必须仍然按照其直接的字面意思("给自己一个名字")来看待,至于别的意思("变得著名"),只不过是前一个意思的后续影响。——也就是说,按照他们自己的表述,他们在这之前是一个没有名字的人类;唯有名字才把一个民族或个体与其他民族或个体区分开来,但正因如此,同时也把这个民族或个体整合在一起。因此在这里,"给我们一个名字"这句话的意思无非是说,"让我们成为一个民族"①,至于这样做的根据,他们也说了,即"免得我们分散在各个地方"。换言之,正是对于分散的**畏惧**,唯恐他们将不再是一个整体,而是土崩瓦解,才促使他们采取行动。当人类处于即将土崩瓦解的危险境地时,他们首先想到的是一些坚固的居所,而一旦他们建造好第一处坚固的居所,分化就开始了,随之也出现了斗争和排斥,正如巴别塔本来应当阻止彻底的分化,却成为民族大分化的开端和契机。那些属于史前时间的建筑物,尤其是那些散见于希腊、地中海岛屿乃至意大利半岛的被希腊人称作"库克罗普斯式建筑物"②的作品,也是在这个过渡时期里出现的;比如荷马提到的(而且赫西俄德曾经见过的③)那些城墙和城垛,它们有时候是由

XI, 117

---

① 在《旧约·创世记》12: 2,耶和华许诺亚伯拉罕,将让他成为一个伟大的**民族**,并且让他的**名字**变得伟大。——谢林原注
② 库克罗普斯(Kyklopes),字面意思为"圆眼",是希腊神话中的三位独眼巨人的统称。传说他们精通建筑术,其后裔被称作"库克罗普人",曾经给返乡的奥德修斯带来巨大麻烦。——译者注
③ 关于希腊的库克罗普斯式建筑物是否产生于荷马之前的时代,因为我们希望后面再来讨论这个问题,所以这里暂时请大家参考我在慕尼黑科学院做过讲座,并在《慕尼黑科学院年鉴》第二期(1829—1831)以单行本发表的相关论文。——谢林原注

未打磨的石头简单堆砌而成的，有时候是由不规则的多边形石头搭建而成的，这些都见证着一个对后来的希腊人而言几乎成为传奇的族类，这个族类虽然没有为自己的存在留下更多的痕迹，但其真正的历史意义仍然超出人们通常的想象。荷马在《奥德赛》里这样描述库克罗普人的生活：他们没有法律，没有民族集会，每一个人都带着自己的女人和孩子独自生活，**谁都不管别人的事情**(οὐδ' ἀλλήλων ἀλέγουσιν)①。据此我们必须断定，他们已经开始分化为一些完全分裂的族类，这些族类的特征在于，他们谁都不管别人的事情，像离群索居的动物一样彼此之间完全陌生，根本没有意识到自己属于一个共同体。荷马所描述的库克罗普人的状态在新的世界里也保留下来，但在希腊，这个族类自己却被一个愈来愈强大的挤压运动所吞噬了，仅仅保存在那个由此产生出来的民族的回忆里。根据荷马的描述，库克罗普人仍然生活在自然形成的、但看上去经过人工拓宽的岩洞里，正如后来的传说也认为他们的住所是一些地下建筑物，比如麦加拉、纳夫普利亚（马尔维萨的那波利）等地的岩洞和迷宫。实际上，库克罗普人已经离开这些在大地的实体里改造的住所，转移到那些屹立在大地上的建筑物，后者是由一种独立于大地的、自由的材料建造而成的；但与此同时，这个族类自己却消失了；因为与这些作品联系在一起的是向着民族的过渡，在这个过程中，那个过渡性的族类走向了灭亡。

---

① 荷马《奥德赛》第九卷，第115行。——谢林原注

第六讲　同时式多神论和相继式多神论

诚然,此前提出的那个发展过程还需要通过进一步的研究而获得一些更确切的规定,这是显而易见的;但根据这个发展过程,有一件事情已经是毋庸置疑的,即我们必须满足于那个解释,假定多神论之前有一种一神论——这不是一般意义上的一神论,而是一种历史性的一神论——,即一种在民族大分化之前的那个时间出现的一神论。我们必须断定,那个曾经横亘在这个解释和我们之间的唯一令人疑惑的问题,即究竟是民族大分化在前,多神论在后,还是正好相反,同样已经得到解决;因为通过之前所述,我们已经确信无疑一点,即对于各个民族的产生而言,不可能有任何独立于多神论的原因。现在我们把通过迄今的发展过程而得出的如下这个结论当作进一步考察的根据:

如果当人类分裂为各个民族时,一直以来的统一体意识里面也显露出不同的神,那么为了在根本上维护那个先行于分化的人类统一体(这个统一体同样必须具有一个肯定的原因),唯一的前提就是要**意识到唯一的、普遍的、为整个人类所共有的上帝**。

尽管如此,单凭这个结论仍然不能断定,那个普遍的、为整个人类所共有的上帝是否正因为是这样一个上帝,就必然也在一神论(亦即启示宗教)的意义上是独一的上帝,或他是否在根本上必定会成为一个**绝对与神话无关**、将一切神话因素排除在外的上帝。

人们可能会质问,这个为人类共有的上帝假若不是真正独一的上帝或完全与神话无关的上帝,还能是什么呢?现在的关键是,通过回答这个质问,我们希望获得一个基础,然后不再是仅仅以猜想的方式,而是以斩钉截铁的方式得出关于神话的起源的结论。

但为了回答这个质问,我必须在迄今的考察的基础上(这些考察是必不可少的),以更深刻的方式辨析多神论的本性,而多神论又是和宗教的解释一起才对我们而言成为一个根本问题。

简言之,我们希望在这里指出多神论内部的一个区别。迄今出现的解释全都忽视了这个区别,相应地,我们此前的评论也对其未置一词。但这个区别**现在必须**浮出水面了。

也就是说,只要稍作提示,任何人都必然会注意到,在那些后来产生的多神论之间,有一个巨大的区别:其中一种多神论承认一定数目的神(这个数目可大可小),同时让他们**从属于同一个神**,把后者当作他们的至高无上的统治者,另一种多神论承认有**多个神**,但每一个神在某一段时间都是**至高无上的统治者**,因此他们相互之间只能是**前后相继**的关系。让我们设想一下,假若希腊的诸神历史不是有**三个**前后相继的神族,而是只有唯一的神族(比如宙斯的神族),那么这段历史就仅仅知道一些彼此同时的、共同存在的、全都消融在宙斯(作为他们的共同统一体)里面的神,仅仅知道一种**同时式**(simultanen)多神论。但实际上,希腊的诸神历史里有**三个**诸神体系,而且每一个体系里都只有一个最高的神,在第一个体系里是乌兰诺斯,在第二个体系里是克罗诺斯,在第三个体系里是宙斯。也就是说,这三位神不可能同时存在着,而是只能**相互排斥**,随之**在时间里前后相继**。只要乌兰诺斯仍然是统治者,克罗诺斯就不可能具有统治权;一旦宙斯掌握了统治权,克罗诺斯就必须退回到"过去"。在这个意义上,我们把这种多神论称作**相继式**(successiven)多神论。

相应地,我们必须认识到如下情况。唯有通过第二种多神论,上帝的统一体,或完全明确地说,上帝的唯一性,才决定性地被推翻:唯有相继式多神论才是真实的、**本真意义上的**多神论。因为,如果诸神共同从属于一个最高的神,那么他们虽然和后者是同时的(如果可以这么说的话),但并不因此就和后者是**相同的**;他们在他**之内**;**他**在他们**之外**;**他**包揽着他们,但不被他们包揽;他不在他们之列,虽然仅仅在流溢的意义上被看作他们的原因,但至少就**本性**和**本质**而言先于他们。其他诸神的多样性对**他**毫无影响,他始终是独一的,**无与伦比的**,因为他与他们的区别不像他们相互之间的区别那样,仅仅是个体之间的区别,而是整个类属的区别(differentia totius generis);诸神那里没有**现实的**多神论,因为一切东西最终都重新消融在统一体里面,换言之,它大概仅仅是那种意义上的多神论,好比犹太神学家同样把天使称作"以罗欣"(Elohim),即"诸神",同时并不害怕因此损害上帝的唯一性,因为那些天使仅仅是上帝的仆从和工具。这里虽然有**神的多样性**(Göttervielheit),但没有**多神论**(Vielgötterei)。多神论之所以产生,唯一的前提是,**多个最高的**、就此而言相互等同的神前后相继出现，而且他们不能消融在一个更高的统一体里面。简言之，我们必须首先准确把握"神的多样性"和"多神论"之间的这个区别，然后才能够过渡到真正关键的事情本身。

现在，你们无需任何回忆就可以立即发现，上述两种多神论与每一个**解释**都有一个极为不同的关系。如果人们质问，在这两种多神论里面，**哪一种**尤其需要加以解释，那么显然是相继式多神论；**这种**多神论是一个谜，这里是问题之所在，但正因如此也是解密钥匙之所在。确实，从一个原初统一体的单纯分化出发，我们可以非常轻松和简便地理解同时式多神论，但这个套路并不能轻易地用在相继式多神论身上，毋宁说，这里至少需要一些人为制定的和迫不得已的附带假设。

XI, 122

除此之外，我们之所以应当首先考察相继式多神论，是因为它超越了全部同时式多神论，因而在整体上囊括了同时式多神论，而它自己则是一种绝对而自由地存在着的多神论。

现在我们希望坦率承认，在迄今的整个研究中，我们还没有得出一丁点能够解释**相继式**多神论的东西，因此我们在某种意义上必须完全从头开始，即从"如何理解**多神论**"这一问题开始。

但只要我们开始着手这个研究，就会清楚地认识到，伴随着这个问题，我们已经来到了一个与现实领域完全不同的领域，而且我们已经接近这样一个真理，在它面前，正如雾霭必定会被阳光驱散，一切单纯的猜想也必定会消失无踪。

根据希腊的神谱（至少它是这么叙述的），曾经有一段时间，那时乌兰诺斯是唯一的统治者。现在的问题是，这个说法究竟是一个单纯的**故事**,还是某种杜撰的或发明出来的东西？或许确实有那么一段时间,那时只有天空之神(乌兰诺斯)受到崇拜,人们对于宙斯乃至克罗诺斯都还一无所知,于是在这种情况下,完整的诸神历史同时就是这段历史自己的产生过程的历史证据？若非如此,我们岂不是仍然会相信,神话是通过某一个人或少数人的发明,或是通过一个统一体的单纯分化而产生出来的？然而按照后面这个猜想,即使在最理想的情况下,也只能得出一种同时式多神论,一种完全静止不动的并列关系,最终仅仅是一种令人厌倦的单一性,却不能得出一种具有丰富结构,因而灵动多姿的神话,不能得出一种活生生的前后相继关系。

如果我们的判断是正确的,那么神话里的相继性因素恰恰蕴含着一种现实性,这种现实性是真实的历史,因而也是全部神话的真理。承认这种现实性之后,我们就**立足于历史的根据**,立足于现实的历史事件。

XI, 123

只要人们对不同民族的神话进行一番比较,就会更明确无误地认识到,神话记载的诸神前后相继的产生过程就是神话的现实的产生历史。正如我们看到的,那种在晚期民族的神话里仅仅作为**"过去的东西"**而出现的诸神学说,对于早期民族而言是**现实的**和**"现在的东西"**,反过来,早期民族里面占据统治地位的诸神只有作为**"过去"**的一些环节才被吸纳到晚期民族的神话里面。唯其如此,我们才能够正确地领会和解释人们经常提到的那些一致之处。希腊人无比确切地认识到,腓尼基人的那个最高贵的、更确切地说独一的神就是他们自己的诸神历史里的克罗诺斯,因此他们也把腓尼基人的神称作克罗诺斯；人们很容易揭示出腓尼基的神和希腊的神的区别，以证明后者与前者毫无关系（没有亲缘性），但所有这些区别都可以通过一个区别而得到完满解释，即克罗诺斯在腓尼基神话里仍然是唯一的统治者，反之在希腊神话里却是遭到驱逐，被一个后来的神所征服，也就是说，克罗诺斯在腓尼基神话里始终是"现在的"神，而在希腊神话里却仅仅是"过去的"神。假若希腊人没有意识到他们的克罗诺斯是一个现实的、并非单纯想象和虚构出来的"过去"，他们怎么可能在腓尼基人的神那里认识到**他们自己的神呢？**

假若早先的那些猜想不是满足于仅仅解释**一般意义上的**多神论，而是打算首要地并且首先去解释**历史意义上的**多神论，那么必定会炮制出很多反自然的解释。**这样**一个关于诸神的问题**不可能**仅仅是想象出来的，不可能是虚构的；如果谁打算说服自己或其他人，存在着一个神，那么他至少应当说服自己或其他人，这是一个"现在的"神。断定某个东西**从一开始**就是"过去"，这是违背自然的；一切东西都只能**转变为**"过去"，因此它必须首先是"现在"；那应当被我看作"过去"的东西，必须首先被我看作"现在"。那对我们而言从未具有实在性的东西，绝不可能被我们看作一个**层次**或**环节**；但早先的神必须被当作一个真实的层次或**环节**，否则就不可能产生出一种相继式多神论；这个神必须曾经在一段时间里掌控乃至完全吞噬了意识；哪怕这个神后来消失了，他也不可能是在毫无抵抗和斗争的情况下就消失的，因为否则的话，他就不会**被保留**下来。

为了让问题更加尖锐,我们甚至不妨假设,原初时间有一位探究世界本原的哲学家首先告诉我们,现在这个样子的世界不是通过唯一的原因就可以解释的,而是只有借助于一系列前后相继发挥作用的力量或潜能阶次——在这个序列中,每一个力量都已经成为另一个力量的根据——才能够产生出来,然后他把一个与这些原因相对应的序列纳入他的宇宙论,同时把这些原因想象为人格化的东西:在这种情况下,无论我们承认他的发明在别的方面有多少成功之处,但有一点却必须指出,那些仅仅**被思考和想象为**"过去"的诸神绝不可能带来一种宗教意义上的敬畏,而正如我们看到的,不仅在希腊的神话里,甚至在希腊的诗歌和艺术里,克罗诺斯都享受着这种敬畏。这种宗教意义上的战战兢兢(哪怕其面对的是一个现在已经落寞失势的神)并非仅仅是诗人捏造的谎言,而是一种真实的感受,也唯其如此,它才是某种真实的诗意东西;但它之所以是一种真实的感受,唯一的原因在于,意识里面还残留着对于这个神的回忆,即使经历了从一个族类到另一个族类的持续不断的传承,也仍然始终记得,他虽然位于遥不可思的时间之前,但曾经实实在在地是一位统治者。

无论如何,神话在意识**之外**不具有任何实在性;关键在于,虽然神话仅仅是在意识的规定亦即观念中延伸,但这个**延伸,观念的这个相继性本身**,不能回过头来仍然只是一种**观念中的**相继性,毋宁说,它必须已经**现实地**发生,必须已经在意识里面成为一个现实的事件;这个相继性不是由神话造成的,正相反,神话是由这个相继性造成的;因为,神话无非是这些现实地前后相继的诸神学说的整体，因此是通过这个序列而产生出来的。

正因为诸神仅仅存在于观念中，所以相继式多神论要成为一种现实的东西，唯一的前提是，在意识里面，首先有一个神被设定，然后这个神被另一个神取代，新神并没有绝对地扬弃旧神（否则意识将对旧神一无所知），但至少是把旧神从"现在"驱逐回"过去"，相应地，新神也没有推翻一般意义上的神性，而只是推翻了那种排他的神性。唯有在这个情况下，那个经常被人吹嘘，却很少真正被看清的**纯粹事实**才被陈述出来；这个事实不是推断出来的，而是蕴含在相继式多神论自身之内。我们并没有解释，**为什么**起初的那个神会被一个后来的神所取代，以及这个后来的神所遵循的是**哪一个法则**；这一切暂时都还没有定论，我们仅仅指出一个事实，即神话本身就表明，它是**按照这个方式**——不是通过［某些人的］发明，不是通过［原初统一体的］分化，而是通过一个在意识里面现实发生的序列——产生出来的。

神话不是一种仅仅**在观念中延续的**诸神学说。神谱里面谈到了那些前后相继的神之间的斗争，假若这个斗争不是在那些对其略有所知的民族的意识里，就此而言在人类（每一个民族都是人类的一部分）的意识里曾经**现实地**发生，那么它根本就不会出现在神话观念里面。只有当人们假定，人类意识曾经先后在多神论的每一个环节那里**现实地逗留**，这样才能够解释那种相继式多神论。前后相继的诸神曾经依次现实地掌控着意识。本真意义上的神话，亦即作为诸神历史的神话，只能在生命中产生出来，并且**必须**是某种**被体验到**（erlebt）和**被经验到**（erfahren）的东西。

我既然在这里谈到"生命""体验"和"经验"等词语,也乐意指 XI, 126
出,克罗伊策在谈到神话的时候,至少在他的某些偶尔的言论中,
也使用了同样的表述。很显然,天性的印记在这里战胜了武断的
假设,虽然就这位杰出人士的解释方式而言,我们在某些方面与他
针锋相对,但与此同时,我们所坚持的东西恰恰是他在最正确和最
真实的情感中亲自说出的东西。

现在每一个人都清楚地看到,对于神话多神论而言,意识现实
地经历的那种观念相继性是唯一合乎自然的解释。

带着这个认识,我们返回以上整个评论所围绕的那个应当得
到解决的根本问题:那个为整个人类所共有的上帝是否必然是**无
条件的独一者**,随之必然是一个完全与神话无关的上帝?你们自
己就会发现,这并不是一个必然的推论,而无论是就聚合而言,还
是就随后的分化而言,如果这个上帝仅仅是**一个诸神序列**亦即一
种相继式多神论的最初**要素**,那么我们至少也达到了同样的效果,
哪怕人们还没有认识到他是**这样**一个要素,并做出相应的解释。
你们不妨想象,这个在意识里首先显现出来的神是 A,这时意识并
没有预料到,A 还面临着另一个神 B,B 起初和 A 是并列关系,
但很快就凌驾于 A 之上。也就是说,A 迄今为止并非仅仅在一般
的意义上是独一者,毋宁说,他**在这个意义上**——即没有一个后来
的神——是独一者。在意识里面,神 A 是神 B 的先行者,而当第三
个神 C 浮现出来时(我们不妨假定,第二个神之所以驱逐第一个
神,仅仅是为了给第三个神扫清障碍),神 A 和神 B 都已经是他的
先行者。但 A 是这样一个神,在他**之前**没有别的神,在他之后——

至少意识是这么想象的——也不会有别的神；因此对意识而言，A 并非仅仅偶然地，而是实际上是**绝对的**、**无条件的独一者**。在明确的字面意义上，现在还没有多神论。就此而言，假若人们把一神论仅仅理解为多神论的对立面，那么意识里面就真的有一种一神论；但很显然，这种一神论虽然对于被包揽在其中的人类而言是一种**绝对的**一神论，但自在地看来，对我们而言，却仅仅是一种**相对的**一神论。换言之，只有当上帝杜绝自身之外的另外一些神的**可能性**，他才是绝对的独一者，反之如果只是在他前面没有别的神，但在他旁边或后面还有别的神，那么他就仅仅是相对的独一者。在这个问题上，赫尔曼的一个敏锐观点是完全适用的，即如果一种学说仅仅以偶然的方式认识到独一的神，那么它**实际上**是一种真正的多神论，因为它并没有杜绝另外一些神的可能性，而这种学说之所以承认独一的神，原因仅仅在于，它还没有听说另外一些神，或如我们首先想指出的，还没有听说另外一个神。①——因此，我们可以这样评价神 A，即只要人类还不知道第二个神，那么他对于人类而言就是一个完全与神话无关的神，正如在每一个由 A、B、C 等要素构成的前后相继的序列里，只有当 A 后面现实地出现了 B，A 才是这个序列的一个**环节**。神话意义上的神必须是诸神历史的一个环节。诚然，神 A 尚未真正成为这样一个环节，但这并不意味着他因此按照其本性而言就是一个与神话无关的神，毋宁说，只因为另一个神尚未昭示自身并推翻他的绝对性，所以神 A 才看上去与神话无关。

---

① 赫尔曼《论神话的本质和处理方式》，第 37 页。——谢林原注

我们不妨假设,第一个神**统辖**着诸神的一个体系,但这样只是设定了神的多样性,并没有设定多神论,而且这个体系的诸神始终能够是为整个人类所共有的;因为诸神还不是**不同种类的**神,比如在希腊的神谱里,乌兰诺斯谱系的神、克罗诺斯谱系的神、宙斯谱系的神就是不同种类的神;反之在每一个谱系内部,那些神却是**完全同类的**神。任何一个要素,如果在它之外不存在别的要素并对它做出规定,它将始终并且必然保持自身等同。如果占据统治地位的神没有发生改变,那些从属于他的神也不可能发生改变,又因为那些神始终是同样一些神,他们也不可能在不同的人那里表现为不同的和另外的神,从而永远都是为整个人类所共有的神。

迄今所述已经足以证明,为了解释人类的原初统一体及其后来的分化,至少我们并非**必须**仰仗一种绝对的一神论(即承认一个绝对独一的上帝,不认为在他之外有别的上帝);但是,由于两个前提[即绝对的一神论和相对的一神论]里面只能有一个是真实的,所以我们不可能止步于这个结论。我们必须在这两个前提里面做出决断,进而去考察,为了解释人类的统一体和分化,相对的一神论是否比绝对的一神论更加胜任这项工作,甚至只有单凭它自身才能够**真正**解决问题。为此我们必须再次回顾各个民族的产生过程。此前我们区分了一种绝对的一神论和一种相对的一神论(但后者在某一段时间可能看上去是绝对的一神论),而这个区分表明,最初的发展过程仍然包含着一种不确定性;因为在当前的这个研究里,我们只能逐步前进,无论什么时候都只能说出在发展过

XI, 128

程的某一个点那里才呈现出来的东西。从整体上来看，我们的这整个讲授始终处于扩张和推进过程之中，因此只要最终的关键还没有揭示出来，我们就不能认为已经完全掌握了我们想要认识的东西。

随着"各个民族是如何产生出来的？"这一问题首先从我们的课堂扩散到一些更大的圈子，它已经部分地受到重视，而这种重视清楚地表明，这个问题对很多人来说是一个全新的、从未想到过的问题；也是从这个时候起，我愈来愈深切地发现，人们对于一种**哲学**人种学——而它又是以一种普遍的人种**谱系学**为前提——的基本要素是何其无知。正如我在前一个讲座里指出的，绝大多数人真的认为这个解释完全是多此一举，因为各个民族是**自行**产生出来的，不需要任何特殊的原因。但现在，在我们已经认识到民族的分化是一种精神性的大分化之后，假若人们仍然要谈论什么"自行产生"，假若这些言论仍然有思想性可言，那么他们必须假设，那些后来通过民族的差异性和纷杂的诸神学说而显露出来的精神性差别，在原初的人类那里原本是安静地隐藏着的，仅仅伴随着愈来愈分岔的世代繁衍才走上一个外化过程和发展过程。假若是这样，那么人们必须假设，这件事情的唯一规定根据在于，人类愈来愈远离共同起源的核心点。当这种远离达到某一个点，那些精神性差别就开始发挥作用。按照这个假设，无论如何，各个民族是通过**单纯的时间**而产生出来的。但在这种情况下，还能谈论什么合法则性吗？换句话说，谁有把握断定，在人类越来越远离共同的祖先时，世代繁衍究竟要到哪一个阶段，到哪一个点，那些精神性差别才会掌握那个必需的力量，把各个民族分开？为了让这样一个伟大的事件不至于落入偶然性，为了让这个发展过程在一个清楚明白的、non sine numine [昭若白日的] 秩序中进行，人类完全同宗的那段时间必须有一个绵延，而这个绵延不可能是某种纯粹偶然的东西，毋宁说，它必须仿佛以一个**本原**为保障，或被一种力量紧紧地往回拉拽，而这种力量将会把人类面临的那些更高级的发展过程以及随后的发展过程当作纯粹**自然**的区别而引入这个绵延。只要承认有这样一种力量，就不能指望它会通过时间的单纯长度而失去自己的威力；要让它失去自己的威力，需要**另一个**独立于它的本原，即一个现实的第二本原，只有这个本原才会动摇那种力量，最终完全将其征服。各个民族的产生并不是从之前已有的一些状态里自行导致的某种结果，毋宁说，正是通过民族的产生，早先的事物秩序才会中断，并建立一个新的秩序。当那个同宗的存在过渡到一个更高的、更发展的存在，就出现了各个民族，亦即一些具有精神性区别的整体，但这个过渡绝不是自行发生的，正如从无机自然界到有机自然界的过渡也绝不是自行发生的（我们姑且认为这个比喻是恰当的）。因为，如果说在无机物的王国里，全部物体都仍然安息在共同的重力中，甚至热、电和一切类似的东西都仍然是为它们所**共有的**，那么伴随着有机物的出现，却产生出一些独立的核心点或**自为**存在着的事物，它们把上述一切东西都据为己有，并且把它们掌控着的重力本身当作一种自由的推动力而加以利用。

XI, 130

因此，那个曾经维系着人类统一体的本原**不可能**是一个绝对的本原,毋宁说,这个本原必须能够有一个随后的本原,并且被后者推动、转化,最终甚至被后者征服。

但是,只要这个第二本原开始表现出对人类的作用,那么仿佛在一刹那之间,所有那些基于人类中的上述关系而可能的区别(其中一些是立即可能的,另一些是稍后可能的),那些在此之前无迹可寻的区别,就将被设定下来。这些区别的根据首先在于,那个一直以来岿然不动的神(A)被迫接受第二个神(B)的各种规定,因而不能保持以往的样子,换言之,在神(A)与神(B)的冲突中,随着后者愈来愈占据优势,前者不可避免在形态上发生转化,首先接受某一个形态,然后接受另一个形态。当然,哪怕是希腊神谱里的那些神,即我们迄今为止作为前后相继的神的例子而考察的乌兰诺斯、克罗诺斯和宙斯,也有可能仅仅是其中一个神或第一个神(A)先后接受的不同形态,而那个强迫他贯穿这些形态的神,即第二个神(B),则是一个完全外在于他们而存在着的神,其名字迄今还没有被提到。现在,一旦神的第一个形态被设定下来,那么随后的形态(仅仅作为稍后可能的形态)就同样被设定下来。与不同的形态相对应的,恰恰是一些不同的、在质料上互有差别的诸神学说,因此伴随着第二本原的显现,所有这些诸神学说同样是潜在地已有的,但它们并不是全部同时现实地显露出来,而是取决于一个情况,即那个一直以来都维系着人类的神在被持续地征服时,如何屈服或允许它们显露出来。与不同的诸神学说相对应的是一些不同的民族;这些民族也是伴随着第二原因的显现而潜在地已有的,尽管它们同样不是全部一下子现实地显露出来,而是仅仅遵循着一个恰当的顺序。正是多神论里面的相继性使得各个民族在显现出来或进入历史时立即处于相互隔离的状态。任何一个民族在达到它应当代表的那个环节之前都始终处于潜在的状态,作为那个未区分的,但注定要瓦解为各个民族的人类的一部分,而正如我们看到的,佩拉斯吉人在成为希腊人之前就处于这样一个未区分的状态。大分化是由第二原因造成的,而由于大分化是一个普遍的、笼罩着整个人类的事件,所以一个在后来的时间里才做出决断的民族也经历了全部环节,哪怕它在做出决断之前还不是一个现实的民族,而是尚未区分的人类的一部分。只有通过这个方式,那些被分配给不同民族的环节才能够在最后一个民族的意识里结合为完满的神话。

你们已经看到:通过一种从相对的一神论出发的运动观,无论是不同的诸神学说的产生过程,还是与之平行的各个民族的产生过程,都赢得了一个完全不同的、更确定的形态,而这是借助于一个原初的一神论的单纯分化所不能达到的。请你们相信,我们的研究正在持续推进;我们不再像早先那样,仅仅理解了一般意义上的各个民族,而是也理解了它们的前后相继的显现。尽管如此,我们还是要回应一个可能的反对意见。人们可能会说,那些后来在各个民族那里表现出来的区别或不同性格已经在部落里存在着,因为如果人们坚持那个古老的流传至今的划分,即那个起源于挪亚的三个儿子(闪、含、雅弗)的划分,那么可以说,闪米特人和雅弗人的区别在于,前者一般而言更接近于原初宗教,后者则远离了原初宗教;或许这个区别已经蕴含在他们的名字里,至少极有可能已经蕴含在雅弗人的名字里,因为后者既暗示着地理学意义上的极度扩张,也暗示着多神论的最高程度上的传播或发展。但是,假若人们必须承认这个区别是来源于部落的差异性,这就与之前假设的人类的完全同宗性相矛盾。对此我们的答复是:首先,必须有一个远离原初宗教的**可能性**,那个区别才能够以某种方式存在着。其次,只有伴随着第二本原的显现,这个可能性才**产生出来**,而在**此之前**,那个假设的区别根本就不可能表现出来,而如果人们把一种能够表现出来的东西称作**可能的**,那么那个区别根本就不是可能的。各个部落只有通过一个事件才**获得**这个**精神性的**意义,而我们不得不承认,这与通常的假设相矛盾;从这个意义来看,只有当民族存在着,部落本身才存在着;如果上述名字的意义是正确的,那么甚至可以说,只有当部落已经成为民族,才获得这些名字。

也就是说,只有相对的一神论才能够在一般的意义上解释民族的产生;不仅如此,正如我们现在看到的,也只有它才能够解释各个民族的特殊状况,尤其是它们前后相继的显现。尽管如此,正如我们早先承认的,这里仍然残留着某种不能依靠已有概念而完满解释的东西,这就是与各个民族的产生不可分割地联系在一起的不同语言的产生——即语言的变乱,而这又是一种宗教大分化的后果。过去我们曾经认为,这个联系是一个不确定的、远远谈不上解决的问题,但通过迄今掌握的认识,我们岂非至少在某种程度上已经接近于完满的理解?

如果像《旧约》说的那样,曾经有一段时间,那时全世界都仅仅说着同一种语言——既然我们假设,曾经有一段时间,那时没有任何民族，那么我们也没有理由排斥这个假设——，那么我们只能这样理解语言的这样一种静止性，即语言在那段时间仅仅由唯一的本原统治着，这个本原不但**本身**是静止不动的，而且让任何一个变异远离**自己**，亦即把所有变异控制在一种**实体性**的层次上，好比第一个神 A 是纯粹的实体，只有通过第二个神 B 才不得不接受一些偶然的规定。现在，如果这是一个**本原**，并且毫无疑问是一个将语言控制在这个层次上的精神性本原，那么很显然，在语言的这个本原和宗教本原之间（后者在同一个时间里不是掌控着意识的一个部分，而是掌控着整个意识）有一个联系，甚至必定有一个联系。因为语言只能等同于那个填满了意识的神。但现在来了一个新的本原，在它的影响下，前一个本原作为**规定着语言的本原**，发生转化，最终变得无声无息，并且被驱赶到深处。现在，如果语言是由两个本原所规定的，那么它们就不可避免会表现出大量质料上的差异性，不仅如此，伴随着第二个具有转化作用的本原在深处或表面上造成的影响，语言也在不同程度上失去其实体性性格，不再仅仅在**质料**上，而且在**形式**上也显现为一些基于不同的本原而相互排斥的语言。

XI, 133

即使不去详细考察各种语言的现实的基本差异性，以上事实也是清晰可见的。

现在我希望你们理解随后的评述。如果我们的那些预设是有理有据的，那么人类就是从相对的一神论或**独一神**（这里才是人们过去使用的那个完全不适当的词语的合适位置）经过二神论而推进到决定性的多神论。这个推进同样出现在语言的各个本原里面,因为语言同样是从原初的单音性经过二音性而推进到一种完全挣脱了束缚的多音性。

单音性在词语的纯粹实体里维护着这个词语,而在单音性显现为本原的地方,我们不得不预设一个聚合性的、排斥全部偶然规定的本原。当然——我们已经听到人们的指责——,并不存在什么真正意义上的单音语言。事实上,我们只知道一个以单音性为主导的语言体系,即中国的语言体系,然而那位迄今公认的最了解中国语言和文学的人阿贝尔·雷慕萨①却坚决否认这个语言体系的单音特性。但我们仔细考察之下就会发现,这位博学之士之所以持此观点,只不过是受到另一个观点的误导,后面这个观点认为,他为之做出巨大研究贡献的中华民族及其语言因为是单音性的,所以具有野蛮人的缺陷。关于这件事情,我们可以让他一百个放心;我们并不认为,意识仅仅受唯一本原统治的那个状态是野蛮人的状态;至于他从中国语言那里拿来的一些实例,对他本人而言或许只是为了寻求安慰,而不是去怀疑它们的证明力量。大致说来,雷慕萨列举的主要事实是这样的:"单音"这一名称是无意义的,因为如果它是指**词根,那么世界上的全部语言都是单音的**,而如果它是指词语,那么通常所谓的单音语言和所有别的语言就没有区别,因为在这些单音语言里,词语无非是音节的堆砌,这些音节之所以看起来是分开的,唯一的原因在于,书面文字的本性在音节里就是这

---

① 《东方的宝藏》(*Fundgruben des Orients*),第三卷,第279页。——谢林原注。译者按,雷慕萨(Abel Remusat, 1788—1832),法国汉学家,曾将清初长篇小说《玉娇梨》(*Iu-kiao-li*)翻译为法文。

样呈现出来的。但在这里,他的前提——世界上的全部语言的词根都是单音的——恰恰是错误的。因为闪米特语言的二音性根本不是什么偶然的东西,而是这种语言的独特本原,这个本原打破了早先的限制,开启了一个新的发展过程。诚然,人们为了走一条捷径,逃避任何从**本原**出发的解释,并且尽可能从偶然性推导出一切东西,最近重新(之所以说"重新",因为这个尝试是非常古老的[①])试图把闪米特语言追溯到某些单音的词根;也就是说,人们断定,许多希伯来语动词虽然仅仅在两个词根里,有时候甚至仅仅在一个词根里是契合的,但从意思来说却始终具有亲缘性;通常说来,第三个辅音仅仅是一个扩展,而在绝大多数情况下,词语的这种扩展仅仅表明单音词语的原初意思的扩展。所以,"cham"(严格说来是"chamam")在希伯来语里意味着"温暖的东西"或"变暖",随后叫作"chamar",即"红色的东西",因为"红"是"热"的一个后果;也就是说,真正的词根不是"chamar",而是"cham",但后者仅仅在发音里表现为单音的。然而恰恰是刚才提到的这个事实,如果它能够得到完全的确证,那么毋宁证明了,单音性是一个现实的**本原**,相应地,闪米特语言是这样一种语言,它必须征服这个本原,且正因如此才把被征服的东西仍然当作一个痕迹或环节保留下来。但对于雅弗语言[②](比如日耳曼语、梵文、希腊语等)而言,人们本应想

XI, 135

---

① 瓦伦丁·罗歇尔在其名著《论希伯来语的起源》(*De causis linguae Hebraeae*)里面早就已经做过类似的尝试。——谢林原注。译者按,罗歇尔(Valentin Ernst Löscher, 1673—1749),德国神学家。

② 雅弗语言(japhetische Sprachen)即今天所说的"印度日耳曼语系"(德语学界的说法)或"印欧语系"(德国之外的欧洲学界的说法),它们和闪米特语言、含米特语言一样,分别得名于挪亚的三个儿子,即雅弗、闪、含。——译者注

到，这个在闪米特语言里被征服的本原已经不再能够具有任何力量或意义。但人们最新做出的尝试却是主张雅弗语言的词根完全是单音的，而在这个基础上，人们只需再迈出一步，就可以宣称，现在这个样子的（带有二音词根的）闪米特语系是更年轻的语系，而梵文却是更古老的、更本真的、更原初的语系。此前我已经一般地谈到这个观点如何颠倒了全部理性秩序，而现在我们希望明确指出，要揭示出德语词语尤其是希腊语词语的词根是非常困难的，因为在剥离它们的偶然的（语法上的）各种规定之后，经常只剩下一个**元音**，与此同时，人们不知道应当如何看待那些显然追溯到二音词根的词语，比如 ἀγαπάω [敬爱]，而它或许与相应的希伯来语词语真的有关。更简单的做法是指出错误的根源。也就是说，事情大概是这样的：1) 中国语言无非是词根或纯粹的实体；2) 在闪米特语言里，单音性本原已经被征服；3) 因此在雅弗语言里，二音性作为**对立面**，随之作为**本原**，同样已经消失了。谁如果仅仅看到最后这一点，就会错误地重新强调单音性，反之那个认识到上述真实联系的人却会毫不迟疑地宣称，雅弗语言在其**本原**中是多音的，因为在这些语言里，单音性和二音性都已经失去其作为本原的意义。

　　将来正式谈到神话哲学的时候，我们还会回到这个问题，同时也会遭遇一些误解，比如误以为我们是在主张，中国语言必定是人类的原初语言。除此之外，我们还会更详细地以令人信服的方式讨论语言发展过程和宗教发展过程的那种平行论，并补充一些新颖的、这里无暇谈及的规定。

　　总的说来，以上论述大概只是**间接地**证明了原初人类意识里面的一种单纯相对的一神论！现在我们将通过一个**直接的**推论最终证实这个前提，并表明它是唯一可能的前提。

如果相继式多神论是某种在人类里作为真实事件而发生的东西，也就是说，如果人类真的如我们假设的那样经历了诸神的这样一个顺序——这里有必要提醒注意，这个顺序和任何一个在历史上得到确证的事实一样，是一个无可辩驳的事实——，那么在人类那里，必定**曾经**有这样一个最初的神，即我们所说的神 A，他虽然仅仅是未来的相继性的第一个环节，但还没有显现为这样一个环节，而是真正作为无条件的独一神，相应地，世界上也笼罩着一种未分割的和无冲突的统治带来的和平与宁静。但是，只要另一个神现身，这种和平就再也不能维持下去，因为正如此前指出的，伴随着另一个神的显现，变乱和分裂不可避免地被设定下来。所以，如果我们去寻找第一个神仍然具有活动空间的时间，那么很显然，这个空间不可能出现在一个已经完成分裂的时间里，甚至不可能出现在一个**刚刚开始**分离的过渡时间里，而是只能出现在一个绝对的史前时间（vorgeschichtliche Zeit）里。也就是说，要么根本就没有这样一个最初的神（即我们所说的神 A），于是根本没有我们在真正的多神论里必然认识到的这样一种现实的前后相继，要么曾经有这样一个神在原初的、尚未完全分裂的人类的意识里占据着统治地位。

但在这种情况下，反过来也可以说：那个独一的、统治着寂静的史前时间的神虽然一直以来都是唯一存在着的神，但这并不意味着他后面**不可能**有第二个神，而是仅仅意味着他后面还没有**现**

实地出现另一个神。就此而言，他在本质上或潜在地（potentia）已经是一个与神话有关的神，尽管只有当第二个神现实地出现，他才现实地（actu）是这样一个神，并且转变为人类意识的主人。

此前人们假设，在多神论产生出来之前，有一种纯粹的、与精神性一神论极为相似的学说；如果我们将这个假设与上述结论进行比较，那么很显然——不言而喻，人类的原初统一体不是通过认识，而是通过一种独立于人类意愿和思维的盲目力量而决定性地整合起来的，而且这个原初统一体必须和一种精神性一神论结合起来被思考，同时又完全独立于后者——，只要假设有一种精神性一神论，那么我们愈是把那种先于神话的意识置于崇高的地位，就愈是难以理解它的分裂将走向怎样的结局，因为这个变化（正如这个观点的捍卫者亲自解释的那样①）无论如何只能导致一个更糟糕的局面。无论人们怎样理解多神论，它都必定是一种更高级的认识的中介过程，是向着人类意识的更伟大的解放的过渡。关于分化的根据，就说这么多。

接下来我们需要考察分化，即分化的方式是**如何**（wie）进行的。

---

① 参阅克罗伊策在《象征系统和神话》第一部分前言（第二版，第2页）里的如下这番话："我在整体上始终坚持自己的基本观点。它是**一种起初更纯粹的**对于独一神的崇拜和**认识**，所有后来的宗教与这个宗教的关系，就**好比折射而消散的光线与全然明亮的太阳光源的关系**。"

此外亦参阅出自《论荷马和赫西俄德书信集》第95页的另一处文本："我觉得我的神话观可以比拟于天文学家的猜想，他们在最新发现的智神星（Pallas）、谷神星（Ceres）和灶神星（Vesta）等小行星那里认识到一个已消失的原初行星的**四散分离的部分**"；在这个基础上，克罗伊策进而指出，人们唯一应当关注的那个原初统一体曾经是一个**更纯粹的原初宗教**，而这个宗教是一神论，它虽然由于破碎的多神论而连带着变得四分五裂，但在任何时代都没有消亡。——谢林原注为了解释这个方式,克罗伊策借用了一个比喻:如果人们愿意假设,行星的分化和宇宙的形成一样是杂乱无章的,那么我们同样可以用多种而非仅仅一种方式来解释,行星如何分化为诸多更小的部分;在这件事情上,如果人们不愿意求助于一个在任何时候都可以派上用场的彗星,那么可以假设,在行星的内部有一些奔涌而出的黏稠液体或一些遇水就爆炸的类金属;只要出现这样的奔涌或爆炸,一个行星确实能够分裂为碎片;在最极端的情况下,哪怕一个高强的电压就已经足以造成这样的后果。

  这里所说的是分裂或爆炸的积极原因;但就那个先于神话的体系而言,也可以设想一些纯粹消极的原因,比如原初知识的**晦暗化**和**逐渐消散**。问题在于,早先知识的这种纯粹退化或许会导致人们不理解学说,甚至完全遗忘了全部宗教,但不会必然导致多神论。一个早先概念的单纯晦暗化不能解释人类在面对多神论的最初现象时感受到的惊恐和之前提到的征兆。意识一旦萎缩,就会在缺乏斗争以及缺乏肯定结果的情况下轻易放弃统一体。一方面,原初知识的单纯**弱化**不能解释多神论借以产生的那种**力量**,另一方面,人们对于一种纯粹的、不由分说被断定为已经弱化的**学说**的忠贞不渝同样不能解释相反的力量,因为只有凭借这种力量,意识里的统一体才坚持下来,避免彻底的瓦解,而这种瓦解最终不会给多神论留下任何余地。

  只有一个积极的、摧毁着统一体的力量才能够解释人类在面对多神论最初的突然降临时感受到的那种惊惶。从我们最终必须所处的那个立场来看,这个原因的后果将显现为一个以神的名

XI, 139

义悬挂①起来的后果，显现为一个审判（Gericht）。就此而言，这个由于神的审判而遭到摧毁的统一体不可能是一个绝对真实的统一体。因为在任何情况下，**审判**所针对的都是相对真实的东西或一种冒充全面东西的片面东西。所以，通常的那种抱怨，即纯粹知识由于消亡而分裂为多神论，无论是从宗教的立场来看，还是从哲学的立场和真正的历史来看，都是不合适的。多神论被悬挂在人类头上，并不是为了摧毁真正的独一神，而是为了摧毁片面的独一神以及一种纯粹相对的一神论。也就是说，虽然多神论乍看起来是一种厄运（在当前的立场上，这一点同样是**不可理解**的），但它实际上是向着更好局面的过渡，把人类从那样一种力量中解放出来，这种力量虽然自在地看来是乐善好施的，但压制着人类的自由，压制着全部发展过程，随之压制着最高的认识。至少人们将会承认，这是一个**更容易理解的**，同时始终更令人愉悦的观点，相比之下，早先的那种观点却是把原初的**纯粹**知识当作一种完全无目的的东西，任其摧毁自身并走向消亡，与此同时，这个局面并没有显现为一个更高的结果的中介过程。

　　迄今为止，我们所寻找的是发展过程的一个出发点，以便在讨论神话的产生过程和最初起源时，不再只是提出猜想式的推断，而是提出明确无误的推断。但恰恰是在这里，当我们确信自己已经找到这个出发点时，这个结论仍然面临着一个强硬的反对意见。到目前为止，我们仅仅是从**一个**方面出发去评价一神论猜想；但我们不要忘了，根据这个猜想，最早的人类意识里面不仅有一种一般

---

① 此处及随后的"悬挂"（verhängen）在德语里同时有"厄运"（Verhängnis）的意思。——译者注

意义上的纯粹的一神论,而且有一种**启示出来的**一神论。此前我们只考察了一神论的一个方面,即质料的方面,但还没有考察其形式的方面,即它的产生过程。一直以来,我们的这整个研究都是遵循着"不偏不倚"和"心平气和"的原则,而这要求我们也承认另一方面的权利,哪怕我们并不指望这个方面会提出什么最明确的抗辩。也就是说,人们可能会这样反驳我们:"**假若没有启示**,那么你们的主张是不容置疑的。按照人类的纯粹自然的发展过程,或许这样一种片面的一神论是最初的东西。但启示呢?——启示和这个发展过程是什么关系?至少那种相对的一神论不可能起源于启示,启示也不可能设定这样一种一神论;但如果启示不可能设定这种一神论,那么前者就是先于后者,或至少是作为后者的对立面和它同时出现,并将它扬弃。"很显然,这是我们不能回避的一个新的例证,而如果我们想要在已奠定的基础上稳妥前进,就必须克服这个困难。现在我们暂且不管是否有一个启示,而是仅仅追问,在假定有这样一个启示的情况下,我们的那个假设(即原初人类的意识是一种相对的一神论)是否能够成立?

诚然,我们都知道,不仅神学家,而且很多历史哲学家都主张启示在先论,并且把启示一直回溯到最初的人;有些人甚至以为,只要迫使我们去解释最初的人的宗教是否仅仅是那种非恒定的一神论,我们的观点就会陷入自相矛盾。针对这一点,我们不妨以子之矛攻子之盾直接回应道,他们假设了最初的人的一个双重状态,一个是所谓的堕落之前的状态,另一个是堕落之后的状态,这样一来,如果他们不仅把启示仅仅回溯到最初的人,而且也回溯到**原初**

的人，那么他们必须首先解释，在原初的情况下，亦即在堕落之前，人和上帝之间如何能够是这样一种经过中介的关系，因为，如果他们不希望通过一个不恰当的拓展而剥夺"启示"概念的全部意义，就必须把启示看作这样的关系。我们都知道，启示曾经被解释为上帝对于堕落的人类的一种怜悯；而根据古代的正信教徒使用的一些固定的概念——虽然有些人说这些概念是**死板的**，但我坦率承认，相比近代以来那种东拼西凑的、为了取悦某种甜蜜的虔诚心而无所不用其极的概念拓展术和词语拓展术，我绝对更信任这样一些概念——，启示一直都仅仅被看作一种以早先发生的事情为中介的东西，但从未被看作某种**直接的**、最初的、原初的东西。即使根据人们采用的那些概念，如果它们在某种程度上是可以澄清的，那么人的**原初存在**也只能被看作超于时间的，并且处于本质上的永恒性中，而相对于时间而言，这种永恒性本身仅仅是一个与时间无关的环节。在那里，启示没有容身之地，因为"启示"概念表达出一个在时间里发生的事件；在那里，不可能有任何东西把人和上帝分割开；然而必须有某种类似的东西，启示才是可能的；因为启示是一种现实的或行动中的（以一个**行动**为基础的）关系；但**行动**仅仅出现在有反抗的地方，或某种东西必须被否定和推翻的地方。此外，假若原初的人不是**自在地**已经意识到上帝，假若原初的人只有通过一个特殊的行动才意识到上帝，那么上述假设的主张者就必定是在提倡**人类意识的一种原初的无神论**，而这显然与他们自己的观点是相悖的；简言之，这里借机表达一下我的信念，即在我看来，除了某些人之外——这些人的唯一目的在于要么以科学的方式，要么以非科学的方式尽最大可能去拓展传统原则——，绝大多数人之所以宣称全部科学和宗教都是起源于一个启示，无非是花言巧语，假装虔诚。

也就是说，"启示"概念不能拓展到那个地方，不能拓展到人和上帝的原初关系。但人们又假设，[原初的]人是通过自己的罪责而被驱逐出天堂，亦即脱离那个原初状态，不再与上帝处于一个纯粹本质性的关系中。但这同样是不可想象的，除非[原初的]人转变为另一个人，**上帝**对他而言也转变为另一个上帝，也就是说，除非宗教意识发生一个变异，而如果人们相信《创世记》里关于这件事情的传说——《创世记》必定会让每一个理解了它的人衷心叹服，而且不管在什么意义上都无疑包含着最深刻的启示之一（因为《旧约》虽然在整体上是统一的，但我们不应忽视，其不同部分和不同位置包含着层次上极为不同的启示）——，那么这个变异恰恰是一个与我们所说的相对的一神论相契合的变异。因为上帝说："看啊，那人已经成为我们中的一个了"①；换言之——这些话还能有什么别的意思呢？——那人不再等同于**整个神性**，而是仅仅等同于我们以罗欣（Elohim）中的**一个**。但人的存在是怎样的，人的意识也就是怎样的（而人在意识中与上帝的关系恰恰是立足于人的存在与上帝的存在的等同）；因此很显然，即使不考虑"被认识者就是认识者"这一公理，这些话同时也意味着，意识如今仅仅与神性的一部分有关，不再与整个神性有关；这不是我们所说的相对的一神

---

① 通行的中文版《圣经》（和合本）将这句话译为："上帝说：'那人已经与我们相似。'"参阅《旧约·创世记》3:22。——译者注

论,还能是别的什么东西呢？①

简言之,人们之所以主张启示在先论,是希望借此反驳人类中的一种相对的一神论,但这个主张与《圣经》(它在一个笃信启示的人看来本身就是启示)的朴素而正直的叙述相矛盾,从而与启示本身相矛盾。就此而言,与其说我们害怕我们所说的发展过程在那个方面会遭到阻碍,不如说我们召唤启示,亦即召唤那个被看作是启示的《圣经》,让它来支持我们所说的发展过程。也就是说,既然已经谈到神话和启示的关系,我们就不应当转移视线,除非这个关系已经尽可能得到澄清。

---

① 后面我们还会谈到这处值得注意的文本,到时候我们也会表明,这处文本无论在字面上还是在事实上都只能按照上述方式加以理解。——谢林原注

第七讲　多神论之前的相对一神论

现在,相比那些在谈到人类的原初状态时只信任启示提供的信息的人,我们的真正幸运在于,我们的各种主张已经得到了"摩西五经"本身的决定性的证实,比如我们的第一个主张是,在历史的开端(康德已经正确地把这个开端称作"堕落"),在人类的意识里,相对的独一神取代了绝对的独一神的地位;同理,如果人们像通常那样宣称,对于上帝的认识在最初的人的意识里比在后人的意识里更纯粹和更完满,这也是诸多错误的假设之一;人们实际上毋宁必须说,在最初的人及其最初的后代那里,正因为相对的独一神尚未显现为**这样一个神**,所以他们关于这个神的意识比在后人(第二个神已经接近他们的意识)那里更强大、更纯粹、更完满、更清晰。最初的人与相对的独一神的关系不是**真正的**宗教,这是毫无疑问的。因为在最初的人那里,相对的独一神本身仍然是一个无条件的神,并且完全占据着绝对的独一神的**位置**,虽然后者就包含在前者之内(从而在这个意义上也存在着)。但正因如此,绝对的**神尚未作为这样一个神**而被区分开,尚未被认识到是这样一个神;相应地,这里的一神论并不意味着已经把真正的神**当作真正的神**而加以认识和区分;因为只有当相对的神不再是绝对的神,并且被宣称为相对的神，这个区分才是可能的。现在，《创世记》本身恰恰以一种神奇的方式证明，最早的人类实际上没有把真正的神**当作真正的神**来认识。前人之所以没有看出这一点，唯一的原因在于，这些最古老的凭证迄今都还没有得到幸运的眷顾，即按照它们的内容而获得一种毫无束缚的考察和研究，而在这件事情上，无论是那些拘于形式的正统神学家及其追随者和反对者，还是那些不看重内容，只关心这些篇章的纯粹外在的组合情况的人，都是无能为力的。我既不属于前一类人，也不属于后一类人；我看待这些篇章的方式，既不是基于神学家的立场，也不是基于一个逢神学必反的人的立场，更不是基于一个单纯的批评者的立场，而是基于哲学家的立场；对于哲学家来说，任何时候的首要关键都是在于事物的**内容**，正因如此，我或许能够在这些篇章里注意到其他人忽略的某些东西。

只要最初的人类一直都是通过第一个神而单纯坚定地崇拜着真正的神，那么就没有什么原因能够把真正的神当作真正的神而区分出来。只有当第一个神通过一个后来的神而开始变得可疑，人类才试图在第一个神那里把握真正的神，随之将真正的神区分出来。有一件事情始终是引人注目的，即希伯来人为他们的上帝准备了**两个名字**：首先是一个普遍的名字，"以罗欣"（Elohim），然后是一个特殊的名字，"耶和华"（Jehovah）。通过一种完整的归纳，我们发现，在《旧约》里，尤其在"摩西五经"里，当上帝作为意识的**直接的**内容，就叫作以罗欣，而当上帝作为真正的上帝被**区分出来**，则叫作耶和华。这个区别始终是值得注意的。在《创世记》的第四章,出现了一个宗谱;这个宗谱是这样开始的①:亚当(最初的人)生了塞特,塞特也生了一个儿子,起名以挪士:**那时候,亦即以挪士的时候**,人们才开始呼唤耶和华的名字。这里并没有说,人们开始呼唤一般意义上的上帝亦即以罗欣的名字。塞特和亚当必定和以挪士一样知道以罗欣;但这里仅仅提到了耶和华。但由于在别的情况下,耶和华也是以罗欣,以罗欣也是耶和华,所以二者之间的这个区别**只能**是这样,即以罗欣是未区分状态下的(indistincte)上帝,而耶和华是作为上帝而被区分出来的上帝。这件事情的关键恰恰在于,人们是从以挪士开始,亦即在第三代人那里,才呼唤耶和华的名字。从字面上看,原文是"那时候人们才开始呼唤耶和华的名字",而它的意思无非是说,耶和华被区分出来,因为当一个人被直呼名字的时候,就恰恰因此被区分出来。由此可以得出一个无可辩驳的推论:在以挪士之前,亦即在以这个名字为标志的人类之前,真正的上帝尚未作为真正的上帝而被区分出来,因此直到这个时候,一神论都并不意味着把真正的上帝当作真正的上帝来认识。诚然,这一点与一些假设的概念直接相矛盾,而且这个矛盾是如此之尖锐,以至于人们(如同在别的很多地方那样)没有办法通过诠释来将其化解。比如马丁·路德博士已经把这句话翻译为"那时候人们才开始**宣扬**(predigen)主的名字";有些人认为,这是指人们按照耶和华的名字**称呼**(nennen)自己;另外一些人认为,这里所说的仅仅是一种**公开的**仪式;然而所有这些诠释在希伯来原文里面都无迹可寻,因为从语言来看,那句话只能被翻译为"耶和华被直呼

---

① 《旧约·创世记》4: 25–26。——谢林原注

其名"①,而这无非是说,耶和华被呼唤,因为当一个人从另一个人的面前经过并被后者直呼其名的时候,无论如何是被呼唤了。但最值得注意的是,只有从第二个人类开始,人们才这样直呼耶和华的名字;反之第一个人类(以亚当和塞特为标志)对此仍然一无所知。第一个人类只认识独一的本原,对于其心目中的上帝的真理性、统一性和永恒性不可能产生任何怀疑,并且在这里是用一颗单纯的心(如果允许我这么说的话)崇拜着绝对永恒的、唯一的上帝。把上帝当作这样一个上帝而区分出来并赋予其一个特殊的名字,唯一的原因在于,这个上帝通过第二个上帝的显现而受到威胁,有可能消失或成为一个相对的上帝。因此人们迫不得已,直呼真正的上帝的名字(这个上帝不是飘忽即逝的上帝,而是永恒常驻的上帝,而人们此前是通过前者而崇拜着后者),好比当我们看到一个人有消失的危险时,会直呼他的名字。这是一条提升的道路,即从相对的独一神来到那个通过他而**真正**得到崇拜的绝对的独一神。就此而言,我们可以认为已经反驳了那个通常的观点,即最初的人已经把真正的神**当作真正的神**来认识和崇拜,而且这是由摩西的叙述本身做出的反驳,更何况这些叙述也从别的角度指出,从以挪士开始的第二个人类是另一个人类,并且在本质上区别于第一个人类。

简言之,在《创世记》第五章记载的从亚当直到挪亚以降的那个著名的人类宗谱里,也出现了这个区分。诚然,这个宗谱也包含

---

① 关于语言的用法,参阅《旧约·以赛亚书》43:1;那里没有说 במשך דתארק [我以你的名字呼唤你],而是仅仅说 במשב יתארק [我呼唤你的名字]。——谢林原注

着另外一些值得注意的问题,尤其是它完全没有提到该隐和亚伯,正如后来的各种历史记载对这俩兄弟同样是只字不提(《旧约·历代志上》1:1也是从亚当直接过渡到塞特);但我们不可能在这里详细考察这些问题,因为它们和我们当前的目的无关;这里的关键在于,这个宗谱一方面通过回溯到上帝造人,另一方面通过一个特殊的小标题"**这是一本关于人类的书**"而被看作一个完全从头开始的、最有凭证效力的宗谱,而按照它的记载,亚当在130岁的时候生了一个**在形象上和他相似的**儿子,为其取名塞特,后来塞特又在105岁的时候生了以挪士。这里有一些奇怪的地方。首先,根据宗谱的记载,以挪士**不再**像塞特那样和最初的人在形象上相似(因为否则的话,那个关于塞特的形容词就完全是多此一举)。塞特仍然具有最初的人的形象,以挪士则不然。其次,最初的人的这个孙子的名字,"以挪士"(Enos),无非意味着,他和亚当一样是人,只不过带有一个附属概念,即一种已经弱化的、病态的力量;因为动词"anas"(与之相联系的是希腊语的 νόσος [疾病])意味着"生病"。也就是说,**第二个人类**事实上是从以挪士开始的,之所以说它是第二个人类,原因在于,首先,它的祖先仍然被称作人;其次,它与直接起源于亚当的第一个人类不再相似。现在人们可能会问,以以挪士为代表的第二个人类是如何与直接起源于亚当的第一个人类(不带附属概念的人)区分开的?为什么它和第一个人类相比是一个生病的、虚弱的人类?在回答这些问题的时候,我们只需援引早先从《创世记》的其他段落里面得出的结论,那么以下情况就是不言而喻和顺理成章的。也就是说,在塞特那里,人类仍然是强

XI, 148

壮有力的,因为它仅仅受唯一的本原所驱动,在它那里占据统治地位的仍然是独一的第一个上帝;第二个人类之所以是病态的和虚弱的,是因为它已经接近第二个上帝,这个上帝削弱了第一个上帝的权力和势力;换言之,一切受唯一的本原所掌控的东西都是强大而健康的,反之那些受第二个本原所掌控的东西已经是虚弱而病态的。

因此总的结论就是,按照《创世记》本身的叙述,真正的上帝只有在第二个人类那里才**作为真正的上帝**而被认识到和意识到,而第二个人类相比第一个人类,已经处于生病状态,因此从属于第一个人类所不知道的另一个潜能阶次。这个陌生的潜能阶次只能是我们所说的第二个上帝(B),而且我们已经知道,他是多神论的最初的作用因。与此同时,我们发现,除非那个纯粹相对的独一神既被当作一神论之所以产生的前提,也被当作多神论之所以产生的前提,否则真正的一神论也不会产生出来。由于我们在一定程度上是诉诸"以挪士"这个名字的意义,所以我们接下来能够在这个名字里面同时发现那个使第二个人类染病的上帝自身的迹象。因为从词源学来说,希腊人崇拜的第二个上帝"狄奥尼索斯"(Dionysos)的名字极有可能是一个阿拉伯词语——正如我们后面将会看到的,是阿拉伯人第一次指名道姓谈到第二个上帝——,这个阿拉伯词语的意思是"主人",并且和希伯来语的"baal"一样与另外许多词语组合在一起,而"以挪士"就是"人"与那个附属概念(一种已经病态的力量)的组合。不言而喻,假若需要在这里详细讨论这个组合,那么我完全可以对此畅所欲言,但目前看来,或许

XI, 149

指出一点就够了。也就是说,在我们呈现出的那个伟大的发展进程中,哪怕是那些天各一方的东西,比如《旧约》和希腊文明,启示和神话,其相互之间的关系也比普通人所设想的密切得多,因为普通人已经习惯于一种完全抽象的观察方式,比如把希腊神话从普遍的联系中割裂出来加以考察。

我们必须承认有两个人类,第一个人类的代表是亚当和塞特,第二个人类的代表是以挪士。只有从第二个人类开始,人们才突然觉察到第二个上帝,而我们现在的任务就是在那段以启示本身为标志的历史中搜寻这个上帝的蛛丝马迹。

紧接着的一个伟大转折点是大洪水,接下来依次是语言的变乱、民族的分化、一种**决定性的**多神论。根据"摩西五经"的报道,大洪水本身的最初起因是这样的:随着大地上的人越来越多,**上帝**的儿子们看见**人**的女儿们美貌,就娶来为妻,生出一些巨人和上古英武有名的人。① 这个段落一直以来都给释经者带来了很大的麻烦,殊不知它显然指的是一段真实的神话历史,也就是说,这个叙述不可能是杜撰的,毋宁只能是一个对于真实的神话历史的追忆,而且同样的回忆也出现在其他民族的神话里。按照这个叙述,上帝——在希伯来语里,其冠词表明他是**独一的**上帝——的儿子们,亦即那些在当时仍然崇拜着第一个无条件的上帝的人,看见了**人**的女儿们;在这里,那与**上帝**的儿子们相对立的**人**如果不是指另一个上帝的追随者(通过这个上帝,人才真正成为人,并且失去了最初时间的那种不屈不挠的强大力量),还能指谁呢? 简言之,按

XI, 150

---

① 参阅《旧约·创世记》6: 1—4。——译者注

照这个叙述，那些仍然崇拜着原初时间的强大上帝的人喜欢上了人（亦即第二个上帝的追随者）的女儿们，与她们结婚，生出那个居间的族类，即我们在希腊神话里通过"巨灵"(Giganten)而知道的那个族类，因为在希腊神话里，这些巨灵同样横亘在最初时间的神和那些更为人格化的神（即后来时间的具有人神同形论色彩的多神论）之间，反抗并阻挠着这个向着人过渡的发展过程（在当前的意义上，最初时间的神仍然是超人格的）。在《创世记》里，那个居间的族类也是以同样的方式产生出来，而因为它横亘在两个时间之间，这个进程又不可阻挡，所以它不能持久地存在，而是走向灭亡，被一场普遍的大洪水吞没。这个片段恰恰通过其极为鲜明的特色而确保了它的内容的真实性，并且无疑是来源于史前的传承记载。诸如此类的东西绝不可能是在后来的时间里被发明出来的。这种极为鲜明的神话色彩把这个片段与随后关于大洪水的叙述非常明确地区分开来，因为这个叙述主要是立足于后来的摩西的立场。即便如此，这个叙述仍然能够让我们认识到大洪水的真正原因。上帝之所以想要制造一场席卷大地的滔天洪水，是因为人在大地上的罪恶很大。但这里的罪恶不是指通常的（道德意义上的）邪恶思想，因为上帝对此有一个特殊的说法："他们内心里的思想的形象或形态(figmentum)是邪恶的。"① 同一个惯用语也出现在别的地方，并且其语境总是明确无误地表达出它的意思。在摩西死期将至时，耶和华对他说："现在你要写一篇歌。教导以色列

---

① 通行的中文版《圣经》（和合本）将这句话译为："他们终日所思想的尽都是恶。"参阅《旧约·创世记》6:5。——译者注

人,传给他们,使这歌见证他们的不是,因为我将他们领进我与他们列祖起誓应许那流奶与蜜之地——他们在那里吃得饱足,身体**肥胖,就必偏向别的神**并侍奉他们,藐视我,背弃我的约——我未领他们到我所起誓应许之地以先,他们现在所怀的思想(他们的形象)我都知道了。"① 而在大卫王的最后一次国民大会上,耶和华对所罗门说:"我的儿啊,**你当认识你父的上帝**,诚心乐意地侍奉他;因为主鉴察众人的心,知道一切思想的形态(**一切思想的形象**);你若寻求他,他必使你寻见;**但你若离弃他**,他必永远丢弃你。"② 类似的例子还有,当大卫王安排好建造寺庙的一切事宜之后,在其最后的祈祷中说:"主啊,我们列祖的上帝,求你使你的民常存这样的心思意念(**内心里的思想的这样的形象**),坚定他们的心归向你。"③ 从语言用法来看,所有这些话都具有**宗教**的意义。思想的形象变得越来越恶劣,意思就是,对于多神论的感受变得越来越强烈。④

---

① 《旧约·申命记》31: 19—21。——谢林原注
② 《旧约·历代志上》28: 9。通常说来,《历代志》在谈到宗教事物的时候喜欢使用最古老的表述方式。——谢林原注
③ 《旧约·历代志上》29: 18。——谢林原注
④ 约翰·大卫·米夏埃利斯在其关于《创世记》6: 2的注释中说:"到目前为止,人类已经分为两大部分:更好的那部分信仰独一的上帝,并且依据真正的上帝而把自己称作'上帝的儿子';其余的人并没有陷入**迷信**(**因为我们在大洪水之前还没有看到迷信的任何痕迹**),而是陷入**完全的无信仰**,因此被摩西称作'人的儿子'。"但实际上正如我们指出的,他没有看到的那些痕迹不但已经出现在《创世记》4: 26,而且已经被迦勒底语译者和最早的犹太释经者发现(虽然他们使用的是一种错误的释经方式),只不过他们不愿意相信多神论竟然如此之早就已经出现。——谢林原注。译者按,米夏埃利斯(Johann David Michaelis, 1717—1791),德国神学家和东方学家,其女儿卡罗琳娜·米夏埃利斯(Caroline Michaelis, 1763—1809)为著名女作家,后来嫁给了谢林。

XI, 152　　　挪亚之所以在真正的上帝眼前蒙恩，换言之，这个上帝之所以在他面前启示自身，原因仅仅在于，他是一个正直的、**坚定不移的人**（这是路德的贴切翻译），也就是说，他在那个世代没有侍奉第二个上帝。①因此是那些[对于多神论的]感受导致了一场席卷大地的滔天洪水。但结果是什么呢？这些感受就消失无踪了吗？根本没有。毋宁说，上帝最后发现，人心的形象和追求"**从小**"（这个简单的说法是为了表达出一种自然的、不可克服的趋势）就是邪恶的②，而当上帝宣称出于这个理由（基于这个思想）将来不再消灭大地上的各种活物时，就等于亲自承认，人类向着多神论的过渡是不可阻挡的。因此在"摩西五经"的叙述里，大洪水的结局或就其真正的结果而言仅仅是两个时间或两个人类的分界线，前一个人类仍然具有超人的强大力量，反之后一个人类已经完全转变为人并完全转向属人的东西，但恰恰因此投入多神论的怀抱。

　　　现在让我们比较一下"摩西五经"的叙述和其他民族的类似记载！只要人们看看，哪些神祇与这场毁灭性的大洪水联系在一起，就会发现他们全都是一些**后来的神祇**。其中一个关于希腊神话的记载宣称，在**克罗诺斯**取代了原初神乌兰诺斯的地位之后，发生了一场大洪水。根据琉善的一个著名而详细的记载，在叙利亚的希拉波利斯有一座位于幼发拉底河附近的神庙，那里有一个深渊，大

---

① 后面这一点在《旧约·创世记》7:1那里有明确表述。——谢林原注
②《旧约·创世记》8:21，亦参阅6:5。——谢林原注

洪水就是消退在这个深渊中①;这座神庙供奉的是德尔克托②,但这位叙利亚女神无非是那位变着名字而受到崇拜的**最初的女性神祇**,如我们随后将会看到的,无论在什么地方,都是以她为中介,才发生了**从第一个神到第二个神的过渡**,亦即过渡到真正的多神论。谁如果考虑到这一点,并且除此之外还知道,每当从一个**占据统治地位**的本原过渡到第二个本原并屈服于后者时,水不仅在地球的历史里,而且在神话里扮演的角色(在巴比伦神话里,那位给人类传授法律的俄安内③也是从幼发拉底河里浮出来的),那么只要他对于这些研究稍有涉猎,就会认识到,挪亚大洪水哪怕在别的地方都被看作一个自然事件,但在这里却无非是神话的伟大转折点的一个自然标志④,在这之后就是那个不可阻挡的过渡本身,包括语言的变乱、多神论以及不同的诸神学说、人类分化为各个民族和国家等等,而所有这些过渡的开端和萌芽必定在大洪水之前的时间已经形成,于是最初的几百年里,人们蜂拥到西亚地区,在这里繁衍生息,不再仅仅是游牧民族,而是联合为不同的国家,而在亚伯

---

① 以上文本见于罗森缪勒的《古代东方和近代东方》(Altes und Neues Morgenland),第一卷,第23页,亦见于斯托尔贝格的《耶稣基督宗教史》(Geschichte der Religion Jesu Christi),第一卷,第394页。——谢林原注。译者按,罗森缪勒(Ernst Friedrich Karl Rosenmüller, 1768—1835),德国神学家和东方学家。斯托尔贝格伯爵(Friedrich Leopold Graf zu Stolberg, 1750—1819),德国文学家,1800年改宗天主教之后撰写了十五卷本的辉煌巨制《耶稣基督宗教史》(1806—1818年陆续出版)。
② 德尔克托(Derketo),叙利亚地区崇拜的主神,上半身是少女,下半身是鱼。——译者注
③ 俄安内(Oannes),一位半人半鱼的神祇,将文明和各种技艺传授给巴比伦人。——译者注
④ 参阅埃希霍恩主编的《圣经文献和东方文献索引》(Repertorium für biblische und morgenländische Literatur),第五卷,第216页。——谢林原注。译者按,埃希霍恩(Johann Gottfried Eichhorn, 1752—1827),德国东方学家、历史学家和神学家。

拉罕的时候,巴比伦已经有一个王国,地中海沿岸有经商的腓尼基人,埃及也有一个结构完整的君主制国家,因此任何地方都应当有不同发展程度的神话产生出来。

还有一个迹象表明,大洪水意味着向第二个上帝的势不可挡的力量的过渡,因为根据"摩西五经"的另一个叙述,挪亚在大洪水之后变成了农夫,开垦了第一个葡萄园。① 这件事情的意义是随后揭示出来的。在多神论产生之前,最早的人类的生活方式是游牧式的。一直到这个最古老的族类的最后的残余部分,都仍然把不事农耕和不种植葡萄当作他们的宗教。利甲族就是一个典型的例子。先知耶利米曾经让以色列人把利甲族当作榜样,学习其对于祖先宗教的坚定笃信,因为他在耶路撒冷圣殿的一个屋子里把盛满酒的碗杯摆在利甲族人面前,而他们却说:"我们不喝酒。因为我们的祖先利甲的儿子约拿达曾吩咐我们说:'你们和你们的子孙永不可喝酒,也不可盖房、撒种、栽种葡萄园,但一生的年日要住帐篷,使你们的日子在寄居之地得以延长。'"② 正如你们看到的,在这里,利甲族——它不属于以色列人,而是在尼布甲尼撒③的时期来到以色列,并且在迦勒底人和叙利亚人大批迁居到耶路撒冷之前就已经生活在那里——认为盖房(即居住在固定的地方)、撒种和栽种葡萄园等等是自原初时间以来就禁止的。"我们和我们的妻子儿女,一生的年日都不喝酒,也不盖房居住,也没有葡萄园、田地和

---

① 《旧约·创世记》9: 20。——谢林原注
② 《旧约·耶利米书》35: 5—7。——谢林原注
③ 尼布甲尼撒(Nebukadnezar,前635—前562),新巴比伦国王,于公元前597年攻克耶路撒冷,并于公元前586年彻底征服犹太王国。——译者注

种子,只住帐篷"①;这些对他们而言真的是一种**宗教**,而他们所弃绝的这一切在希腊神话里却是被人们当作第二个上帝的施舍和馈赠而感恩备至。正因如此,这些部落历经不可思议的漫长岁月仍然生存下来;因为至少直到尼布尔的时代,耶路撒冷附近仍然生活着一个完全忠于这条法则的游牧部落,而他们极有可能就是利甲族的后裔。和这里所说的利甲族类似,西西里岛的狄奥多罗斯②也谈到了卡塔尔人(一个属于阿拉伯民族的部落),他们同样不撒种,不种植葡萄,不住在房屋里。因此,当挪亚在大洪水之后变成了农夫并且开垦了第一个葡萄园,这恰恰标志着他成为一个新的人类的始祖,这个人类不再居住在帐篷里面,而是建造固定的房屋,开垦田地,转变为民族,且正因如此落入多神论之手,而多神论乃是一个不可避免且不可阻挡的过渡。

从迄今展开的那些事实里,我们可以得出如下结论:只有伴随着第二个人类(这个人类以"以挪士"这个名字为标志),真正的上帝,亦即绝对独一的、永恒的上帝,才作为真正的上帝而与原初上帝(Urgott)区分开来,同时后者对意识而言转变为相对独一的、仅仅短暂永恒的上帝;在此期间,多神论的果实成熟了,人类不能守住与第一个上帝的约,这个上帝虽然不是虚假的上帝,但毕竟不是绝对真实的上帝——即那个在其真理中的上帝,因此人类必须从第一个上帝那里解放出来,以朝拜那个在其真理中的上帝。然而只有通过第二个上帝,人类才能够从第一个上帝那里解放出来。

---

① 《旧约·耶利米书》35:8—10。——译者注
② 狄奥多罗斯(Diodor von Sizilien),生活于公元前1世纪的希腊历史学家。——译者注

就此而言，多神论是不可避免的，而它之所以得到容许，并借此开启一个新的发展过程序列，恰恰是通过大分化，亦即通过那场大洪水；也是从这个时候起，即从以挪士开始，**出现了**对于真正的上帝的区分和崇拜，出现了启示，这个启示只能是真正的上帝的启示，但**不再**是面向整个人类，因为"完整的"人类严格说来已经消失了，已经分化了；但这个启示同样不会出现在某一个民族那里（我希望大家牢记这一点）——因为所有号称"民族"的人都已经落入多神论的手中——，因为唯有一个位于各个民族之外的族类才能够认识到真正的上帝。也就是说，人类不但分化为各个民族，而且也分化为一些"非民族"；当然，后者也不再是一个完全同宗的人类，正如当牛奶凝结之后，那个没有凝结的部分也不再是牛奶。他们"没有变得特殊化"，而这件事情恰恰成为他们的特殊性，正如他们所笃信的普遍的上帝如今也成为**他们的**上帝。只有当某些人已经作为个别民族分裂出去，那些残留的人才会加强那种纯粹自然的、宗族关系的吸引力，坚持自己的特殊性，而在这之前，对于这种力量的意识毋宁意味着坚持每一个族类与整体、与整个人类的**统一体**。因此，真正的宗教以及启示既不会出现在[整个]人类里，也不会出现在某一个民族那里，而是只能出现在这样一个族类那里，它远离民族分化的道路，并且始终信仰原初时间的上帝，守着与他的约。这个族类就是通过挪亚的儿子闪而传下来的亚伯拉罕一系，他们与所有民族相对立，因为"民族"概念与另一个附属概念，亦即"另外一些上帝的追随者"是不可分割地联系在一起的。这个附属概念不一定完全从字面上就能看出来，因为我们翻译为"异教

XI, 156

徒"的希伯来词语无非是"民族"的意思,而在这种语境下,ammim[民族]和gojim[异族]这两个词语之间根本没有某些人想象的那种区别,而他们都知道,今天的犹太人把所有非犹太民族尤其是信仰基督教的民族称作gojim[异族]。古希伯来的著作家并没有做出这个区分,他们甚至把自己的民族(以色列人后来自己也成为一个民族)同样称作goi[异族]。到目前为止,关于"多神论"和"民族"这两个概念的上述联系,我们都只是一带而过,现在为了最终并决定性地证实"多神论是民族分化的工具"这一观点,我希望指出的是,以色列人从最初的时间以来就具有一个如此深刻的记忆,以至于哪怕它自己后来也成为一个民族,也仍然把那些追随虚假上帝的人简明扼要地称为"民族",而这个习惯用语一直延续到《新约》,其中同样是把异教徒仅仅称作"民族"(εθην)。在亚伯拉罕率领族人攻打的那些王国里面,有些国王的名字就标志着他们的国家和民族,还有一个国王的名字虽然被提及,但仅仅被当作各个民族的国王,亦即被当作一般意义上的异教徒国王。① 也就是说,亚伯拉罕及其族人并不认为自己属于各个民族,而是把自己看作"非民族",而这恰恰是"**希伯来人**"(Hebräer)这个名字的意思。亚伯拉罕是在与各个民族征战的时候,作为他们的对立面,第一次被称作"希伯来人"(Haibri, Ibri)。即使到了后世,除了在某种诗歌风格里之外,以色列人都是始终把"**希伯来人**"这个名字仅仅当作各

---

① 《旧约·创世记》14: 1。犹太人把gojim[异族]本身当作民族的名字,即人们基本上对其一无所知的"异族人",这件事情是没有根据的,同时也不需要任何别的人为臆测的解释;我们的上述观点已经完全证明,它是一个通称。——谢林原注

个民族的对立面。① 也就是说,就连这个名字也仿佛必须表现出他们与各个民族的区别。《创世记》在族谱自身之内安排了一位希伯(Heber),然后让亚伯拉罕出生于从希伯开始的第六代。今天人们坚信,这位希伯是希伯来人的起源,正如在希腊的传说故事里,多罗斯是多立克人的起源,伊奥是伊奥尼亚人的起源。按照这个谱系,假若国家的名字来源于人的名字,那么就必须说,含的儿子古实(Chus)是埃塞俄比亚的起源,麦西(Misraim)是埃及的起源,而迦南的长子西顿(Sidon)则是那座著名的城市的起源。这些花招无非是对于字母的迷信式的崇拜。然而"希伯来"这个名字不应当回溯到先辈中那位偶然存在的希伯,因为"希伯"的意思仅仅是"从幼发拉底河那边过来的人",根本不意味着各个民族的对立面。名字在形式上是一个民族的名字;因为一旦各个民族已经存在着,亚伯拉罕及其族人也仿佛(即在相对的情况下)成为一个民族,虽然在他们自己看来并非如此;但如果要让一个持续使用的名字在与各个民族的对立中作为一个恒常的概念而产生出来,那么唯一的前提是,它是从一个相应的动词那里推导出来的,而这个动词不仅意味着"渡过"(就像渡过一条河那样),而且意味着穿越一个地方或地区,即一般意义上的"经过"②。就此而言,"希伯来人亚伯拉罕"的意思是,亚伯拉罕属于穿越式的、没有固定居所的人,亦即以游牧

---

① 格塞尼乌斯《希伯来语言和文字的历史》(*Geschichte der hebräischen Sprache und Schrift*),第11页。——谢林原注
②《旧约·创世记》12:6 提到,亚伯拉罕"经过"那地;37:28 提到,商人从那里"经过"。此外《旧约·列王纪下》4:8–9 也多次提到"经过"。——谢林原注

的方式生活的人,正如迦南的祖先也始终叫作"异乡人"①,因为通常说来,只有一个异乡人或流浪者②才不会在任何地方停留。这种对于唯一普遍的上帝的忠贞不渝与上述生活方式是如此之密不可分,以至于《旧约》在谈到雅各和以扫的时候说,以扫是一个猎人,常在田野,反之雅各是一个虔诚的(真正说来完整的、未分裂的、忠贞于独一神的)人,常住在帐篷里。③以色列人曾经一直把他们的先辈所敬奉的上帝当作唯一的牧人和国王,后来却要求先知撒母耳为他们立一个国王,**像所有民族那样**④,于是上帝对先知说:"自从我领他们出埃及至今,他们常常离弃我,侍奉别的神。现在他们向你所行的,是照他们素来所行的。"⑤

这个从人类到各个民族的过渡或许乍看起来是很奇怪的,但对于我们的整个研究具有重要意义,因此当我提出"民族"和"非民族"的对立例子(这是一个我相信在非常晚近的时间仍然能够找到的例子),这个做法或许也是无可厚非的。简言之,根据全部

---

① 《旧约·创世记》17: 8; 35: 27; 37: 1。在这种情况下,耶和华的允诺——他要将迦南现在寄居的地赐给迦南及其后裔,永远为业——也获得了一个更为明确的意义。——谢林原注
② 参阅《旧约·创世记》47: 9。——相比刚才对于"希伯来"这个名字的解释,唯一更值得重视的解释大概是对于"**选择**"这个名字的解释,后者依据于הברע及其复数形式הוברע(《旧约·耶利米书》5: 6, 2和《旧约·列王纪上》25: 5),意味着"**旷野**",而这导致了一个意味深长的推测,即**伊布里姆**(希伯来人)、**阿拉比姆**(阿拉伯人)和**阿拉米姆**(叙利亚人)仅仅是同一个名字的类似的而且可以理解的变异。但就事情的核心而言,这个解释不能造成任何改变。——谢林原注
③ 《旧约·创世记》25: 27。——谢林原注
④ 《旧约·撒母耳记上》8: 5。——谢林原注
⑤ 《旧约·撒母耳记上》8: 8。——谢林原注

仅存的稀缺记载①，我至少可以断定，那些在卡拉卡拉②时期突然成群结队出现在罗马边界，并且对高卢和意大利展开进攻的阿勒曼尼人③，仅仅是**日耳曼人**的一个部分，而这个部分当时还没有把自己规定为一个**民族**，因此很晚才登上世界舞台。"阿勒曼尼人"(Alemanne)这个名字和"民族"是一致的，对此人们很容易想到"alamanas"，因为后者在《新约》哥特文译本的某些残篇里看起来是不加区别地泛指一般意义上的人；要么人们认为"ala"④是一个根本上带有贬义的词，于是阿勒曼尼人就是一个没有名字（尚未成为民族），但恰恰因此没有封闭在特定界限之内的族类（在这个意义上，大致可以说马尔科曼尼人⑤是他们的对立面），要么人们只是由此联想到"Almende"，即一片荒凉的（未开垦的）土地，其在绝大多数时候都被用作牧场，不是个人的财产，而是全体成员的财产。有很多事情可以证明阿勒曼尼人极为反感民族式的存在，比如他们骨子里就偏好自由的独身生活，仇恨城市，把它们看作埋葬着活人的坟墓⑥，并且热衷于摧毁罗马人的聚居地等等。反之，如

---

① 参阅吉本《罗马帝国衰亡史》，第十章。——谢林原注。译者按，爱德华·吉本(Edward Gibbon, 1734—1794)，英国历史学家。
② 卡拉卡拉(Caracalla, 186—217)，罗马皇帝，211—217年在位。——译者注
③ 阿勒曼尼人(Alemanne)，生活于德国西部的美因河流域的日耳曼部落。今天的法语和西班牙语仍然把德国称作"阿勒曼尼亚"(Allemagne)。——译者注
④ 雅各布·格林认为这是一个起强化作用的前缀。见《哥廷根学者汇报》，1835年卷，第1105页。——谢林原注。译者按，雅各布·格林(Jakob Grimm, 1785—1863)，德国语言学家，和他的弟弟威廉·格林(Wilhelm Grimm, 1786—1859)一起搜集撰写了著名的《格林童话》。
⑤ 马尔科曼尼人(Markomanne)，生活于德国莱茵河北岸的日耳曼部落。——译者注
⑥ 阿米亚努斯·马塞林，第L页。——谢林原注。译者按，马塞林(Ammianus Marcellinus, 约330—约395)，罗马著名历史学家。谢林在这里征引的马塞林的著作是《大事编年纪》(Res gestae)。

果必须无条件地把"德意志人"(Deutsche)的父系名字解释为"条顿人"(Teut'scher,托伊特的后裔),同时"托伊德"(Thoid)确实是指"民族",那么德意志人(托伊德人)恰恰就是那些已经特殊化或孤立为民族的日耳曼人,正如7世纪以来常用的"theotiscus"和"theotisce"等指代"德意志人"的词语仍然透露出与"民族"的联系。如果人们有朝一日从这个对立的角度出发去考察所有那些涉及日耳曼民族及其民族特色的名字,那么一定会大有所获。除此之外,在涉及德国神话的时候,这个区分或许还能够消除尤利乌斯·恺撒①和塔西佗②之间相互抵牾的言论。

现在,我们在以摩西五经(这是一切与启示有关的主张的唯一基础)为代表的宗教发展史里已经表明,对于真正的上帝的认识仅仅保留在那样一个族类里,这个族类位于各个民族之外,甚至与它们相对立,并且在这个意义上独自代表着纯粹的人类。也只有在这个族类里,才有**启示**,而我们在这里是如此清晰而明确地认识到启示的那些前提,以至于我们的注意力不得不主要放在亚伯拉罕及其族人身上,这样我们才能够回答刚才的研究由之出发的问题,直到得出一个完整的结论。众所周知,这个问题就是:"启示是否先于多神论?"如果是按照我们起初研究神话的方式,那么就不能把启示从神话中排除出去。总的说来,再也没有什么东西能够以个别的或孤立的方式得到理解把握,毋宁说,一切东西

---

① 恺撒(Gaius Julius Caesar,前100—前44),罗马帝国奠基者,其《高卢战记》(*Commentarii de bello Gallico*)为重要历史学著作。——译者注
② 塔西佗(Publius Cornelius Tacitus,55—120),罗马著名历史学家,主要著作为《罗马史》(*Historiae*)和《罗马编年史》(*Annalen*)。——译者注

都只有在一个宏大的、普遍的联系中才是可理解的,这一点既适用于启示本身,也适用于神话。迄今为止我们已经证明,第一个人类是 implicite [以隐含的方式],亦即在相对的独一神里认识到真正的上帝,但并没有把他作为真正的上帝而区分出来。启示是真正的上帝作为真正的上帝的直接显示,但因为第一个人类不需要这个区分,所以对这个显示毫无察觉。我们也指出,第二个人类已经直呼真正的上帝的名字,亦即把他作为真正的上帝而区分出来;因此这里已经有一个启示的可能性,但在这之前,必须已经有多神论的最初迹象。这里最突出的人物形象是挪亚,从他开始,真正的上帝得到崇拜;但恰恰在挪亚的时代,多神论已经势不可挡,而大洪水本身仅仅是一个过渡,即从隐含的多神论的时代过渡到奔涌而出的、倾注于人类之上的多神论的时代。接下来的族类保留了真正意义上的一神论和对于真正的上帝的认识,随之保留了启示,因此我们必须在这个族类里面以最明确的方式认识到一些条件,而唯有依据于这些条件,这种与真正的上帝的关系才能够确立。由于迄今的发展过程已经与这些条件极为密切地搅和在一起,所以我也可以保证,由此得出的结论将把我们导向一个令人满意的目标。

XI, 161 　　至于一神论,以及人与真正的上帝的关系(不仅在《旧约》里,而且在整个东方的传说里,亚伯拉罕都笼罩在真正的上帝的荣耀之下,并且被一致称作"上帝的朋友",而这种流传下来的一致性绝不可能是后世杜撰出来的),我希望首先从最开始就请大家注意,《创世记》从始至终都是说"耶和华"——但据我所知从未说"以罗欣"——**显现**在亚伯拉罕、以撒和雅各面前①;这已经预设了一个情况,即耶和华不是亚伯拉罕等人的意识的直接内容,而那些把启示当作绝对第一的解释原则的人却是持相反的观点。同样值得注意的是,这些先祖是在一些重要关头**呼唤**耶和华的**名字**②,仿佛是在呼唤一个他们想要牢牢抓住或一个应当显现的人。如果只有耶和华被呼唤,只有耶和华显现出来,那么先祖们的意识的直接内容就只能是那位在"摩西五经"里被称作"以罗欣"的上帝。现在我们必须解释一下"以罗欣"(Elohim)这个名字。从语法形式来看,它是一个复数,有时候也带着复数形式的动词——并非如某些人以为的那样,仅仅以机械的方式迁就名词的复数形式——;因为通过仔细考察这些段落,我们发现,动词的复数形式仅仅在一些特定的情况下(亦即不是偶然地)出现,比如在那个关于巴别塔的传说中,耶和华说:"**我们**下去,**我们**要变乱他们的语言"③;这件事情的原因是很清楚的,即上帝必须让自己成为复数,这样才能够让人类分裂。同理,在关于创世的传说中,以罗欣说:"**我们**要照着**我们的**形象造人"④;因为严格说来,绝对独一的神是无形象的。亚伯拉罕曾经说,**诸位上帝**命令他离开先辈的家,飘流到荒芜之地过游牧的生

XI, 162

---

①《旧约·创世记》12: 7; 17: 1; 18: 1; 26: 2; 28: 12。第 35 章或许是个例外? 以罗欣确实在这里显现了,但仅仅是为了向雅各提醒"**那位显现的**"上帝(第 1 节)并证实后者的祝福(第 11 节)。——谢林原注
②《旧约·创世记》12: 8; 13: 4; 21: 33; 26: 35。——谢林原注
③《旧约·创世记》11: 7。——译者注
④《旧约·创世记》1: 26。——译者注

活①，由于"以罗欣"在这里不像在别的地方那样带有冠词②，所以"诸位上帝"只能被理解为一些真实的上帝（亚伯拉罕逃离那个已经渗透到他的先辈家里的多神论），相应地，当另外一些段落提到耶和华命令亚伯拉罕逃离的时候③，这就不是什么矛盾，因为这两件事情是可以共存的。但在此前已经提到的一个段落里，那位被明确称作"耶和华－以罗欣"（Jehovah Elohim）的上帝却说："看吧，亚当已经成了我们中的**一个**"④；也就是说，上帝在自身之内区分出**一个**上帝，使之与另一个上帝相对立，因此这里所思考的必定是一种多样性。另一方面，也不能像某些人那样，把名字的复数形式或复数动词的建构解释为一种更早的多神论的残余。但我们确实可以由此得知，上帝作为耶和华虽然永远是独一神，但作为以罗欣却是那样一个神，他虽然一直承受着多样性的诱惑，但在那个坚持着统一体的意识看来却真的成为一种多样性，只不过这种多样性始终是被压制着的。这里浮现出来的不是一种更古老的多神论，而是一种后来出现的多神论，这种多神论的各种迹象就连亚伯拉罕也注意到了。现在，如果不考虑这种偶尔出现的复数意义，有一点是毋庸置疑的，即"以罗欣"像很多类似的复数形式一样，具有单数的意义，即这里的复数不是指"多样性"，而是指"巨大"：Pluralis magnitudinis, qui unam sed magnam rem indicat [这是"巨大"意义

---

① 《旧约·创世记》20: 13。——谢林原注
② 比如《旧约·创世记》35: 7就是如此。——谢林原注
③ 《旧约·创世记》12: 1; 24: 7。——谢林原注
④ 《旧约·创世记》3: 22。需要指出的是，在这里以及前后的多个段落中，中文版《圣经》（和合本）都是将复数形式的"以罗欣"简单译为"上帝"，相应地，它不是将"Jehovah Elohim"译为"耶和华－以罗欣"，而是译为"耶和华上帝"。——译者注

上的复数形式,标示着一个巨大的事物]①;换言之,每当人们想要表现一个非同寻常地巨大的、强大的、令人震感的东西时,就使用复数形式。如果有一个名字能够表达出这样的震撼,那么它无疑就是那个大全上帝(Allgott)的名字,因为大全上帝在他的时间里是独一无二的。甚至可以说,这个名字本身就仅仅表达出一种震撼,因为它起源于一个动词,而这个动词在阿拉伯语里明确地具有这个意义,即"让人目瞪口呆"(obstupuit, attonitus fuit)。因此在我们看来,原初上帝的原初的闪米特名字无疑是保存在"以罗欣"里面,与此相一致的是,在另外一些情况下,单数形式的"以罗阿"(Eloah)反过来是由复数形式构成的,同时我们可以看到,这个单数形式仅仅出现在《旧约》较晚的卷册里,确切地说只在《诗篇》里出现。由于在《创世记》及随后各卷的某些部分里,"以罗欣"和"耶和华"的名字交替出现,所以人们企图以此为基础提出一个猜想,即这些卷册(尤其是《创世记》)是由两种原始文献组合而成的,并且把其中一种叫作"以罗欣原始文献",把另一种叫作"耶和华原始文献"。然而我们很容易就发现,在那些叙述里,两个名字的交替使用不是偶然的,而是有意识地加以区分,而且在使用这个或那个名字的时候都是以事情本身为根据,而不是依赖于纯粹外在的或偶然的情景。有些时候,尤其是在关于大洪水的传说里,两个名字是合在一

XI, 163

---

① 参阅斯托尔《叙利亚文〈新约〉研究》(*Observationes super Novi Testamenti versionibus syriacis*),第97页。类似的例子还有,"jamin"意味着"巨大的海洋"(该书第46、3页),"thanim"意味着"巨大的蛇","schamaim"意味着"巨大的高度"。——谢林原注。译者按,斯托尔(Gottlob Christian Storr, 1746—1805),德国新教神学家,图宾根大学教授,谢林和黑格尔的老师。福音神学"早期图宾根学派"(超自然主义)的奠基人,核心主张是《圣经》作为经过神圣验证的、自身内无矛盾的启示,是一切神学判断的出发点和基础"。

起的，但这里说话的仅仅是叙述者，而不是女人或蛇；那位和亚当说话的也仅仅是以罗欣，因为最初的人对于耶和华尚且是一无所知的。以罗欣仍然是各个民族或异族惧怕的上帝①，也是在基拉耳王亚比米勒和叙利亚人拉班的梦中对他们说话的上帝。②梦看上去是一位已经开始沦为过去的上帝的自然作用方式。亚伯拉罕向那位自然的且恰恰因此持续临在的上帝，向以罗欣祷告，祈求其治愈基拉耳王亚比米勒的疾病。在这里，由于"祷告"被当作一个独特的词语来使用，所以很显然，"呼唤耶和华的名字"和"祷告"是两码事。③至于亚伯拉罕本人，只要人们通读整个段落④，就会无比清楚地发现，是以罗欣命令他行**割礼**，而割礼是一个极为古老的、为某些民族所共有的宗教习俗，是给原初上帝的一个献祭。是以罗欣这位普遍的上帝要考验亚伯拉罕，让他按照异族人的方式把儿子献为燔祭，而阻止他实施这个行为的却是从天上显现的耶和华。因为耶和华只能**显现**，所以在后世的著作里，经常用天使（亦即耶和华的现象）代替耶和华自己去做这件事情。⑤

原初的人类**真**的以为相对独一而永恒的神就是本质上独一而永恒的神。但只有第二个上帝的显现才促使意识把本质上永恒

---

① 《旧约·创世记》20: 11。——谢林原注
② 《旧约·创世记》20: 6; 31: 24。——谢林原注
③ 《旧约·创世记》20: 17。——谢林原注
④ 《旧约·创世记》17: 9; 本章第 1—8 节是耶和华在说话。这个安排不是偶然的，因为从再次提到这个命令的 21: 4 可以看出，是**以罗欣**在给亚伯拉罕下命令。——谢林原注
⑤ 关于这件事情的核心文本自然是《旧约·创世记》22: 11;《旧约·士师记》(6: 12)没有区分耶和华的天使和耶和华自己，对此参阅 6: 14; 6: 16; 6: 22。在这些地方，耶和华和耶和华的天使没有区分，当然和以罗欣也没有区分，亦参阅 13: 21 和 13: 22。——谢林原注

的神和以纯粹偶然的方式永恒的神（亦即只在一段时间里永恒的神）区分开来，让它知道前者就在后者之内，是真正的、本真意义上的上帝。在这里，人们必须假设，那些已经走上多神论道路的人仍然是自由的，仍然可以皈依那个内在的本质上永恒的神，亦即皈依真正的上帝。到目前为止，人类走的是同一条道路，只有在这一个点上才分道扬镳。假若没有第二个上帝——假若没有多神论的诱惑，那么人们也不可能推进到真正的一神论。同一个潜能阶次，在某些民族那里成为多神论的契机，却把一个预定的族类导向真正的宗教。亚伯拉罕曾经和最初时间的人一样通过相对的独一神而崇拜上帝，而当上帝在他面前显现，亦即启示出来并可以区分之后，他就自觉自愿地皈依了上帝。对亚伯拉罕而言，这个上帝不是原初的上帝，而是一个转变而来的、显现出来的上帝，但绝不是他发明或臆想出来的；他在这里唯一做的事情，就是坚信他看到的（在他面前启示出来的）上帝；只要他坚信上帝，上帝就吸引他，并且与他形成一个特殊的关系，使他最终从各个民族里面脱颖而出。正因为没有区分就不能认识到真正的上帝，**所以名字才是如此之重要**。真正的上帝的崇拜者是那些知道上帝的**名字**的人；那些不知道上帝的**名字**的异族人并不是对上帝一无所知（也就是说，并非就实体而言不知道上帝），毋宁只是不知道上帝的名字，亦即不能通过区分而认识到上帝。当然，亚伯拉罕即使已经看到了真正的上帝，也不能摆脱他自己的前提。对他而言，他的意识的直接内容始终是原初时间的上帝，这个上帝对他而言不是**转变而来的**，因此也没有启示出来，而是——我们必须这样表述——他的**自然的**上

XI, 165

帝。为了让真正的上帝在他面前显现出来，显现的根据必须始终是最初的根据，也唯有在这个根据中，真正的上帝才能够转变为一个在他看来恒常的上帝。对亚伯拉罕而言，真正的上帝并不是仅仅短暂地，而是恒常地以自然的上帝为中介，上帝也绝不是**存在着的上帝**，毋宁始终只是**转变着的**上帝，唯其如此，"耶和华"这个名字才会得到解释，因为它主要表达出的恰恰是"转变"的概念。因此亚伯拉罕的宗教不是在于放弃或背叛那位远古的上帝，毋宁说只有异族人才会这样做；真正的上帝只有在远古的上帝里面才启示出来，因此和这位**自古以来的**上帝或所谓的"以罗阿"(El olam)是不可分割的。

通常人们都是把"以罗阿"这个术语翻译为"永恒的上帝"，但如果他们在这里所思考的是一种形而上的永恒性，这就错了。严格说来，"olam"这个词语其实是指人类当前唯一知道的时间，即人类**置身其中**的时间；人类既然是置身于时间中，时间对他们而言就不是**转变而来的**，从而在这个意义上当然是一种永恒性。先知把迦勒底人称作一个 me olam [自古以来] 就有的民族①，也就是说，在那个还没有任何民族的**时间**里，这个民族就存在着。因此路德正确地将其翻译为"最古老的民族所在的时间"；"olam"就是那个还没有任何民族的时间。在同样的意义上，此前那个谈到远古的英雄和巨人的片段也说，他们 me olam [自古以来]，亦即在各个民族产生之前的那个时间里，就是著名的。约书亚对以色列的子民们说：你们的先祖 me olam [自古以来]，亦即从那个之前还没有任

---

① 《旧约·耶利米书》5: 15。——谢林原注

何民族、后来才有各个民族的时间开始,就住在幼发拉底河那边。①在这里,出现了人们所知的第一个历史时间或最初的时间。因此以罗阿是这样一位上帝,他不是从那个还没有任何民族的时间**以来**存在着,而是已经在那个时间里存在着,也就是说,没有人知道他的来源,在他之前没有任何上帝,因此他是绝对最初的上帝,**不可预思的**(der unvordenkliche)上帝。"以罗阿"的对立面是"新兴的以罗欣"(Elohim chadaschim),即一些新的神,"他们不是素来就有的",而是后来才产生出来的。② 就此而言,真正的上帝对亚伯拉罕而言之所以是"永恒的",也不是基于形而上的意义,而是因为人们不知道他的开端在什么地方。

对亚伯拉罕而言,真正的上帝既和以罗阿是同一位上帝,也和**天地的主**③是同一位上帝,因为那位曾经为整个人类所共有的上帝就是作为**这样的上帝**而受到崇拜。当亚伯拉罕让他的最老的仆人起誓不要把异族人的女儿带来当他儿子的妻子时④,是这样说的:"我要你指着耶和华天地的主起誓。"也就是说,这位上帝始终是亚伯拉罕和更早的人类所共有的。同样属于这个族类的一个人物形象是那位麦基洗德(Melchi-sedek)⑤,即撒冷的国王和"至高上帝"(El Eljon)的祭司;"至高上帝"这个名字在桑楚尼亚松⑥的一些残

---

① 《旧约·约书亚记》24: 2。——谢林原注
② 《旧约·申命记》32: 17。——谢林原注
③ "天地的主"是通行的中译本《圣经》(和合本)的译法,原文字面意思为"掌管天国与大地的上帝"。——译者注
④ 《旧约·创世记》24: 3。——谢林原注
⑤ 参阅《旧约·创世记》14: 18—20。——译者注
⑥ 桑楚尼亚松(Sanchuniathon),约生活于公元前14—前13世纪的腓尼基历史学家。——译者注

篇里仍然可以见到，而根据那里的说法，这位上帝**占据**着天国和大地。这个从远古暗夜里显露出来的人物形象身上的一切东西都是值得注意的，其名字也是如此，这里既指他自己的名字，也指他作为国王而统治的国家或地区的名字。"洗德"(sedek, saddik)虽然也意味着"正义"和"公正"，但从阿拉伯语仍然可以看出，其原初意义是指"坚固"和"静止"。换言之，麦基洗德是一个坚定不移的，亦即始终忠于独一神的人。① 同样的情况也适用于"撒冷"(Salem)这个名字，《圣经》每次使用这个词语的时候，都是表明一个人**全心全意地**，亦即心无旁骛地与以罗欣打交道。"伊斯兰"(Islam)和"穆斯林"(Moslem)也是由这个词语构成的。"伊斯兰"无非意味着一个完满的，亦即完整的、未分裂的宗教，而"穆斯林"则是指一个完全忠于独一神的人。人们只有在理解把握最古老的东西之后，才能够理解把握后来的东西。有些人要么否认亚伯拉罕的一神论的意义，要么认为所有关于他的记载都是神话传说，但他们大概从来没有去反思，为什么伊斯兰教取得如此令人敬畏的成功，也就是说，这部分人所战胜和征服的是那些在发展过程中领先上千年之久的人，因此这些成功只能用过去时间的一种非同寻常的力量来解释，即这种力量是带着巨大的破坏性重新爆发出来，以摧毁那些已经固化定形的东西。穆罕默德②的［大全］一体学说必定自原初时间

---

① 很显然，当《旧约·创世记》6: 9说挪亚是个"义人"的时候，这里的"义"(saddik)也必须在这个意义上来理解。——谢林原注
② 穆罕默德(Mohammed, 570—632)，伊斯兰教创始人。——译者注

以来就存在于夏甲①的这些子女们中间,然后在漫长的时间里悄然无息地从他们的始祖 [以实玛利] 一直传承到穆罕默德那里,否则它绝不可能造成这个翻天覆地的影响。相比之下,基督教产生出来之后,并没有像犹太教那样绝对地排斥多神论。正是在这里,当僵化的、片面的统一体在发展过程中被完全克服,古老的原初宗教必定会再一次崛起——并且表现为一种盲目而偏激的东西,因为相对于先前高度发展的文明,它只能表现为这个样子。这个重新崛起的原初宗教不仅反对穆罕默德时代的多神论(这种多神论甚至已经渗透到某些没有放弃游牧生活的阿拉伯部落里面),而且尤其反对基督教的遮遮掩掩的多神论,因为在穆罕默德看来,基督教和原初时间的那位僵化不动的上帝是相对立的。一切东西在这里都关联在一起;正如利甲族拒绝喝酒,穆罕默德为他的追随者制定的法律也禁止喝酒。

亚伯拉罕臣服于撒冷的这位国王和至高上帝的祭司,因为耶和华本身仅仅是一个以至高上帝(原初上帝)为中介的现象。亚伯拉罕的臣服方式就是把所得的拿出十分之一交给麦基洗德。一个晚近而虔诚的时代总是崇拜较早的时代,因为后者仿佛仍然是一个更加接近源头的时代。麦基洗德出身于那样一个族类,他单纯地、深信不疑地、不加区分地依附于原初上帝,并且通过原初上帝而不知不觉地崇拜着**真正的上帝**;相比之下,亚伯拉罕在某种程

---

① 根据《旧约·创世记》16: 1—16,夏甲(Hagar)是埃及人,本来是亚伯拉罕的妻子撒莱的侍女,后来给亚伯拉罕做妾,为他生了一个儿子,取名以实玛利(Ishmael)。以实玛利通常被认为是阿拉伯人的祖先,穆罕默德亦自称是以实玛利的后裔。——译者注

度上已经不那么纯粹，因为他经受着各个民族追随的那些诱惑，尽管他抵抗住了诱惑，并且从中拯救出真正的上帝，将其作为真正的上帝区分出来并加以认识。另一方面，麦基洗德把**面包和葡萄酒**（"饼和酒"）回赠给亚伯拉罕，而它们是新时代的标志；因为，虽然亚伯拉罕没有**背叛**与原初上帝的旧约，但他毕竟已经**远离**原初上帝，进而把真正的上帝**作为真正的上帝**而区分出来。在远离原初上帝这件事情上，亚伯拉罕与最古老的族类相对立，反而与**各个民族**是一致的，这些民族完全背叛了那个旧约，转而遵守一个新约，并且把面包和葡萄酒看作新约的馈赠。

对亚伯拉罕而言，耶和华仅仅是那位在其真实的、常驻的本质中的原初上帝。就此而言，亚伯拉罕同时**也**把耶和华看作"**以罗阿**"、**原初时间的上帝、天地的主**①，甚至看作"以莎代"（El Schaddai），即"**全能的上帝**"，而这是上帝的第三个属性。这个词语在形式上已经指向久远的高古时代；"schaddai"作为古体的复数形式，同样是对于"巨大"的强调。这个词语或基本概念的意思是"强大"或"力量"，哪怕它和那个同样极为古老的词语"el"（有别于"以罗欣"和"以罗阿"）连在一起，也仍然是一个基本概念。大致说来，人们可以把"以莎代"（El Schaddai）翻译为"强者中的强者"，但"schaddai"也可以单独出现，因此看起来仅仅是通过同位语而与"el"连在一起，而当二者结合起来，就是指一位凌驾于一切东西之上的、无所不能的上帝。耶和华对亚伯拉罕说："我是以莎代（全

---

① 在别的地方，只有亚伯拉罕才把耶和华称作"天地的主"，而麦基洗德却没有这样做。《旧约·创世记》14: 22，参阅 19: 20。——谢林原注

能的上帝)。"① 在这里,"以莎代"作为一个进行解释的谓词,相对于"耶和华"而言是一个预先知道的、先行的东西。而在《出埃及记》②的一个具有极为重要的历史意义的著名段落里,"以罗欣"对摩西说"我是耶和华"——这却预设了"耶和华"是一个预先知道的东西——,以及"我从前向亚伯拉罕、以撒、雅各显现为以莎代(全能的上帝)"。因此,这里已经很明确地表明,"以莎代"(远古的上帝)是"耶和华"(真正的上帝)的启示媒介或显现媒介。既然这些话是从耶和华自己的嘴里说出的,那么我们关于最初启示的观点就得到了无比明确的证实。耶和华并不是直接显现在亚伯拉罕面前,毋宁说,由于其概念的精神性,耶和华不能直接地,而是只能通过以莎代而显现在亚伯拉罕面前。③ 刚才那句话的后半部分是:"至于我的名字耶和华,他们(先祖们)未曾知道。"正是由于这些话,有些人推测,根据摩西自己的报道,"耶和华"这个名字并不古老,而是摩西教导给人们的;最后,假若人们认为"摩西五经"不是出自摩西本人的手笔,那么甚至可以认为这个名字是直到大卫和所罗门的时代才出现的。问题在于,我们引用的这句话无论如何不可能说出他们想要在其中找到的结论。众所周知,希伯来语言风格的基本法则是平行式,即总是让两个短句结伴出现,用不同的词语说出同样的东西,而在绝大多数情况下,则是让那个在前一个短句里

---

① 《旧约·创世记》17: 1。——谢林原注
② 《旧约·出埃及记》6: 2。——谢林原注
③ 假若人们毫无根据地把 לא 里面的 ב 解释为众所周知的表语 ב(参阅斯托尔《叙利亚文〈新约〉研究》,第454页),且不说这种情况在这个构词法里是很难出现的,即便出现了,最终也会得出同样的结果,即像人们通常所说的那样:"我向他们显现为'以莎代'。"——谢林原注

得到肯定的东西,在后一个短句里通过对立面的否定而表达出来,比如"我是主,我之外没有别的主",或"荣耀归我,我不会让别人享有荣耀"。在这里,如果前一个短句说"我**通过**以莎代显现在先祖们面前",那么后一个短句"我的名字耶和华不为他们所知"就只不过是以否定的方式重复同样的意思;这句话的意思只能是:**通过直接的方式**(这恰恰是指"我的名字耶和华"),亦即在没有以莎代的中介的情况下,他们对我本人一无所知。"我的名字"(bischmi)只不过是"我本人"的一个迂回的说法。他们是通过以莎代而看到我,不是通过我本人而看到我;也就是说,后一个短句仅仅是前一个短句的证实;当然,在意识的一个稍后的和更高的环节,它确实在不依赖于以莎代的情况下知道了耶和华——这个意识是有文本作证的,而我们出于另外一些理由必须断定摩西也具有这个意识。然而至少在刚才的段落里,我们找不到任何东西可以证明耶和华的名字具有一个较晚的起源,更何况这个推测将颠覆《创世记》本身的核心内容。

迄今所说的一切已经表明亚伯拉罕的一神论属于什么类型,也就是说,这种一神论并不是绝对地与神话无关,因为它预先设定了一位上帝,这位上帝同样是多神论的前提,并且在亚伯拉罕那里与真正的上帝的现象如此紧密地联系在一起,以至于显现出来的耶和华把亚伯拉罕对于天使呼叫声的顺从看作对于他自己的顺从。① 刚才我特意强调,亚伯拉罕的一神论绝非与神话无关;因为这种一神论以相对的独一神为前提,而这个独一神本身仅仅是多

---

① 此处对照《旧约·创世记》22: 1 和 22: 12,亦参阅 22: 15—16。——谢林原注

神论的第一个潜能阶次。就此而言,这种一神论是真正的上帝的**显现方式**,因为这个显现不能摆脱自己的前提,——甚至这个前提也是一个完全神话意义上的前提,也就是说,其中总是显露出多神论的因素。有些人总是觉得,把《圣经》尤其是《创世记》的全部叙述都当作神话来对待是一种亵渎神灵的做法,但这些叙述至少看起来是神话式的,它们虽然不是人们就这个词的通常意义而言所理解的"神话",即"传说故事",但确实是一些真实的、带有神话意味的叙述,也就是说,它们是一些以神话为条件而加以叙述的事实。

亚伯拉罕恪守与相对独一神的约,但这个做法是一个限制,而意识必定也会察觉到这个限制,并试图加以突破。但在当前的情况下,意识不可能扬弃限制,而是只能在某种程度上将其克服,亦即它知道真正的上帝现在只是显现出来,**将来才会存在着**。从这个方面来看,虽然亚伯拉罕的宗教是一种纯粹的、真正的一神论,但对亚伯拉罕而言,这种一神论还不是现在的宗教(亦即仍然以神话为条件),而是未来的宗教;真正的上帝是**将来会存在着的**上帝,而这是他的名字。摩西曾经询问,他应当以什么名字宣扬上帝将带领他的民族离开埃及,而上帝的答复是:"我将是将来存在着的我(Ich werde seyn der ich seyn werde)。"① 在这里,当上帝用其自己的人格说话时,名字从第三人称过渡到第一人称,而且我们同样不应当在这里寻找一个用以表现上帝的形而上的永恒性或恒常

---

① 《旧约·出埃及记》3: 14.——谢林原注。译者按,通行的中文版《圣经》将这句话译为:"我是自有永有的。"

性的术语。诚然,我们不知道"耶和华"这个名字的真正发音是什么,但从语法上来看,这个名字只能是"hawa"或后来的"hajah"(存在)的将来时的古体写法;现在的发音无论如何是错误的,因为这个本来不应当被说出来的名字从很早以来就带上了另一个词语"Adonai"的元音,而"Adonai"的意思是"主人",因此在《圣经》的希腊文译文和所有更晚近的译文里,都是用**主**代替了"耶和华"。如果给这个名字添上真正的元音(这同样是古代惯例),那么它的发音可能是"耶维"(Jiweh),或者参照另外一些专名(比如雅各)的形式,发音为"雅沃"(Jahwo);前一个发音和桑楚尼亚松残篇里提到的"耶沃"(Jewo)是一致的,后一个发音则是和西西里岛的狄奥多罗斯以及马克罗比乌斯①的著名残篇里所说的"雅沃"('Ιάω)是一致的。

　　此前我们曾经把"耶和华"这个名字解释为一个意为"转变者"的名字——或许这是它的最初意义,但根据摩西的那个解释,它是未来的上帝的名字,这个上帝现在只是转变着,将来才会**存在着**,而且他的所有允诺也都是指向未来。亚伯拉罕得到的一切东西都是允诺。亚伯拉罕现在不是一个民族,而上帝允诺说,他必定会成为一个强大的民族,甚至大地上的全部民族都必定会因他得福,因为**他**那里有一神论的未来,而通过这种一神论,所有那些现在四分五裂的民族将来都必定会重新统一起来。② 在有些经常以"理性启蒙"自吹自擂,实则在思想上懒惰愚笨的人看来,所有这些允诺无

---

① 马克罗比乌斯(Macrobius Ambrosius Theodosius,约385—430),罗马哲学家和语法学家。——译者注
②《旧约·创世记》18: 18—19; 26: 4。——谢林原注

非是后来的犹太人出于民族自尊而臆想出来的东西。然而在亚伯拉罕一族的整个历史里,他们是在哪一个时间点上面臆想出这样一些具有伟大的政治意义的允诺呢?亚伯拉罕必定相信他的民族能够达到这种允诺的伟大,既然如此,他当然相信未来的宗教将会推翻他现在遵循的原则,而且这个信念对他本人而言相当于一个完满的宗教。① 对于这个未来的宗教而言,亚伯拉罕从一开始就被称作**先知**②,因为**他**尚未服从那个以更明确的方式约束着他的后裔们的律法,正因如此,他和后来那些所谓的先知一样,其目光都超越了律法。③

换言之,如果说始祖们的宗教没有摆脱那样一个前提——它仅仅允许真正的上帝显现为真正的上帝,而不是作为真正的上帝而存在着——,那么摩西制定的律法就更是受到这个前提的约束。无论如何,摩西律法的内容是上帝的统一体,但与此同时,这个上帝仅仅应当是一个经过中介的上帝。

从某些基本上没有歧义的段落来看,那位在某种程度上处于民族之外的律法制定者[摩西]与上帝有一种未经中介的关系;

---

① 《旧约·创世记》15:6。亚伯拉罕**信**耶和华,耶和华就以此为他的**义**。——谢林原注
② 《旧约·创世记》20:7。——谢林原注
③ 《旧约》里的所有思想都是指向未来,因此《创世记》的虔诚的叙述者在4:1已经让夏娃像先知一样说道:"我得了一个男子耶和华。"[译者按,谢林原文即如此,中文版《圣经》将这句话译为:"耶和华使我得了一个男子。"]除此之外,通过对于"该隐"(Kain)这个名字的词源学解释[译者按,"该隐"的意思是"得"],可知这是一个更加明确得多的预言。通过第一个男子的诞生,人类的延续得到了保障,而在这个延续中,人类也得到了他们还未曾拥有的真正的上帝。如果有人认为夏娃真的说了这些话,我是不会反对的,但在这种情况下,他恰恰承认了一件在历史上得到证明的事情,即真正的上帝对于最初的人而言仅仅是一个未来的上帝。——谢林原注

主与他面对面说话,就像人与朋友说话一般①,而他也看到了**主的形象**②,而且以后再也没有出现一位像他那样与主面对面说话的先知③;然而这些律法就像**枷锁**一样套在民族的头上。随着神话的不断演变,相对的一神论开始与决定性的多神论发生对抗,克罗诺斯对于各个民族的统治也扩散到四面八方,在这种情况下,即便是那个以真正的上帝为对象的民族也必定会转向相对的上帝,将其当作绝对的上帝的**根据**,而相对的上帝则是变得愈来愈严厉,愈来愈容不得异己,愈来愈追求他的统一体。这种排他性,这种最严厉的否定的唯一性,只能是来源于相对的独一神;因为**真正的**、**绝对的**上帝并不是通过这种排他的方式而成为独一者,正相反,他不排斥任何东西,也不会受到任何东西的威胁。摩西的宗教律法无非是相对的一神论,唯其如此,它才能够在一段时间里对抗那些从四面八方涌来的异教,并且作为一种实实在在的东西坚持下来。④但那个原则并不是为了它自己的缘故而得以保留,而是仅仅为了充当一个**根据**,因此在这种情况下,摩西的宗教律法同样是面向未来,或者说在缄默中指向作为一个图景的未来。那些侵蚀到摩西宗教律法里面的异教因素仅仅具有应时的意义,并且将会和异教本身

---

① 《旧约·出埃及记》33:11。——谢林原注
② 《旧约·民数记》12:8。——谢林原注
③ 《旧约·申命记》34:10。——谢林原注
④ 有些人出于对宗教发展的普遍进程的无知,认为摩西的仪式法典所规定的那些迷信习俗可能是在大卫王或他的继任者的时代产生出来的;这种无知放在四十年前是可以谅解的,因为当时的惯常做法就是在脱离普遍而伟大的联系的情况下对摩西律法这样的现象进行评判。但今天我们却有一个合理的要求,即每一个人必须首先接受较高层次的教育,才有资格去大胆地谈论那些如此高古的对象。——谢林原注

一起同时遭到扬弃。但是,由于这些律法的主要功能仅仅在于尽力保存未来的**根据**,所以未来的真正原则是寄托在先知群体上面,这个群体作为希伯来宗教制度的另一个补充性的方面,具有同样根本和独特的意义。在先知们那里,对于未来的解放宗教的期待和希望不再只是零星地表露出来,而是成为他们主要谈论的目的和内容,而解放宗教也不再只是以色列的宗教,而是成为全部民族的宗教;这些民族感受到了那个折磨着他们的否定,同时感受到这是整个人类遭受到的折磨,因此他们开始在异教里也看到未来。

现在,通过最古老的文献,即那个被当作启示的《圣经》本身,我们已经证明,人类的出发点不是纯粹的或绝对的一神论,而是相对的一神论。接下来我将补充一些关于人类的这个最古老的状态的普遍评论,因为这个状态不仅是一个宗教状态,而且在普遍的情景下对我们也具有重要意义。

第八讲　神话作为人类意识形成过程的产物

XI, 175　　也就是说,仍然**统一的**、**未分裂的**人类的时间是由一种精神性力量,即由上帝统治着的——我们现在可以说这是一个事实,而且启示也已经为此提供佐证——,这位上帝反对自由的四分五裂,将人类的发展摁在第一个层次上,在这个层次上,只有一种通过单纯的**自然**区别或部落区别而划分开,但在别的方面却**完全同类的**存在,而唯有这个状态大概才可以被正确地称作**自然状态**。毫无疑问,这个时间恰恰也是人们交口赞誉的**黄金世界时代**,而人类哪怕早已分化为各个民族,也仍然在最遥远的地方怀念着这个世界时代;基于同样的回忆,柏拉图也说道,那时神自己就是人类的照料者和守护者,而且,因为是**神**照料着人类,所以不存在什么城邦制度。① 换言之,正如牧人不允许他的羊群四散逃窜,神也发挥出强大的吸引力量,用一种温柔却不可违抗的暴力把人类困在一个圈子里,以便于维护他们。请你们务必注意柏拉图的那个说法,即**神**

---

① Θεὸς εὕεμεν αὐτούς, αὐτὸς ἐπιστατῶν... νέμοντος δὲ ἐκείνου πολιτεῖαί τε οὐκ ἦσαν. [神亲自照料和守护着他们……在他的照料下,不存在什么城邦制度。]《政治家》271E。——谢林原注

自己是人类的守护者。也就是说,当时的人类和上帝之间尚且没有以任何**学说**或科学为中介,这是一个**实在的**关系,因此处在这个关系中的神只能是**现实的**上帝,不是在其本质中的上帝,亦即不是**真正的**上帝;换言之,现实的上帝并非直接就是真正的上帝,相应地,我们在别的语境下甚至说这样一个人"不信上帝"(Gottloser),即他只是和一个现实的上帝有关系,然而后者并不是真正的上帝,也就是说,真正的上帝对于那个人来说是完全陌生的。远古时期的上帝是一个现实的、实在的上帝,真正的上帝就**存在于**其中,但并未**作为真正的上帝**而被意识到。换言之,人类是在向**他们不知道的东西祷告**,他们和这个东西之间没有一个观念上的(自由的)关系,而是只有一个实在的关系。基督对撒玛利亚人说(众所周知,这些人是被犹太人当作异教徒来看待的,因此基督在根本上是对异教徒说话):"你们所拜的,你们不知道;我们——作为一神论者的犹太人,把真正的上帝作为真正的上帝而与之相关联——**所拜的,我们知道**(至少知道其是一个未来的东西)。"① 真正的上帝,即严格意义上的上帝,**只能**存在于知识里,因此我们必须说:"那未被知道的上帝并不是上帝。"这句话虽然与人们不假思索的观点完全对立,但与基督的言论却是一致的。长久以来,一神论都仅仅作为学说和科学而存在着,但它绝非仅仅是一般意义上的学说,而是被书写下来并保存在《圣经》里面,哪怕是那些认为神话之前有一种关于真正的上帝的知识的人,也被迫把这个一神论看作一种学说,甚至看作一个体系。正如基督所说,那些向真正的上帝亦即**在其真理中**的上帝

XI, 176

---

① 参阅《新约·约翰福音》4, 22。——译者注

祷告的人，只能是同时**在精神里**向上帝祷告，而这个关系只能是一个自由的关系，反之在多神论和神话里面，与人们相关联的是一个位于其真理之外的上帝，因此这只能是一个不自由的关系。

XI, 177　　人类一旦摆脱与上帝的本质性关系（处在这个关系中的上帝只能是一个在其本质中，亦即在其真理中的上帝），那么他们在神话里走的那条道路就不是偶然的，而是必然的，而且人类注定只能沿着道路达到目标。但目标是神意（Vorsehung）所意愿的东西。从这个观点来看，正是神意本身让人类把那个相对的独一神当作最初的主人和照料者，让人类接受他的约束和管教。对于这个选定的族类而言，远古时期的上帝仅仅是篱墙或缰绳，而真正的上帝借此控制着人类。人类对于真正的上帝的认识不是一种**自然的**认识，但正因如此也不是一种固定不变的认识，毋宁始终只是一种转变着的认识，因为对于意识而言，真正的上帝不是一个存在着的上帝，毋宁始终只是一个转变着的上帝，因此严格说来也叫作活生生的上帝，他永远只是显现出来，像一个现象那样，必须不停地被呼唤并被紧紧抓住。也就是说，对于真正的上帝的认识始终是一个**要求**，一个诫命，哪怕是后来的以色列民族也必须始终牢记那个呼吁和警示：应当去爱它的上帝耶和华，亦即应当用它**整个的**心、**整个的**灵魂和**全部**力量去紧紧抓住上帝，因为真正的上帝不是自然地出现在它的意识里，而是必须通过一种持续而明确的行动才被紧紧抓住。正因为上帝对以色列人而言绝不会成为一个存在着的上帝，那个最古老的状态便笼罩着一种虔敬的顺从和期待，亚伯拉罕也合理地不仅被犹太人，而且被其他东方人称作**全部信徒之**

父,因为他所信仰的上帝并未存在着,而是将来才存在。所有的人都期待着一种未来的拯救。始祖雅各在给他的儿子们祝福时突然喊道:"耶和华啊,我等候你的拯救。"① 为了正确理解这句话,人们必须回溯到"拯救"这个动词的[原初]意义,它的意思是"从狭隘走向开阔",因此其被动式意味着"被带出困境",亦即"被拯救"。也就是说,所有的人都期待着被带出他们一直以来所处的这个困境,并且摆脱那样一个前提,即片面的一神论,这个前提是现在的上帝自己也不能取消的,而全人类都受困于它,以之为**律法**,以之为必然性;而伴随着解放的日子,真正的上帝不再是单纯显现着或启示着自身的上帝,启示本身也不再存在,就像在基督那里一样,因为基督是启示的**终点**。

我们不害怕把过多的时间耗费在那个伟大的事实上,即最早的人类的上帝也已经不再是绝对的独一神,而是相对的独一神(哪怕他尚未被认识且被解释为这样一个神),换言之,人类的出发点是相对的一神论。对我们而言,从所有方面来断定这个事实,乃是一件至为重要的事情,这样的话,我们不仅可以反驳那些以为仅凭一个扭曲的启示就能够理解神话和多神论的人,而且可以反驳一些所谓的历史哲学家,这些人认为,人类的整个宗教发展过程的出发点不是观念的统一体,而是**许多**完全片面的乃至起初具有**地域性**的观念,比如所谓的拜物教或萨满教②,或把自然界当作神,而且

---

① 参阅《旧约·创世记》49: 18。——译者注
② 萨满教(Schamanismus)是流传于亚洲北部西伯利亚地区的原始宗教,核心教义是"万物有灵论"。其名称来源于"萨满"(Schaman),即具有通灵能力的巫师。——译者注

压根不是把**概念**或**种属**,而是把**个别的**自然事物(比如这棵树或这条河)当作神。不,人类的出发点绝不是这样的贫乏东西,毋宁说,历史的庄严进展有一个完全不同的开端,人类意识里的基调始终是那位伟大的独一神,他知道自己是无与伦比的,并且真实地填满了天空和大地,亦即填满了一切东西。有些人诚然在一些贫穷的部落或蜕化的族群那里发现他们把自然界当作神,但这种现象绝不会出现在各个**民族**那里——相比之下,另外一些人所处的立场就高超得多,他们主张一神论出现在神话之前,无论这是什么意义上的一神论,或者干脆就是一种启示的一神论。但在历史的长河中,神话和启示之间的关系完全扭曲变形了。启示或者说**一神论本身**能够在某一部分人类那里得到历史的证实,而我们必须要相信,那个造成了一神论的东西,恰恰也造成了多神论,也就是说,二者绝不是互为前提,而是具有一个**共同的**前提。在我看来,甚至启示猜想(Offenbarungshypothese)①的追随者最终也必定会对这个结论感到欢喜。

不管怎样,任何启示都只能针对一个现实的意识;但在最初的现实的意识里,我们已经发现了相对的独一神,而正如我们看到的,这个神是相继式多神论的第一个潜能阶次,亦即已经是神话本身的第一个潜能阶次。但神话本身不可能是由启示所设定的;因此启示必定发现神话是一个不依赖于它的前提;既然如此,启示为

---

① "启示猜想"是当时流行的一种神学教义,其核心观点为:首先,人对于上帝的认识是由上帝的启示决定的;其次,虽然上帝启示自身,但是否知觉到或接受这个启示却是取决于每一个人自己。——译者注

了成为启示,难道不需要这样一个前提吗?只有在打破晦暗事物的地方,才会出现启示,因此启示是以一个晦暗状态为前提,而这个状态就横亘在意识和那位应当启示自身的上帝之间。

即使人们假设启示的原初内容发生**扭曲**,这件事情也只有在时间和历史的进程中才是可设想的;但只要人类存在于那里,就已经以神话为前提,以多神论为开端,也就是说,神话的出现是如此之早,根本不能用任何扭曲来解释。

虽然有些人像前面提到的格尔哈特·福斯那样,把个别神话传说解释为经过扭曲的旧约事件,但我们不妨认为,他们这样做只是为了解释这些个别神话传说,却根本没有想到这个方法已经揭示出了异教本身的根据。

对于每一个独辟蹊径而遭遇困难的解释而言,一方面,"启示"概念的使用证明其对于这个概念的特殊崇拜是糟糕的,因为这个概念过于深奥,以至于人们不能如同想象的那样直接以它为开端,去使用它;但另一方面,如果人们企图用一个同样不可理解或不太容易理解的东西去解释一个本就不可理解的东西,相当于放弃了全部理解。我们德国人如此地迷信**词语**,仿佛只要一个人说了什么,他就一定在真正地**思考**某些东西。没错,只要你们愿意,你们尽可以用启示解释一切,但请你们首先给我们解释清楚,启示本身究竟是什么东西,请你们说清楚,你们在概念里必须思考的那个**特定的事情经过**、那个事实、那个事件,究竟是怎么回事!

XI, 180

长久以来,启示的真正捍卫者们已经把启示限定在**某一个时间**上面,也就是说,他们认为意识向着启示敞开或重新接受启示

(obnoxium reddit)的状态是一个短暂的状态,正如那些接受最终和最完满的启示的使徒也宣称,启示的作用在于扬弃全部非同寻常的现象和状态,而如果没有这个扬弃,一个现实的启示是不可设想的。

基督教神学家首先应当关心的事情是确保启示始终依赖于一个先行于它而被设定的特殊状态,这样就不会像长久以来发生的那样,让启示消解在一个纯粹**普遍的**和合乎理性的关系里,却失去了它的严格的**历史性**。只要承认这样一个启示,这个启示就预先设定了意识的一个特定的非同寻常的状态。相应地,任何讨论启示的理论都必须证明这样一个状态确实不依赖于启示。由于现在除了神话本身之外,没有任何既成事实能够得出这样一个非同寻常的状态,所以,与其说神话是从一个启示中推导出来的,毋宁说只有以神话为前提,我们才能够科学地理解启示。

从科学的立场来看,我们并不能断定,相比所有那些让神话依赖于纯粹偶然事实的猜想,启示猜想是一种更高明的东西。因为到目前为止,各种已有的观点和科学手段都完全是未经理解就假定有一个启示,而在这种情况下,启示只能被看作一个纯粹偶然的事实。

或许人们会反驳道,当我们把相对的一神论当作全部神话的源头时,这种一神论同样是一个迄今没有被理解的事实。但这里的区别在于,启示猜想宣称自己是一个终极猜想,斩断了任何进一步的回溯,而我们绝不会认为那个事实是一个终点,毋宁说,它是一个在历史中确定下来的事实,并且从这个方面来看可以经受任何挑战,进而被立即看作一个新的发展过程的出发点。

就此而言,以下反思的意义在于过渡到一个继续推进的发展过程。那个知道自己是无与伦比的独一神虽然对于最初的人类来说是绝对的独一神,但已经表现为纯粹相对的独一神,他**尚未遭遇**,但确实能够遭遇另外一个位于他之外的神,而这个神将会让前一个神对自己的排他性存在感到惶恐不安。也就是说,最初的独一神已经奠定了相继式多神论的**根据**;他虽然尚未被认识到是一个未来的诸神序列或一种真正的多神论的第一个环节,但在本性上已经是这样一个东西。由此得出——这是一个紧接着的必然的**推论**——,**我们根本不知道多神论的历史开端**,哪怕这里的历史时间是从最宽泛的意义来说的。在准确的意义上,历史时间是伴随着各个民族的已完成的分裂才开始的。但在已完成的分裂之前是民族**大分化**的时间;本身说来,这个时间作为向着历史时间的过渡,是史前时间,但由于在其中确实发生了某些事件,所以它只有相对于最严格意义上的历史时间而言才是史前时间——但在其自身之内又确实是历史时间——,也就是说,它只有在相对的情况下才要么是史前时间,要么是历史时间。与此相反,人类的宁静而安详的统一体的时间却是**绝对的史前时间**。现在的情况是,这个时间里的意识已经被那个无条件的独一神完全填满,这个神随后将成为相继式多神论的第一个神。就此而言,我们不知道多神论的历史开端。或许某些人认为,整个史前时间并非必然被那个神填满,于是在这个时间里面还可以设想一个**更早的**时间(那时人类仍然直接地与真正的上帝交往)和一个**更晚的**时间(那时人类才落入相对的独一神的手中)。如果要反驳这个想法,以下情况是值得注意的。简言之,只要承认"绝对的史前时间"这一概念,人们企图在其中设想的"**先**"(Vor)和"**后**"(Nach)就被扬弃了。因为,假若这个时间里面还能发生某些事件——之前假定的从真正的上帝到相对的独一神的过渡无论如何是一个事件——,那么它就恰恰不是绝对的史前时间,而是属于历史时间。假若它不是包含着独一的本原,而是包含着一系列本原,那么它就是一系列现实地区分开的时间,从而本身是历史时间的一个部分或片段。绝对的史前时间**在本性上**是一个不可分割的、绝对同一的时间,因此,无论人们把怎样的绵延(Dauer)归之于它,它都只能被看作**瞬间**(Moment),亦即一个在自身之内以终点为开端、以开端为终点的时间,或者说是一种永恒性,因为它本身不是一系列时间,毋宁仅仅是独一的时间,因为它并非本身就是一个现实的时间(即一系列时间),而是仅仅相对于它后面的时间而言才转变为时间(亦即转变为"过去")。如果事情是这样的,如果绝对的史前时间不允许**在自身之内**进一步区分诸多时间,那么那个仍然把相对独一的上帝当作绝对独一的上帝的人类意识就是人类最初的**现实**的意识,人类**自身**不知道在这个意识**之前**还有别的意识,而是从一开始就置身于这个意识中,因此我们不能设想有别的意识就时间而言先于这个意识;由此得出,我们不知道多神论的历史开端,因为在最初的现实的意识里,多神论虽然不是**现实地**(因为第一个环节本身尚未造成一个现实的前后相继),但毕竟**潜在地**是现成已有的。

值得注意的是,以上所述看起来与大卫·休谟所走的另一条在其他方面完全不同的道路是一致的，因为他首先宣称：**只要我们在历史中回溯，就会发现多神论**。在这一点上，我们完全赞成他的观点，尽管令人遗憾的是，他的解释①是含混模糊的，仿佛这里的关键仅仅在于哲学家预先提出一个观点，反之历史学家的勤奋工作和精确性却是可有可无的。休谟的出发点是"泛神论"这一完全抽象的概念，与此同时，他认为没有必要费力去探究多神论的现实状况

XI, 183

---

① 作为参考，这里不妨引用他的几段文字。C'est un fait incontestable, qu'en remontant andelà d'environ 1700 ans on trouve tout le Genre humain idolâtre. On ne saurait nous objecter ici ni les doutes et les principes sceptiques d'un petit nombre de Philosophes, ni le Théisme d'une ou de deux nations tout au plus, Théisme encore, qui n'était pas épuré. [一个不争的事实是，追溯到大约1700年前，我们发现整个人类都是偶像崇拜者，哪怕我们不能否认，当时也存在着少数哲学家的怀疑和怀疑的原则，以及最多一两个国家的尚不彻底的有神论。]（休谟在这样说的时候，似乎是企图把旧约宗教乃至摩西宗教的事实放到一边置之不理，而不是用它们来证明多神论是一种在先的东西。）Tenonsnouuen donc au témoignage de l'histoire, qui n'est point équivoque. Plus nous perçons dans l'antiquité, plus nous voyons les hommes plongés dans l'Idolatrie. [让我们坚持那些明确的历史见证。我们愈是回溯到古代，就愈是看到人们陷入偶像崇拜。]（且不说"偶像崇拜"和"多神论"绝不是同义词，这个说法无论如何都是夸大其词，而且不符合历史事实。）on n'y aperçoit plus la moindre trace (?) d'une Religion plus parfaite: tous les vieux monumens nous presentent le Polythéisme comme la doctrine établie et publiquement reçue. Qu'opposeraton à une vérité aussi évidente, à une verité également attestée par l'Orient et par l'Occident, par le Septentrion et par le Midi? —Autant que nous pouvons suivre le fil de l'histoire, nous trouvons livré le Genre humain au Polytheisme, et pourrionsnous croire que dans les temps les plus reculés, avant la découverte des arts et des sciences, les principes du pur Théisme eussent prévalus? Ce serait dire que les hommes decouvrirent la verité pendant qu'ils etaient ignorans et barbares, et qu'aussitôt, qu'ils commencèrent à s'instruire et à se polir, ils tombèrent dans l'erreur etc. [直到再也看不到一个更完美的宗教的基本痕迹（？），毋宁说，全部古老的遗迹都把多神论当作确定的和公开接受的教义。对于这样一个显而易见的事实，对于这样一个在东西南北都同样得到证明的事实，我们还能说什么呢？——只要顺着历史的脉络，我们就会发现人类被多神教所征服，既然如此，我们能相信在最早的时代，在艺术和科学发现之前，纯粹的有神论的原则会占据上风吗？因为这等于是说，人们在野蛮无知的时候就已经发现了真理，而当他们开始教化自己的时候却陷入了谬误。]休谟《宗教的自然史》，第3—4页。——谢林原注

和不同种类,而是仅仅按照这个抽象的概念去研究多神论如何**可能**产生出来。在这里,休谟开了那种独断粗暴的推理之先河,从此以后,许多人在缺乏休谟的聪明机智和哲学洞察力的情况下经常把这种推理应用到很多历史问题上面,也就是说,人们完全不去考虑那些在历史上或现实中可认识的东西,只是企图**想象**事情如何可能发生,然后信誓旦旦地宣称事情**已经**这样现实地发生了。

在休谟那个时代,一个典型的做法就是像他那样把《旧约》完全放到一边,置之不理,仿佛正因为它被犹太人和基督徒看作圣经,所以失去了全部历史价值,或者说,正因为这部著作主要是被神学家用来宣扬基督教的教义,所以不再能够提供对于最古老的宗教观念的认识。但这部著作无论是就可信度还是就古老程度而言都是无与伦比的,它能够保存下来,简直可以说是一个奇迹。对我们而言,《旧约》的用处恰恰在于表明多神论在什么意义上和历史一样古老。这不是休谟所理解的多神论,而是这种意义上的多神论,即伴随着那个最初的现实的意识,一种相继式多神论的最初要素已经被设定下来。无论如何,这个事实必须得到解释。之所以说它必须得到解释,原因在于,这个潜在地已经具有神话意义的意识同样只能是一个**后来形成的**意识,但正如我们看到的,不是一个**在历史中**后来形成的意识。正因如此,我们在绝对的史前时间里发现的那个意识,其形成过程只能是一个**超历史的**(übergeschichtlicher)形成过程。此前我们是从历史事实推进到相对的史前事实,然后推进到绝对的史前事实,现在我们发现,必须从绝对的史前事实推进到超历史的事实。同理,此前我们是从个别的人推进到民族,然后从民族推进到人类，现在我们必须从人类推进到**原初的人本身**，因为在超历史的事实里，只剩下这个原初的人是可设想的。我们之所以必须推进到超历史的事实，还有另一个必然的原因，即现在必须考察一个迄今因为还不到合适时机而被搁置起来的问题。

我们已经看到人类本身和相对的独一神处于一种混乱的关系中。但现在除了真正的一神论和单纯相对的一神论这两个东西之外（后者只有在把它的对立面隐藏起来的情况下才是一神论），还有一个第三者，即意识，它仿佛无论如何都不可能和上帝有关系，既和真正的上帝无关，也和那个排斥另一个上帝的上帝无关。就此而言，当意识**确实**与上帝发生关系，这件事情的根据就不可能是位于最初的现实的意识之内，而是只能位于这个意识的彼岸。但在最初的现实的意识的彼岸，唯一能够设想的就是一个先于一切**现实的**意识、**在其纯粹实体中**的人或意识，那时人尚且不是一个关于他**自身**的意识（因为除非有意识的**形成过程**，亦即除非有一个行动，否则这样一个意识是不可设想的），换言之，由于人必须是一个关于**某东西**的意识，所以他只能是一个关于上帝的意识，但这个意识并没有和一个行动（比如知识或意愿）结合在一起，因此是一个关于上帝的纯粹实体性意识。原初的人不是 actu［通过行动］，而是 natura sua［通过他的本性］就成为上帝的设定者（das Gott Setzende），确切地说——由于上帝在单纯的思想中仅仅是一个抽象东西，而单纯相对的独一神已经属于现实的意识——，原初意识（Urbewußtseyn）只能把上帝设定为真实的、位于绝对统一体中的上帝。在这里，"设定上帝"（Gott-Setzen）显然是一个科学概念，假若

XI, 185

我们只是纯属偶然地把这个表述用在这件至关重要的事情上面，或者说，假若我们在根本上只愿意把一神论理解为"设定真正的上帝"，——那么一神论就会是**神话的最终前提**了；但是，正如你们现在清楚看到的，首先，这是一种超历史的一神论，其次，这种一神论不是属于人类的**理智**，而是属于人类的**本性**，因为人类按照其**原初的**本质而言无非意味着作为上帝的设定者而存在，因为人类的原初存在完全只是为了成为上帝的这个设定者，换言之，人类在本性上不是为了**自顾自地**存在着，而是为了朝向**上帝**，仿佛为着上帝而心醉神迷一般；简言之，我在任何时候都喜欢使用一些最贴切和最为一针见血的表述，我不害怕人们在这里说我的以上观点是一种狂热的学说；因为这里所谈论的，不在于人类现在**是**什么，或者说仅仅在于人类**能够是**什么，因为在人类的原初存在和当前存在之间，是整个伟大而波澜壮阔的历史。诚然，假若一种学说主张人类的**存在**仅仅是为了去设定上帝，那么它确实是狂热的；但要说这种主张人类直接设定上帝的学说是狂热的，唯一的前提是，在人类已经迈出进入现实性的伟大步伐的情况下，人们还打算继续把这个设定当作人类的当前生命的唯一准则，就像那些冥思苦想的人（印度的瑜伽师和波斯的苏菲派①）所做的那样，他们在内心里被信仰上的各种矛盾撕裂，或者对那些屈从于**转变**的存在和表象活动感到厌倦，于是希望通过实践而重新沉迷在上帝之内，或者说他们就像每一个时代的神秘主义者一样，只看到回归的道路，却看不到前进

---

① 苏菲派（Sofismus 或 Sufismus）是伊斯兰教的一个神秘主义派别，主张灵修和禁欲。——译者注

到自由认识的道路。

不仅在关于神话的研究中,而且在人类的所有历史中,都必然会浮现出一个问题,这就是:"人类意识如何可能在做所有别的事情之前,从一开始就纠缠于一些具有宗教性质的观念,甚至深陷其中不能自拔?"然而正如在类似的情况下,人们通过错误的提问而使答案本身成为不可能,这里同样也是如此。人们的问题是:"意识如何走向上帝?"然而意识并不走向上帝;正如我们看到的,意识的最初运动是离开**真正的**上帝;最初的现实的意识里所留下的,只是上帝的一个环节(这样我们已经可以把上帝看作相对的独一神),而不再是**上帝本身**;因此,既然意识的最初**运动**就是走出自己的原初状态,即离开上帝,那么唯一可设想的前提就是,意识原初地就沉迷于上帝,或者说意识**自在地**就具有上帝,——在这里,所谓"自在地",好比人们说"某人自在地具有一种美德"(更常见的是说"某人自在地具有一种恶习"),而这种说法想要表达的意思是,美德或恶习没有成为他的对象,不是他所欲求的某种东西,甚至是他压根不知道的某种东西。人(不言而喻,这里指的是原初的、本质性的人)自在地并且仿佛在自身**之前**,亦即在具有自身或转变为**另外**某种东西之前——因为当他返回自身,成为自己的对象,就已经是另外一个东西——,在其仅仅**存在着**、尚未**转变**为任何东西的时候,就是一种关于上帝的意识;他并非**具有**这种意识,他就**是**这种意识,而恰恰只有在这种**非**行动或非运动中,他才设定了真正的上帝。

我们曾经谈到原初意识的一种一神论,并且指出:1)这不是一种偶然的、莫名其妙地出现在意识面前的一神论,因为它附着在意

XI, 187

识的实体上面;2)正因如此,这是一种必须在历史上预先设定的一神论,而且它曾经为人或人类所拥有,后来又被其丢失。既然它是伴随着人类的本性而被设定下来,那么它就不是伴随着时间才出现在人类里面,毋宁说,它对人类而言是永恒的,因为它是和人类的本性一起形成的;3)我们也必须承认,原初意识的这种一神论不是一种认知着自身的一神论,毋宁仅仅是一种**自然的**、**盲目的**一神论,只有后来才被意识到。现在,如果有人按照这个观点而进一步论证说,在一种盲目的一神论那里不可能谈到一个区分或**严格意义上的**(亦即正规的)关于上帝的意识,那么我们可以完全承认这一点;接下来如果有人说,"既然这种一神论的原因在于人类本质被吸收到上帝本质里面,那么把那个关于上帝的意识称作一种自然的或本质上的有神论就够了",我们同样不会反驳这个说法,更何况在对各个概念及其名称进行适当的区分时,必须把"有神论"设定为(真正的)"一神论"和"多神论"的共通性和共同的先行者,亦即设定为二者的无差别或相同的可能性,而我们的意图仅仅在于从原初意识中既推导出一神论,也推导出多神论。针对"多神论和一神论,哪一个是首先出现的?"这一问题,我们将在某种意义上回答道:**二者皆不是**。并非多神论首先出现;因为不言而喻,它不是什么原初的东西,所有的人都承认这一点,并且尝试加以解释。但我们也已经指出,凭借意识的一种原初的无神论同样不能解释现实存在着的多神论。那么一神论就是原初的东西吗?答案同样是否定的,确切地说,按照一神论优先性捍卫者所认为的与"一神论"这个词语联系在一起的那些概念,它不可能是原初的东西,因为他们所意谓的要么是**抽象的**一神论(这种一神论完全排斥自己的对立面,因此从中绝不可能产生出多神论),要么是**正规的**(förmlicher)一神论,亦即一种以现实的认识和区分为基础的一神论。因此,如果我们保留这个词语,唯一可能的方式就是这样回答:"一神论既是,也不是原初的东西。"说它"**是**"原初的东西,指它现在是一神论,而且意识也还没有运动,说它"**不是**"原初的东西,指它并非不可能转变为多神论。用一个更明确的避免误解的说法就是:虽然一神论是原初的东西,但这种一神论并不排斥自己的对立面,因此也不知道自己**是**一神论,而且它既不会通过排斥自己的对立面而使自己成为一种抽象的一神论,也不会通过克服自己的对立面并在自身之内掌控着它而成为**一种现实的**、认知着自身并占有自身的一神论。现在我们看到,这种一神论无论是相对于多神论而言,还是相对于那种未来的正规的、以现实的认识为基础的一神论而言,都是仅仅表现为共同的可能性或质料,本身仅仅是一种质料性的一神论,而这种一神论和单纯的有神论是无从区分的,除非"有神论"不是在近代人的抽象意义上,而是在我们确定的那个意义上来理解,即它恰恰是一神论和多神论的相同的可能性。

  以上所述或许足以解释,我们是在什么意义上断定,神话之前要么是一神论,要么是有神论:1)这不是一种正规的一神论或有神论,因此真正的上帝在其中并未作为真正的上帝而被区分出来;2)这也不是一种抽象的一神论或有神论,因此并不绝对排斥多神论,毋宁在自身之内仍然包含着多神论。但从这里开始,我们的整个研究必须转向另一个方面。有鉴于此,请容许我再次借助一个普遍的观点来总结刚才讨论过的内容。

我们的持续上升的考察最终把我们导向人类最初的现实的意识,虽然人类对于超出这个意识之外的东西一无所知,但在这个意识里,上帝已经具有一个规定;我们发现,这个意识的内容,至少作为直接的内容,不再是纯粹的神性自主体(das göttliche Selbst),而是一个具有已规定的存在形式的上帝,我们发现,他是一个具有强大力量的上帝,而希伯来人称他为"以莎代",即天空和大地的主。尽管如此,这个意识的内容**毕竟**是上帝,这是确凿无疑的、必然的。这个必然性必定来源于一个早先的环节;但如果超出最初的现实的意识,唯一可设想的就是一个在其纯粹实体中的意识;这个意识不具有知识和意志,而是一个按照其本性而言的、本质上的意识,因此它不是别的什么东西,仅仅是上帝的**设定者**。而作为一个纯粹本质上的东西,它也只能在它的本质亦即它的纯粹自主体里与上帝发生关系。接下来我们必须立即看出,这个本质性关系只能被设想为一个环节,而且人类不可能停留于这种"外在于自身的存在"(Außer-sich-seyn),而是必须努力挣脱那个沉陷在上帝中的存在,以便转化为一种对于上帝的**知识**,随之转化为一个自由的关系。但人类只能逐步达到这样一个关系。当他的原初关系推翻自身,他与上帝的**一般意义上的**关系并没有因此被推翻,因为这是一个永恒的、不可推翻的关系。哪怕这已经成为一个**现实的**关系,人类也仍然掌握在现实的上帝手里。基于以上所述——这些东西虽然尚未在哲学上得到理解把握,但通过我们对于相继式多神论的解释，在事实上已经得到证明——如果我们假设，上帝一方面按照其神性自主体或本质而言是**独一的**，另一方面按照其存在形式而言是**多数的**，那么就不难理解，多神论的相继性是以什么为依据，并且会导致什么结局。那些存在形式里没有哪一个是等同于上帝，但如果这些形式在意识里统一起来，那么这个统一体作为**后来形成的**统一体就同样是一个被认知的、通过意识而获得的一神论。

　　从历史上看，本真的、与知识相结合的一神论本身仅仅是一个结果。但意识并不会直接陷入诸多前后相继的、在意识里依次接替的形态，也就是说，它不会直接陷入一种决定性的多神论。伴随着第一个形态，随后的形态被给定了，纯粹潜在的多神论也被给定了；这是我们在历史上认识到的一个环节，在那里，意识完完整整地归顺相对的独一神，后者尚未与绝对的独一神处于矛盾中，而是在意识面前**表现为**绝对的独一神。我们也说过，以相对的独一神为中介，人类虽然处于无知状态，但始终是在向独一神祷告。随后出现的决定性的多神论仅仅是一条解放之路，即挣脱相对独一神的片面暴力，过渡到一个应当被重新赢得的关系。在多神论里面，没有任何东西是以知识为中介；与此相反，一神论——如果它是对于区分出来的真正的上帝本身的认识，那么它只能是**结果**，不可能是原初的东西——表达出的只能是一个自由的关系，即人类仅仅在知识中与上帝发生的关系。当基督宣称用精神和诚实来祷告上帝是未来普遍的祷告①，并且说解放（σωτηρία）是来自于犹太人时，

---

① 《新约·约翰福音》4: 23-24。——谢林原注

这个语境表明，按照基督的意思，这个解放就是要摆脱或挣脱人类在**无知**状态下祷告的东西，转而提升到那个**被认知的**乃至**只能被认知的**东西。真正的上帝只能被认知，而对于单纯现实的上帝，一个盲目的关系也是可能的。

简言之，以上所述的意义在于：只有这样，神话才**可能**被理解把握。但神话还没有因此就**现实地**被理解把握。尽管如此，我们已经摆脱了**最后那个偶然的前提**——存在着一种在历史上先行于神话的一神论，它不是人类自己发明的，所以只能是一种启示出来的一神论——，又因为这个前提是所有先前剩下的前提里的最后一个，所以我们直到现在才摆脱了**全部**偶然的前提，从而摆脱了所有那些只配叫作猜想的解释。但只要排除了偶然的前提和猜想，科学就开始了。就事情的本性而言，那些偶然的前提只能是**历史的**（geschichtliche）前提，但我们的批判表明，它们毋宁是一些**非历史学的**（unhistorische）的前提；我们**唯一**需要的前提是那个处在其**实体**和最初运动中的意识，这个运动无疑应当被看作是一个自然的运动，通过它，意识获得了一个规定，并借此从属于神话的相继性。但**这些**前提不再具有历史的性质。人类的史前意识已经达到了可能的历史解释的边界，只剩下一条通向超历史事物的道路。原初意识的盲目的有神论作为开端，作为与那个位于全部运动以及全部事件之前的人类**本质**一起设定下来的东西，只能被规定为一种超历史的有神论，同样，那个运动——人类是通过它而被设定在与神性自主体的关系之外，从而落入现实的上帝手里——只能被设想为一个超历史的事件。

伴随着这样一些前提,神话的整个解释方式也发生了变化;诚然,我们暂时还不能以更容易理解把握的方式推进到解释本身,但我们已经预先可以看出,按照刚才指出的那些前提,哪一个解释**方式**是唯一可能的。

因此以下考察将首先表明,这些解释如何杜绝了［神话的］任何纯粹偶然的自行产生。

神话的根据已经被放置到最初的现实的意识里面,因此多神论就本质而言是在向着这个意识的过渡中产生出来的。由此可知,那个奠定了多神论的根据的**行动**,其本身不是位于现实的意识之内,而是位于这个意识之外。最初的现实的意识已经**置身于**这个作用中,并因此与它的永恒的本质性存在分离。意识再也不能返回到这个存在中,既不能超越这个规定,也不能超越自身。因此这个规定具有意识不能理解把握的某个方面,是意识不能收回的那个运动的一个非意愿的和非预见的后果。这个规定起源于那样一个区域,意识一旦与之分离,就再也找不到进去的门径。招致的东西或偶然的东西转化为必然的东西,并且在形态上直接成为一个再也不能被重新推翻的东西。

意识的变更(Alteration)在于,那个活在其中的上帝不再是绝对独一的上帝,毋宁只是相对独一的上帝。至于这个相对的上帝后面又出现第二个上帝,这不是偶然的,而是遵循一种客观的必然性,我们虽然还不能理解把握它,但不能因此就不预先承认它是一种客观的必然性。也就是说,伴随着最初的那个规定,意识同时从属于一系列必然前后相继的观念,而真正的多神论就是由此产生

XI, 192

出来的。只要第一个作用被设定下来，意识贯穿这些前后相继的形态的运动就是这样一个运动，其中不再有思维和意愿，不再有理智和自由。意识是在出其不意的情况下，按照一个它现在不再理解的方式而陷入这个运动。这个运动是意识无力反抗的一个**命运**或**厄运**。它是一个与意识相对立的**实在的**，亦即现在不再受意识掌控的力量，反过来掌控着意识。意识在全部思维**之前**已经受控于一个本原，而这个本原的纯粹**自然的**后果就是多神论和神话。

XI, 193

因此，最早的人类确实是处于不自由的状态——在这里，"不自由"的意思不是指像哲学那样让人类起步于动物式的愚钝和蒙昧，而是指希腊人通过 θεόπληκτος［神的奴仆］、θεόβλαβής［神的玩物］等极为贴切的表述而暗示出的状态，也就是说，意识纠缠于片面的独一神，仿佛被钉在其身上——，关于这个状态，我们这些活在一个完全不同的时代法则之下的人不可能具有一个直接的概念，毋宁只能说，人类仿佛被施了定身法，stupefacta quasi et attonita［目瞪口呆］，被一种陌生的暴力撕扯着来到自身**之外**，亦即不受自己掌控。

通过一些前后相继的观念，直接产生出一种形式上的多神论，间接地也产生一种质料性的（同时式）多神论。对意识而言，这些观念是在**没有它的参与**，甚至在违背它的意志的情况下，自行产生出来的，而且——现在我们必须明确地说出那个正确的术语，是它终结了早先所有那些假定神话中存在着某种**发明**的解释，也只有它才现实地提供了我们早先被推动着去寻找的东西，即那个独立于全部发明，甚至**与全部发明相对立的东西**——神话是通过一个

（在意识看来）**必然的过程**（nothwendiger Proceß）而产生出来的，这个过程的源头已经迷失在超历史事物之内，不为意识所知；意识或许能够在某些个别环节上面反抗这个过程，但在整体上不可能阻挡它，更不可能让它倒退。

这样一来，可以说"**过程**"概念已经被确立为产生方式的普遍概念，通过它，神话乃至我们的研究完全摆脱了迄今的全部解释所处的那个层面。凭借这个概念，也可以判定那些产生出来的神话观念所指的是什么。"神话观念所意谓的是**什么**？"这个问题表明，我们很难或者说不可能假设它们所意谓的是真理。因此，第一个尝试就是以非本真的方式诠释它们，亦即假设其中有一个真理，但这个真理与它们直接表达出的真理是不同的，——第二个尝试是在其中看到一个原初的真理，但这个真理已经被**扭曲**。然而按照现在已经掌握的成果，人们毋宁可以这样提问：神话观念总的说来真的**意谓**着什么东西吗？换言之，它们真的是一种意谓（亦即一种自由的"认其为真"）的对象吗？这个提问仍然是错误的，因为它所依据的是一个错误的前提。实际上神话观念既不是发明出来的，也不是自愿假设的。——它们是一个独立于思维和意愿的过程的产物，对于那个从属于过程的意识而言具有清楚分明的、毋庸置疑的实在性。无论民族还是个体都仅仅是这个过程的工具，他们不能通观这个过程，只能服务于它，却不能理解它。他们没有能力去决定是否接纳神话观念；因为这些观念不是**外来的**，而是**存在于他们之内**，虽然他们不知道这究竟是怎么一回事；也就是说，这些观念来自意识的内核本身，伴随着一种绝对真实的必然性呈现在意

XI, 194

识面前。

只要人们认识到了这样一个产生方式,就完全可以理解,单纯从质料的角度看来的神话作为一个熟知的事物,为什么显得如此神秘莫测,此外还有一些基于一个精神性过程或一个独特的内在经验的东西,在一个缺失这方面经验的人看来是陌生的和莫名其妙的,但对于一个洞察到内在的事情经过的人却具有完全清晰的和合乎理性的意义。对于神话而言,根本问题在于对意义的追问。但**神话**的意义只能是神话的产生**过程**的意义。

假若神话的内容,即那些人格形象和事件,能够被我们按照一些假设的概念而当作一个直接经验的可能对象,那么诸神就会是一些能够显现出来的存在者了,而这意味着,人们一直以来都认为自己是在**本真**的意义上看待它们。也就是说,人们相信这些观念的真实性和客观性(我们必须断定异教徒完全就是如此),如果我们不打算把它们本身看作童话故事,那么就必须完全而彻底地用那个较早的人类的**现实经验**来解释它们;毋庸置疑,对那个较早的人类而言,这些人格形象以及这些事件实际上就是如此出现和显现出来的,因此在他们自己看来也是完全真实的,好比亚伯拉罕族人所叙述的类似现象和事件虽然对现在的我们而言是不可能的,但对于那些人而言却是真实的。恰恰是这个解释——早先不可想象的东西通过现在有理有据的论证而成为可能的——第一次回答了那个问题,即古代民族为什么不仅相信我们现在觉得极为荒谬和悖理的那些宗教观念,而且为之奉上最严肃的、在某些方面令人痛心的献祭。

正因为神话不是一种人为制造的东西,而是一种自然的,甚至在给定的前提下必然产生出来的东西,所以其中不能区分**内容**和**形式**、材料和**包装**。这些观念不是在另一个形式里才呈现出来,而是仅仅在这个形式里,和这个形式一起同时产生出来。在这个授课中,我们先前已经要求这样一种有机的转变,但当时还没有找到过程原则,而唯有这个原则才可以解释那种转变。

正因为意识没有选择或发明这些观念本身,也没有选择或发明它们的表述,所以神话仿佛是从一开始就**作为神话**而产生出来,而这无非意味着,它把自己呈现出来。观念的**内容**必然是自行产生出来的,按照这个必然性,神话从一开始就具有**实在的**乃至**宣教的**意义;**形式**也是必然产生出来的,按照这个必然性,神话完全是本真的,也就是说,我们必须把神话里的一切东西都如其呈现的那样去理解,而不能认为它们仿佛在思考和说着另外某种东西。神话不是**寓托式**(allegorisch)①,而是**直白式**(tautegorisch)②。对神话

XI, 196

---

① 正如谢林在本书第 29 页(中译本)注释指出的,"寓托"的希腊原文是由"另一种"和"言说"构成的,指文字的真实意思不同于字面意思。相应地,接下来的"直白"的希腊原文是由"本身"和"言说"构成的,指文字的字面意思本身就是其真实的意思。——译者注

② 这个术语是我从著名的**柯勒律治**那里借用的,在英国人里面,他是第一个理解并合理运用德国诗歌和科学,尤其是德国哲学的人。该术语出现在《皇家文学学会论文集》(*Transactions of the Royal Society of Literature*)刊载的一篇在其他方面极为奇怪的论文里面。这篇论文尤其令我感到欣慰的地方在于,它向我表明,这位才华横溢的英国人真正理解了我的早期著作之一《论萨摩色雷斯岛诸神》,而它的哲学内涵和重要意义在德国却很少或压根没有得到理解。说到贴切的术语,我不想去关注柯勒律治的同胞针对他而提出的一些尖锐的,甚至过于尖锐的指责,即他从我的著作里借用了很多东西,却不提我的名字。对于一个真正意气相投的人来说,这类事情本来是不值得计较的。尽管如此,英国的这些严格的学术审查表明,这里是如何重视科学领域里的独创性,以及如何严肃地看待科学领域里的 suum cuique [每个人自己的思想]。此外,柯勒律治把"直白式"这个词语(转下页)

而言,诸神是现实地实存着的本质,他们不是作为别的某种东西**存在着**,不是**意味着**别的某种东西,而是**仅仅**意味着他们所是的那个东西。过去人们把本真性和宣教意义当作相互对立的东西,但按照我们的解释,二者(本真性和宣教意义)是不可能脱离彼此的,也就是说,我们既不会为了服务于某个宣教意义而牺牲本真性,也不会像诗意的观点那样,以牺牲宣教意义为代价来挽救本真性,毋宁说,我们的解释本身就迫使我们主张意义的绝对统一性和完整性。

  为了在具体应用中立即指出**无条件的**本真性这一原理,我们不妨回忆一下,神话里面区分了两个环节:1)多神论环节;针对这个环节,我们首先谴责每一个非本真的意义,然后主张神话所谈论的**确实是**诸神;至于这个主张的意思,根据之前的解释,就不需要再来评论了。只不过这里必须补充一个查证,表明那个制造出神话的过程已经把人类**最初的现实的意识**当作自己的根据和开端。由此可知:首先,诸神观念**不可能**如同人们通常猜想或假定的那样,在一个可能的或所谓的时间里偶然产生出来。其次,尤其是那种据说**先于**神话的多神论(过去那些解释在某种程度上都是以这

XI, 197

(接上页)当作"哲学论题"(philosophem)的同义词来使用,虽然这个做法在我看来是不妥的,但他或许只是想说,人们必须像通常看待一个哲学论题那样,也把神话当作本真的东西,而他在刚才提到的那篇论文里已经完全正确地表达出这个意思。我之所以称这篇论文是"奇怪的",是由于它的语言;因为,我们都是力图抛弃一部分早先的人造术语,或至少是在事情允许的情况下尽量这样做,而他却是不假思索地,或许带着几分嘲讽,把类似于"主体–客体"这样的术语灌输给他的那些对此感到浑身不自在的同胞。——谢林原注。
译者按,柯勒律治(Samuel Taylor Coleridge,1772—1834),英国诗人和文艺评论家,"湖畔诗人"(Lake Poets)之一,曾于1798年赴德国学习哲学,深受谢林、康德和席勒的影响。谢林在这里含蓄地批评柯勒律治剽窃他的思想。

种多神论为前提),根本没有时间去反思自然现象——而在海涅、赫尔曼或休谟看来,神话就是从这些反思中产生出来的——,因为最初的现实的意识事实上已经是一种神话意识。这种徒有其名的多神论的前提是,人们对于一些不可见的无比强大的存在者形成了偶然观念;但在原初的情况下,从来没有哪一部分人类是通过这样的方式获得诸神观念。换言之,这种先于神话的多神论是学者的单纯虚构;我们甚至可以说,**历史学**已经证明,神话多神论之前不可能有别的多神论,或者说多神论只能是一种神话多神论,即一种通过我们已经证明的那个过程而设定下来的多神论,也就是说,不存在这样的多神论,其中竟然没有现实的诸神,亦即**上帝**在其中不是终极的内容。再者,神话不仅仅是一般意义上的多神论,2) 而且是一种历史的多神论,这种历史性是如此之明显,以至于可以说,假若一种多神论不是(潜在地或现实地)历史多神论,那么它也不配被称作神话。但即使就这个环节而言,我们也必须坚持无条件的本真性,必须把先后顺序理解为一个现实的先后顺序。这个先后顺序是一个**真实发生的**运动,而意识**实际上**是服从于它。哪怕是在一个特殊的先后顺序里(即那个上帝之前或之后只有这个上帝,没有别的上帝),也不存在意愿选择,而是只有必然性,至于那些出现在诸神历史里的事件的特殊情况,虽然在我们眼里是如此的稀奇,但我们总是可以证明,意识里面有一些关系,由此才自然地产生出那些关系的观念。乌兰诺斯被阉割,克罗诺斯被废黜,还有诸神历史里的大量事实和状况等等,只有按照其字面意思来理解,才能够获得一种可信的和可理解的意义。

除此之外,我们也不能像某些人对待启示那样,区分**教义**和**历史**,并且把后者仅仅看作前者的包装。教义不是位于历史**之外**,毋宁说,历史本身恰恰也是教义,反过来,神话的教义恰恰包含在历史里面。

客观地看,神话就是它自己宣称所是的东西,即**现实的神谱**,或者说诸神历史;但由于现实的诸神仅仅是一些立足于上帝的神,所以诸神历史的终极内容就是**上帝**在意识之内的生产或现实的生成,相比之下,**诸神**仅仅表现为个别的生产性环节。

主观地看,或者说从其产生过程来看,神话是一个**神谱过程**。1)神话是一个一般意义上的过程,而意识现实地完成了这个过程,也就是说,意识不得不在个别环节里逗留,始终在随后的环节里坚持着先行的环节,即在真正的意义上**体验**(erlebt)这个运动。2)神话是一个**现实的**神谱过程,换言之,这个过程起源于人类意识与上帝的一个本质性关系,在这个关系里,并且凭借这个关系,意识通过自己的实体,亦即在根本上自然地(通过自己本性)就是上帝的设定者(das Gott-setzende)。正因为原初关系是一个自然的关系,所以意识不可能从中挣脱出来,除非它**通过一个过程**返回到这个关系中。但在这种情况下(我希望大家务必注意这一点),意识必须显现为一个仅仅**间接地**——亦即恰恰通过一个过程——重新**设定上帝的东西**,也就是说,意识别无他法,只能显现为上帝的生产者,从而显现为一种神谱意识。

第九讲　神话过程之客观的－宗教的意义

如果我们站在当前的立场上最后一次回顾那些单纯**外在的**前提——人们曾经以为，凭借这些前提（甚至启示也被当作这样一个前提），就能够通过早先的各种猜想而理解把握神话——，那么我们无疑已经向着对于全部神话的哲学考察迈出了一个关键步伐，即把神话的产生过程置于原初人类的**内心**，并且不再把某些诗人、宇宙论哲学家或一种历史上在先的宗教学说的追随者当作神话的发明者，而是认识到人类**意识**本身是神话观念的真实驻地和真正意义上的生产性本原。

在迄今的整个推演过程中，我都是致力于认识并标示出每一个前进步伐（这一点要感谢早先的诸位研究者）的恰如其分的位置，甚至努力在那些可能看起来纯属偶然的观点里挖掘出一个方面，使它们由此出发同样呈现为一些必然的观点。这个方法也确保了我没有遗漏任何一个有价值的关于神话的观点。尽管如此，有一部著作仍然值得特殊关注，因为单是它的书名看起来就宣告了某种与我的课程的意图和内容相似的东西；这部著作就是那位过早去世的卡尔·奥特弗利德·缪勒[①]的《一种科学神话之导论》

[①] 缪勒（Karl Otfried Müller, 1797—1840），德国古典语文学家和考古学家。——译者注

(*Prolegomena zu einer wissenschaftlichen Mythologie*, 1825)。在这本书里，我读到了如下句子，它们看起来与我在四年前的某些言论是一致的。比如"神话从一开始就是通过观念东西与实在东西的结合和交融而产生出来的"①，在这里，"观念东西"被理解为"思想"，而"实在东西"则是被理解为"事件"。除此之外，正如我们将会看到的，缪勒所理解的"事件"不是神话里的事件的形式，而是一个在神话**之外**现实发生的事件。他同样不承认神话传说是通过**发明**而产生出来的，但这里的"发明"应当在什么意义上来理解呢？正如他自己解释的，他的意思是说，"发明应当是一个自由的、意图明确的行动，通过这个行动，行动者把某种**被认识到是非真实的东西**用真理的假象包装起来"②。对于这种意义上的"发明"，我们一向是不置可否的。然而缪勒却宣称，如果这是一个科学的发明，那么他可以接受。因为他假定，"观念东西与实在东西在神话传说中的结合是服从于**某种必然性**，即神话传说的塑造者（大概是指发明者？）③**在某些总是共同发挥作用的力量的驱使之下想出那些东西**（想出神话传说？）④，并且那些不同的要素（观念东西与实在东西）在神话中融为一体，与此同时，那些采取这个做法的人自己并没有⑤认识到或意识到上述要素的差异性"。也就是说，这一切都要回溯到（一个极有可能创造出神话传说的民族的）共通的艺术冲动，而我

---

① 该书第 100 页。——谢林原注
② 该书第 111 页。——谢林原注
③ 括号里的疑问句是谢林插入的。——译者注
④ 这个括号里的疑问句同样是谢林插入的。——译者注
⑤ 这里的"并没有"(ohne)是我补充进来的，因为它看起来对理解这句话的意思是必不可少的，但在文本里却缺失了。——谢林原注

们早先①虽然同样指出这个冲动是一个可能性,但在那里也已经将其排除了。在某些古代研究者看来,把观念东西与实在东西的这个交融应用到神话上面(因为这位博学的人士无疑是从一个哲学流派那里学到这个普遍的思想)似乎是一件晦涩难懂和神秘莫测的事情。有鉴于此,缪勒试图通过一些例子来解释这个应用,这样我们也可以清楚了解他的想法。第一个例子是《伊利亚特》第一卷里谈到的瘟疫,因为众所周知,阿迦门农侮辱了阿波罗的祭司,这位祭司请求阿波罗为他报仇,于是阿波罗立即带来了一场瘟疫。这里有几件事实:首先,阿波罗的祭司绝望地请求归还自己的女儿;其次,这位父亲在一片嘲笑声中被驱赶出来;再次,瘟疫紧接着爆发了。如果上述事实都是准确无误的,那么其意思是说,"**每一个人都满怀对于阿波罗的复仇力量和惩罚力量的信仰**",因此每一个人**自己**和他人完全一致地制造出一个联系(阿波罗的祭司请求归还女儿却遭到拒绝和侮辱,于是阿波罗在其请求之下散播了瘟疫),而且每一个人都带着同样的信念把这个联系当作他们亲眼看见的事实而说出来——这里可以看出,缪勒所理解的"事件"(das Geschehene)是指"事实"(Facta)。由此几乎可以断定,即便从缪勒自己的观点出发,上述解释也根本没有触及那个唯一成谜的问题,即那些人为什么会相信阿波罗及其复仇力量和惩罚力量的存在,也就是说,这个解释根本没有触及神话本真的内容本身;简言之,《伊利亚特》第一卷叙述的那个故事并不属于神话本身,正如关于

---

① 在第三讲里。——谢林原注

Legio fulminatrix［雷电军团］①的传说或类似东西也不属于基督教学说本身。发现这一点之后，我就知道缪勒的《导论》和神话哲学没有半毛钱关系。因为神话哲学所考察的是原初东西或诸神历史本身，而不是后来那些通过把一个历史事实和一个神祇联系在一起才产生出来的神话传说；出于这个理由，我们在考察早先的各种神话观时也不可能提到缪勒的观点，因为后者和本真意义上的神话没有任何关系。换言之，神话哲学根本不关心这些从神话推导出的传说故事是如何产生出来的，否则这就像在考察基督教的意义时沉迷于圣徒们的传奇事迹，甚至企图解释它们是如何产生出来的。诚然，人的心里装满什么东西，这些东西就会自然地从嘴里流露出来。如果人们满脑子都是诸神观念，他们就会把这些观念掺杂到全部关系乃至全部传说故事里面，而在这种情况下，缪勒意义上的神话传说当然会不约而同地在无意之中伴随着一种必然性而产生出来。

既然我在整个推演过程中都是努力保持对各位前辈的历史学忠诚并承认其各自的贡献，那么人们现在就不能责怪我把这种公正也用在我自己身上，标榜我本人的贡献在于迈出了那个最初的步伐——假若没有走出这一步，我恐怕绝不会想到开设这门与神话有关的课程——，也就是说，我首次提出这个思想，即必须在人类意识自身之内去寻找神话的驻地和 subjectum agens［行动主体］。这个思想的核心在于用人类意识本身取代那些发明者、诗

---

① "雷电军团"指罗马第十二军团，恺撒于公元前58年建立的主力部队，其团徽的标志为战神玛尔斯（阿瑞斯）的闪电，故得此名。——译者注

人乃至一般意义上的个体,与此相对应的是,后来我在启示哲学里尝试着把**基督教意识**当作全部基督教理念的承载者和支撑者;同时人们也可以看出,启示哲学主要是寻找一个能够解决全部客观问题的手段,而神话哲学却是主要致力于为神话观念赢得一种客观性。

歌德曾经说过——我一下子想不起他是在什么场合说的——"如果一个人希望在工作中全神贯注不受打扰,那么他最好是尽可能隐藏自己的计划"。如果做不到这一点,这就好比人们偶然听说他知道埋着宝藏的地点,那么为了尽可能避免损失,他可以保持镇定,听任这些人急急忙忙冲在前面去徒劳地挖掘,除非他们非常礼貌和谦虚地愿意在他挖掘宝藏时至少助以一臂之力[,才予以指点。] 很显然,如果一位公开授课的教师不是仅仅重复一些老掉牙的常识,那么最糟糕的事情莫过于他的知识转眼之间就招致成千上万的应声虫,尤其在德国,教师在讲坛上话音刚落,这些知识就通过各种正大光明的和隐晦曲折的途径,尤其通过一些课堂笔记,辗转流传到最遥远的地方。人们经常诋毁大学教师,指责他们自甘堕落,思想贫乏,但如果教师奋起反抗那种未经授权就侵占其仅仅口头传授的思想的做法,人们又会指责教师小肚鸡肠,斤斤计较。关于第一点,我们不妨听之任之,因为任何人都没有义务必须具有丰富的思想,无辜的贫困也不是一种耻辱。至于第二个指责,人们倒应当好好考虑一下。举个例子,如果一个人从未如此幸运地扛起武器保卫自己的祖国,如果他从未参与政府管理或国家立法等公众事务,只会借助于他的诗歌创作或某些科学思想来回答 Dic cur hic[说吧,你为什么在这里？]① 这样的问题,那么他确实有几分权利去期望当代或后世的人会记着他,殊不知那些最高贵的人物却根本并不把这件事情放在心上。刚才提到的那位伟大诗人[歌德]在其自传中说,即使一位莫逆之交提前想到了他正在构思的一个题材,这也根本不像常人认为的那样是一件多么值得嫉妒的事。或许人们会说,劫富济贫毕竟是一件好事,但无论是谁,只要他去思考科学的对象或日常生活里出现的对象,并且习惯于毫无保留地将自己的思想表达出来,就一定有机会去安静地接受这个基督教美德的考验。无论如何,这个慷慨也有限度,因为如此之多的忘恩负义恰恰是由慷慨造成的。我指的不是通常的忘恩负义,针对这种忘恩负义,有些教师抱怨道:"或许这种事情是自然的,正如一个磁极在切点那里激发起与它对立的另一极也是自然的。"同样自然的是,如果一个人偶然知道了另一个人的思想,并且把它们当作自己的思想拿到市场上贩卖,那么他会成为后者的不共戴天的死敌。真正奇怪的是,恰恰是那些声嘶力竭地宣称要反对盗版翻印的人,还有那些最为声名狼藉的从事这项肮脏手艺活的人,却劝告大家要宽容地看待"提前盗印"(Vordruck)②,殊不知假若这种提前盗印能够得逞,那么它将是一个比盗版翻印还要恶劣

---

① 这是德国政治家和人文主义思想家莫施罗舍(Johann Michael Moscherosch, 1601—1669)的一句名言,意思是要每一个人思考自己存在的意义。——译者注
② 这里涉及1843年一件著名的公案。谢林的宿敌保卢斯神父擅自发表了他在柏林大学第一个学期的讲课笔记,而且加上了许多恶意的评论。谢林对此非常愤怒,向法庭申请查封此书。这场官司持续了两年多,最后被普鲁士最高法院驳回,理由是保卢斯并没有"剽窃"谢林的著作,而是以"教学参考资料"的名义"提前刊印"谢林的讲稿,因此并非侵权。作为抗议,谢林于1846年决定停止大学授课。——译者注

得多的窃贼。人们也以错字连篇为理由来指责盗版翻印,殊不知那些被剽窃的思想无论以何种形态来到这个世界,都总是遍体鳞伤和肮脏不堪的,甚至有可能引起原创者本人的厌恶。如果一位公开授课的教师所传授的不是普通常识,而是一些新颖而独特的思想,那么[擅自]使用其课堂笔记就意味着一方面希望向教师学习,另一方面却不承认自己是他的学生,同时这还意味着,企图通过抢跑而领先于竞争对手,因为那些竞争对手要么没有机会使用这些笔记,要么蔑视这种使用笔记的做法;简言之,无论一个人如何小心翼翼地使用这些材料,他都至少在方法、具体论述、表达方式(如果它们是新颖而独特的)等方面占得了先机。再者,即使上述一切没有造成多么严重的后果,那也是因为真正的原创者总是会笑到最后脱颖而出,于是适合现在这个情景的不再是 Sic vos non vobis [你的这个东西不属于你]①,而是另一句格言:Sic redit ad dominum, quod fuit ante suum [他重新成为他曾经拥有之物的主人]。

我们刚才的结论是,神话在一般的意义上是通过一个过程而产生出来,而在特殊的意义上是通过一个神谱过程而产生出来,而且人类意识在本质上就被束缚在这个神谱过程里面。在我们掌握这个概念之后,按照迄今的整个研究所遵循的进路,这个概念就立即重新成为一个新的考察研究的出发点,甚至可以说,那个过程将成为**科学**的唯一对象,而我们迄今讲授的东西就扮演着科学导论

---

① 据说维吉尔因为自己的作品遭到另一位诗人巴提鲁斯(Bathyllus)的剽窃,于是在墙上写了这句名言。——译者注

的角色。你们肯定已经发现,我们最开始只是利用那个结论去考察过程的**主观**意义,即过程对于**包揽在过程中的人类**而言所具有的意义。这个意义也必须首先得到澄清;因为迄今的整个研究都是从那样一个问题出发:神话原初地意味着什么?或者说,神话对那些目睹其产生过程的人来说意味着什么?单就这个问题而言,我们已经达到了一个完全令人满意的揭示,因此这个研究可以说已经完成了。但恰恰在这种情况下,我们不得不回答一个更高层次的问题,即过程在与那个从属于它的意识无关的情况下,自在地看来,客观地意味着什么?

现在我们已经认识到,那些在过程中自行生产出来的观念对于被它们束缚的人类来说具有一种**主观的**必然性,随之恰恰具有一种主观的真理。但很显然,上述情况并不排除这些观念**客观地**看来却是虚假的和偶然的,而在这个意义上,我们也可以想出一些解释,这些解释因为只有站在当前的主观必然性的立场上才是可能的,所以不可能提前得到讨论。所有早先的解释及其前提都是局限在历史时间的范围之内;现在我们提出一个以超历史的事件为源头的解释,而且我们在这里发现了前人压根不可能想到的一些事件。有一个极为古老的观点,认为人类里面的异教思想和一切丑恶东西都是仅仅起源于原罪。这个起源可能有时候具有**道德的**色彩,有时候具有**虔信主义**或**神秘主义**的色彩。但无论是采取哪一个形态,这个观点都应当被认可,因为它已经认识到,除非人类**实实在在地偏离**其原初的立场,否则神话不可能得到解释。在这个问题上,它和**我们的**解释是一致的;但不同的地方在于,它的解释路线认为尤其有必要把自然界牵扯进来，并且用自然界的拟神化去解释多神论。至于人以何**种方式**走向自然界的拟神化，在这个问题上，神学观点与那些备受赞誉的类比解释分道扬镳；关键在于，只要主张自然界的拟神化，这个起源就被重新纳入一个之前已有的释义范畴。据说，人通过原罪而落入自然界的吸引层面，沿着这个方向越陷越深，进而将受造物和造物主混为一谈，于是造物主在人看来不再是独一神，而是转变为多个神。以上大概就是这个解释的主要内容——在形式上最为简单。如果披上神秘主义的外衣，它还可以通过如下方式更明确地表述出来：也就是说，我们的出发点并非必然是一种原初的，甚至如此辉煌的**知识**，毋宁是人类在神性统一体里面的一种**存在**。人在被创造的时候就进入了神性的核心，而且人在**本质**上就是要存在于核心之内，因为他只有在那里才是适得其所。只要他置身于核心之内，那么他看到的事物都是存在于上帝之内，也就是说，事物不是像通常看到的那样处于一种无精神和无统一的外在状态中，而是层层递进，直至把人当作它们的首领，进而通过人而被上帝接纳。但是，当人推动自己走出并偏离中心点之后，外围就变得模糊，那个神性统一体也发生偏移，因为人本身不再像上帝一样凌驾于事物**之上**，而是降落到和事物同一个层次。当人已经身处另一个地方，却又希望保持自己的核心位置以及唯有在这个位置才能够获得的直观，他就苦苦挣扎，力图在那些已经遭到破坏和分离崩析的东西里面坚持原初的神性统一体，而在这个过程中，产生出一个居间的世界，即我们所说的诸神世界，这个世界仿佛是一个关于上界存在的梦，而人自从跌落

XI, 206

凡间之后,长久以来一直都做着这样一个梦;对人来说,这个诸神世界实际上是不由自主地产生出来的,是一个基于人的原初关系而强加在人身上的必然性的后果,这个必然性的作用一直延续到人的最终觉醒,在那里,人达到了自我认识,投身到这个脱离了上帝的世界中,由于摆脱了他不能保持的直接关系而欢喜雀跃,并且更卖力地用一个间接的,但同时让他自由自在的关系去取代那个直接关系。

这个解释也回溯到了人的原初存在,对它而言,神话同样是一个不由自主的过程的结果,而人之所以落入这个过程,是因为他离开了他的原初位置。但正如你们看到的,按照这个解释,神话不但是某种虚假的东西,而且是某种纯粹主观的、立足于观念的东西,这些观念没有现实的外在对应物,因为拟神化的自然事物不再是现实的事物。尤其值得注意的是,这种把事物拉扯到解释里面的做法是**偶然的**,相比之下,我们达到"过程"概念的方式本身就表明,这个概念不需要任何外在于意识的东西,只需要一些设定并建构着意识本身的本原,此外无他。人在神话过程中所面对的根本不是事物,而是**一些在意识自身的内核里面崛起**并且推动着意识的**力量**。神话是通过神谱过程而产生出来的,后者是一个**主观的过程**,因为它在**意识**之内运行,并且通过观念的生产而证实自身,但这些观念的原因乃至对象却是一些**现实地**且**自在地**催生诸神的力量,而恰恰通过这些力量,意识原初地就是上帝的设定者。过程的内容不是一些仅仅位于**观念中**的潜能阶次,而是**潜能阶次本身**——它们不但创造了意识,而且创造了自然界(因为意识仅仅是自然界的终点），因此同样是一些现实的力量。神话过程与自然**事物**无关，而是与一些纯粹的、创造性的潜能阶次有关，而这些潜能阶次的原初产物就是意识本身。因此在这里，当解释完全穿透到客观东西之内，整个过程也完全成为**客观的**过程。过去有一个点，我们在那里把当时全部讨论过的解释统称为"非宗教的"解释，以便把它们与一般意义上的"宗教的解释"（作为仅存的可能的解释）对立起来，而现在我们需要一个更普遍的名称，以便把那些迄今已经被驳斥的宗教的解释当作谬论而封存在其中。现在，我们希望把迄今出现的全部解释，包括某些宗教的解释（它们赋予神话观念以一种纯粹偶然的或主观的意义），统称为**主观的**解释，而屹立在它们上方的，是最终独执牛耳的**客观的**解释。

　　神话过程以那些自在地催生诸神的潜能阶次为原因，这个过程不是仅仅具有一般的宗教意义，而是具有**客观的－宗教的**意义；因为在神话过程中发挥着作用的是这样一些潜能阶次，它们自在地就设定了上帝。但即便如此，我们也仍然没有达到最终的规定，因为我们早先听说过一种一神论，据说它已经**分离崩析**，分裂为多神论。也就是说，虽然过程里面可能存在着一些催生诸神的潜能阶次，但这些潜能阶次本身在其中已经分离崩析，并且是通过这种**分离崩析**而造成这个过程。假若是这样，那么神话确实仅仅是原初意识的扭曲、碎片和废墟。诚然，过去我们是把那种有可能分裂为多神论的一神论思考为一种历史的一神论，而且它在人类的某一段时间里应当存在过。但我们现在必须推翻这样的一神论，转而承认原初意识的一种本质上的、亦即潜在的一神论。也就是

XI, 208

说，这种一神论至少是一种能够在神谱过程里摧毁自身的一神论，这样人们也可以说：同样一些潜能阶次，当它们共同发挥作用并形成一个**统一体**时，就使意识成为上帝的设定者，而当它们**分离崩析**时，就成为过程的原因，并且通过诸神而被设定下来，于是产生出神话。

但现在首要的问题是，在那个假定的过程里，**真正的统一体**如何可能摧毁自身？我们岂非应当宣称，严格说来只有**虚假的**独一性才会遭到摧毁，而这种摧毁本身又仅仅是一个**手段**或过渡，其唯一的目的在于重建真正的统一体，让那种起初仅仅是本质上的或潜在的一神论在意识里得以重建，并在最终的目标里得以实现？

对此只能有如下的答复。神话在本质上是一种相继式多神论，这种多神论只能通过诸潜能阶次的一个现实的前后相继而产生出来，在这个顺序中，先行的潜能阶次总是要求随后的潜能阶次成为它的补充，并通过这个方式最终让真正的统一体被设定下来；但这些整合并重建着统一体的环节的先后出现恰恰是一种分离崩析，或者说至少预先设定了它们的分离崩析。

后面这一点是能够得到认可的，但人们必须补充一点，即这种分离崩析不是在那个生产出神话的过程自身之内发生的，因为诸潜能阶次之所以在这个过程里先后出现，仅仅是**为了**重新设定并生产出统一体。也就是说，**过程的意义**不在于让那些设定着统一体的环节分离崩析，而在于让它们融合起来，因此过程本身不是在于分裂，而是在于重建统一体。从所有迹象来看，过程的诱因是这样一个潜能阶次，它在意识不知情的情况下掌控了意识，成为一个排他性的东西,亦即排斥另一个潜能阶次;就此而言,这个潜能阶次推翻了真正的统一体,但当它再度摆脱排他性并通过一个过程而被克服,就恰恰转化为一个设定了统一体的潜能阶次,而且它不再是安静地,而是**现实地**,或像我经常说的那样,cum ictu et actu[大张旗鼓地]设定了统一体,以至于现在设定下来的一神论是一**种现实的、后来产生的**一神论,进而同时是一种**被理解的**、对意识本身而言客观的一神论。也就是说,那种造成紧张局面并诱发过程的虚假东西是位于**过程**之前;至于过程自身**之内**(这是关键之所在),则没有虚假的东西,只有**真理**;这个过程是重建自身并实现自身的真理的过程;当然,真理不是位于个别环节那里,否则它就不需要随后的环节,不需要过程了;但真理是在过程自身之内自行生产出来的,因此它——作为自行生产出来的真理——**存在于**过程之内,是过程的终点,而过程作为**整体**则是在自身内包含着完满的真理。

  人们曾经觉得无论如何不可能在神话里面找到真正的真理,于是充其量只能断言其中有一种**扭曲的**真理;之所以如此,原因恰恰在于,他们不是在**结果**中,而是抽象地看待那些个别观点,也就是说,他们没有上升到对于过程的概念的认识。人们可以承认神话里的个别东西是虚假的,但不能说整体在其最终的意义上,亦即在过程中看来,是虚假的。相继式多神论仅仅是一条重新生产出真正统一体的道路,多神论本身说来仅仅是一种在整体里(如果人们把注意力放在整体上的话)重新扬弃自身的**偶性东西**,而不是过程的目的。就此而言,人们之所以认为神话里的某些东西是虚假的,原因仅仅在于,他们误解了过程,或者说仅仅以支离破碎的方式去考察过程;既然如此,这就是考察者犯的错误,因为他仅仅以外在的方式,而不是按照神话的本质(在过程中)去看待神话;这只能说明考察者的神话观是虚假的,却不能说明神话本身是虚假的。

为了澄清这一点,我们也可以拿神话里的个别环节与哲学里的个别命题进行比较。在一个真正的体系里,每一个命题从它自己的位置,从它自己的时间来看,也就是说,就它处于一个不断推进的运动中而言,都是真实的,但如果单独来看或从持续的推进运动中抽取出来,则是虚假的。因此有一个环节是不可避免的,在那里,我们**必定**可以说:上帝也是自然界的直接本原;因为什么东西竟然能够不是上帝,并且把上帝排除出去呢?在某些鼠目寸光的人看来,这种说法已经是泛神论,而他们把"上帝是**一切**"理解为"上帝是一切**事物**";问题在于,事物服从于纯粹的原因,并且是从原因中推导出来的,而上帝正因为是**一切**,所以也是那个直接本原的对立面,因此那个命题在不同的角度上看既可以是真实的,也是虚假的;如果它的意思是说,上帝虽然是自然界的本原,但不是为了作为这个本原而存在,而是为了重新扬弃或否定自身,把自己设定为精神(这里我们已经看到三个环节),那么它是**真实的**;但如果它的意思是说,上帝不多不少仅仅是那个固定的本原,那么它是**虚假的**。通过这个方式,我们顺便也解释了,某些最为迂腐,而且在其他方面最为无能的笨蛋,如何通过一个极为简单的伎俩,从而轻易地把一个最深刻的命题歪曲为一个虚假的命题,也就是说,他们违背"切勿这样对待命题"这一公开警告,**单单**强调这个命题,却对命题的后续发展矢口不提,而他们的这个做法要么是故意的,要么是无意的;当然,后面这种情况更为常见,因为他们总的说来没有能力理解把握任何类型的整体。

"根据这个命题,多神论岂非就不是虚假的宗教?甚至最终说来根本就没有虚假的宗教?"关于第一个疑问,我们的观点仅仅是,神话并非在自身之内就是虚假的,毋宁说,神话在它所具有的前提下是真实的,正如自然界也只有在一个前提下才是真实的。至于第二个疑问,我们已经解释过,即神话的任何一个环节如果不是作为**环节**而被看待,从而**脱离**与其他环节的关联,那么就是虚假的。按照此前已经做出的暗示,现在我们必须断定,各个民族的不同神话实际上仅仅是一些**环节**,即那个贯穿整个人类的过程的唯一环节;就此而言,每一种在一个民族里已经固定并保留下来的多神论宗教,作为这样的宗教,亦即作为一个现在孤立持存的环节,当然是一种虚假的宗教。然而我们恰恰不是在这些支离破碎的环节里考察神话,而是把它当作一个整体,在它持续推进贯穿全部环节的运动中,在这个紧密的联系中考察它。只要人类(因此也包括其每一个部分)仍然沉潜在神话运动之中,只要它——像我说的那样——仍然以这道洪流为载体,它就走在通往真理的道路上;只有当一个民族脱离运动,并且把引领过程的任务转交给另一个民族,它才开始陷入谬误,陷入虚假的宗教。

神话的个别环节不是真理,毋宁说,只有作为整体的过程才是真理。不同的神话本身仅仅是神话过程的不同环节。就此而言,任何个别的多神论宗教(比如相对的一神论)当然都是一种虚假的宗教，——但多神论作为其延续的环节的整体，却是一条通往真理的道路，甚至本身就是真理。或许人们会由此推论出：在这种情况下，那个最终将全部环节统一起来的神话必定是真正的宗教。从某些方面来看，事情确实是这样的，也就是说，**只要那个假定的过程始终把从神性自主体那里的异化当作自己的前提**，那么在这条道路上，真理总是可以达到的；换言之，神性自主体虽然不是位于神话意识之内，但它确实是后者的全等形象（Gleichbild）。形象并非对象本身，但和对象本身又是一模一样的：在这个意义上，形象包含着真理；但由于形象毕竟不是对象本身，所以它也不是真相。按照同样的方式，在最终的神话意识里，真正的上帝的**形象**被制造出来，但与此同时，与神性自主体（亦即真正的上帝本身）的关系并未被给予，毋宁说只有基督教才开启了进入这个关系的大门。神话过程最终达到的一神论不是虚假的一神论（因为不可能有虚假的一神论），但相对于真正的、秘传的（esotersichen）一神论而言，它仅仅是外传的（exoterischer）一神论。

　　各种多神论宗教单独看来都是虚假的宗教，好比自然界里的每一个事物一旦脱离那个贯穿一切东西的运动，或从过程中被抛出来并固化为一个僵死的残余物，就不具有真理，亦即不具有它在整体里并且作为整体的环节所具有的**真理本身**。那些直到今天都仍然存在着的异教民族（比如印度人）与他们的迷信崇拜的对象之间是一种极为愚蠢的关系，不仅如此，从根本上说，普通希腊人与他们的固化的宗教诸神之间也是同样的关系。**过程作为整体是真理**，而虚假的宗教严格说来始终只是过程的一个僵死的，从而已经变得无意义的残余物。任何宗教实践活动,如果它是基于一个现在不再为人所知的联系或一个不再可理解的过程,那么都是一种"迷信"(Superstition)。人们一直都在追问这个拉丁词语的词源学,亦即追问其原初的意义。有些人认为,最开始只是一个对于永生抱有迷信思想的人用这个词语去指称离世者的亡灵;这个说法指出了迷信的对象,但没有表达出根本原因(即抱有迷信思想的人本身)。相比之下,还不如说每一种虚假的宗教都仅仅是 superstes quid[某种永生的东西],即一个不再可理解的东西的残余物。与此同时,某些看上去神秘莫测的神却被罗马人称作 dii praestites[守护神]①;因此我们不妨假定,虽然这些神在一个更古老的形式

XI, 213

---

① 在奥维德和普鲁塔克看来,这些守护神是指**家庭神**(Laren)。普鲁塔克的相关文本(《罗马问题集》,莱斯克编,第 119 页)是这样说的:Διὰ τί τῶν Λαρητῶν, οὓς ἰδίως 'πραιστίτεις' καλοῦσι, τούτοις κύων παρέστηκεν, αὐτοὶ δὲ κυνῶν διφθέραις ἀμπέχονται,' ἢ πραιστίτεις μὲν οἱ προεστῶτές εἰσι, τοὺς δὲ προεστῶτας οἴκου φυλακτικοὺς εἶναι προσήκει, καὶ φοβεροὺς μὲν τοῖς ἀλλοτρίοις (ὥσπερ ὁ κύων ἐστίν), ἠπίους δὲ καὶ πράους τοῖς συνοικοῦσιν; ἢ μᾶλλον, ὃ λέγουσιν ἔνιοι Ῥωμαίων, ἀληθές ἐστι καί, καθάπερ οἱ περὶ Χρύσιππον οἴονται φιλόσοφοι φαῦλα δαιμόνια περινοστεῖν, οἷς οἱ θεοὶ δημίοις χρῶνται κολασταῖς ἐπὶ τοὺς ἀνοσίους καὶ ἀδίκους ἀνθρώπους, οὕτως οἱ Λάρητες ἐρινυώδεις τινές εἰσι καὶ ποίνιμοι δαίμονες, ἐπίσκοποι βίων καὶ οἴκων διὸ καὶ κυνῶν δέρμασιν ἀμπέχονται, καὶ κύων πάρεδρός ἐστιν, ὡς δεινοῖς οὖσιν ἐξιχνεῦσαι καὶ μετελθεῖν τοὺς πονηρούς[为什么在人们称之为守护神的家庭神旁边放一只狗,为什么家庭神本身也披着狗皮?难道不是因为这些站在前面的号称"守护神"的神应当是一些站在家门口的卫士,就像狗一样,对陌生人来说是可怕的,对家人来说却是温和可亲的?抑或真正的原因是像一些罗马人(比如克吕希波的哲学学派)所断言的那样,虽然有某些恶灵四处徘徊,受诸神之托作为刽子手和复仇者去惩罚那些亵渎神灵的和不公正的人,但即使在这种情况下,家庭神作为复仇女神那样的惩戒之神,仍然监管着人类的生活和住所?正因如此,家庭神都是披着狗皮,并且牵着一条狗作为向导,因为人们相信他们擅长搜索和追踪作恶的人]。参阅格鲁特尔《铭文集》第 22 页第 1 号,第 1065 页第 2 号"朱庇特守护神"。——谢林原注。译者按,普鲁塔克(Plutarch, 45—120),罗马帝国时期的希腊作家和哲学家,代表作为《希腊罗马名人传》。

下也被称作 superstites［永生者］，但这个词语的意思仍然是指"守护神"。

综上所述，似乎可以说各种多神论宗教就是一个已经变得无意义的整体，而它们则表现为一个坍塌的体系的废墟；但这样一种类比并不能解释它们是如何**产生出来**的。人们不应当在一个早先已经得到理解的原初体系里，而是必须在一个不再可理解的过程里去寻找统一体，这个过程不是仅仅具有主观的（对包揽在其中的人类而言的）真理，而是具有自在的真理或客观的真理；通过这个解释方式，那迄今唯一被认为不可能的东西，或者更确切地说，那从来没有被**想到的**东西，体现为一个必然的结果，即恰恰在**严格意义上的**神话里，亦即就神话是一个过程或一种相继式多神论而言，存在着**真理**。

这里我希望利用这个最终的结论给大家展示一个图（图 9-1），据此可以一目了然地表明，如果人们把**客观的**真理当作根本视角，各种观点是如何呈现出来的。唯一需要指出的是，在进行分类的时候，这些观点获得的位置可能会不同于它们在早先的推演过程里具有的位置，而这是很自然的，因为它们是从"神话观念所**意谓**的是什么"这一问题出发，所以那里只能谈到它们的可能的主观真理。

A. 神话里面**根本没有**真理； 1）要么神话**仅仅**具有一种诗意的意谓，因此出现在其中的真理是一种纯粹偶然的真理； 2）要么神话是由一些无意义的观念构成，这些观念是由无知制造出来的，而后通过诗歌艺术得到塑造，并结合为一个诗意的整体（福斯的观点）。	B. 神话里面有真理，但**严格意义上的**神话里面没有真理。神话因素 1）要么是一种**包装**或**掩饰** a）其包装或掩饰的是一种历史真理（欧赫美尔的观点）； b）其包装或掩饰的是一种物理学真理（海涅的观点）； 2）要么是**误解**或**扭曲** a）其误解或扭曲的是一种纯粹科学的（本质上非宗教的）真理（赫尔曼的观点）； b）其误解或扭曲的是一种宗教真理（琼斯和克罗伊策的观点）。
C. **严格意义上的神话里面有真理。**	

图 9-1

很显然，这里有一个从观点 A 经过观点 B 而到观点 C 的**推进**；实际上，第三种观点同时是前两种观点的结合，也就是说，第一种观点坚持**本真的**意义，却拒绝任何宣教的意义，而第二种观点虽然承认有一种**宣教的**意义或认为神话所意谓的是真理，但又认为这些真理仅仅要么是一种经过包装的真理，要么是一种扭曲的真理，反之第三种观点却是在本真意义上的神话里面同时看到了它的真理。正如你们看到的，第三种**观点**只有通过**解释**才是可能的；换言之，正因为我们必须假定神话里面有一个必然的产生过程，所以我们也必须在其中认识到一个必然的内容,亦即真理。

神话里面的真理首先并且主要是一种**宗教的**真理,因为它由之产生的过程是一个神谱过程,而且毫无疑问是主观的,也就是说,神话对于卷入这个过程的人类而言仅仅具有**这种**意义,即宗教的意义。但**绝对地**看来,神话——以及它由之产生的过程——仍然只具有这种特殊的意义,却不具有**普遍的**意义吗?

请你们考虑如下情况。神话过程里的意识是由一些实在的(现实的)力量所推动的,而这些力量的延续恰恰是一个过程;按照现在的规定,意识是通过这些力量才原初地并且在本质上就是上帝的设定者。如果不是这些创造出意识,甚至植入意识的力量,还有什么力量**能够**设定并创造出自然界呢?是的,人类意识和自然界一样,是一种后来形成的东西,并且不是位于创造**之外**,而是创造的**终点**;因此人类意识必定是全部潜能阶次共同作用的目标,而这些潜能阶次在此之前,在脱离紧张局面或处于紧张局面的时候,是对自然界发挥作用。简言之,那些在意识的内核(这是我们早先的说法)里重新崛起并催生出诸神的力量只能是创世的力量本身,而一旦它们重新**崛起**,就不再是一种主观的、把意识当作其统一体而服从的力量,而是重新成为客观的力量,这时它们在意识看来重新具有了外在的**宇宙**力量的属性,而它们在其**统一体**中,亦即当它们设定意识的时候,早已失去这个属性。正如之前所说,神话过程只能是已扬弃的统一体的重建;但这个统一体得以**重建**的唯一方式,只能是它原初地**被设定**的方式,也就是说,各个潜能阶次必须经历它们在自然过程里已经具有的全部位置和相互关系。神话不是在自然界的一个作用下产生出来的,毋宁说,人类的内核通过这个过程**摆脱了**那个作用。因此**按照同一条法则**,神话过程也必须经历自然界原初地已经经历的全部层次。

自在地看来,我们只能把这个过程(它表明自己是一个神谱过程)的诸本原思考为**全部**存在和**全部**转变的本原。就此而言,神话过程不仅具有宗教的意义,而且具有**普遍的**意义,因为这是一个在自身之内重复着的普遍过程;相应地,神话在过程中具有的真理也是一种无所不包的、普泛的真理。人们不应当像通常那样否认神**话具有历史**真理,因为神话由之产生的那个过程本身是一个真实的历史,是一个现实的事件。同样不可否认神话具有物理学真理,因为自然界既是神话过程的必经之点,也是普遍过程的必经之点。神话的内容不是**抽象的**宗教内容,因此不同于普通有神论的教科书概念的内容。一边是位于其纯粹本质性中的意识,另一边是得以实现的意识,一边是意识里的仅仅在本质上被设定的统一体,另一边是作为过程的目标在意识里得以实现的统一体,而世界就处在正中间。因此,神谱运动的诸环节不是仅仅对于这个运动才具有意义,而是具有**普遍的**意义。

简言之,只有在过程中认识神话,才能够认识到神话的真理以及真正的神话。但那个仅仅以特殊方式在神话中不断重复着的过程乃是一个**普遍的**、**绝对的**过程,既然如此,真正的神话科学就是一种在神话中呈现出绝对过程的科学。但只有哲学才能够呈现出这个绝对的过程,**因此真正的神话科学是神话哲学**。

人们切不可像过去对待类似的命题那样扭曲这个命题。过程

XI, 217

的理念不应当在一种臆想出的神话里，而是只能在现实的神话里呈现出来；我们的任务不是仅仅描画出一个普遍的**轮廓**，毋宁说，关键在于要认识到那些在现实中已经不可避免具有偶然形式的环节；但人们是从什么地方知道这些偶然形式的呢？无非是通过历史考证，因此神话哲学并不拒斥历史考证，而是以之为前提。神话事实的考证首先是古代研究者的任务，但哲学家必须有权利去检验这些事实是否已经正确地和完整地考证出来。

除此之外，"**真正的神话科学是神话哲学**"这一命题仅仅表明，其他考察方式没有认识到神话中的**真理**；但那些考察方式自己也承认这一点，因为它们要么认为神话根本不具有真理，要么认为严格意义上的神话不具有真理。

当我们最初说出"神话哲学"这一概念时，必须认识到它是一个悬疑的概念，也就是说，这个概念本身需要论证。诚然，每一个人都有权利借助于一个随后的第二格而把"哲学"这个词语和任何一个对象联系在一起。在某些国家，"烹饪哲学"已经是一种不足为奇的东西，在我们德国，前些年也有一位服务于宫廷的税务官员馈赠给我们一种"邮政哲学"，甚至按照康德的范畴表对其展开论述。著名的富克鲁瓦①当年有一部卓有贡献的著作，书名叫《化学哲学》，但其中根本没有任何一丝值得炫耀的哲学特征，除非在人们看来，流利的推演过程和逻辑联系已经是哲学的特征。尽管如此，我们德国人已经通过"自然哲学""历史哲学""艺术哲学"等概念获得了一个尺度，以衡量这种词语组合是否具有意义，也就

---

① 富克鲁瓦（Antoine François de Fourcroy, 1755—1809），法国医生和化学家。——译者注

说，如果一个组合仅仅表明，某项研究具有清晰性和方法，或人们对于熟知的对象只希望泛泛地提出一些哲学思想，那么我们就放弃这个组合；因为清晰性和方法是任何研究都应当服从的要求，而只要一个人稍有能力，他对于世界上的什么对象不能具有一些哲学思想呢！

那个客观的、独立于人类的意谓、思维和意愿的产生过程也给予神话一个客观的内容，并且伴随着客观的内容同时给予其客观的真理。与此同时，虽然这个观点决定着"**神话哲学**"究竟是不是一个在科学上可能的概念或一种纯粹滥用的词语组合，但它却不应当被当作一个预设。在对这个观点进行论证时，我们仍然置身于这个预告的科学领域**之外**，仍然立足于一个纯粹的预先研究，——事后想来，假若人们从一开始就把神话当作**普遍的**现象并由此推论出一个必然而普遍的**原因**，那么这个预先研究或许能够沿着一条更便捷的道路达到其目标；但这个推论并不能同时得出我们现在已经认识到的这些原因的**特定本性**；除此之外，这个推论也与一些解释相冲突，按照这些解释，那种预设的普遍性只不过是一种虚幻的普遍性，因为不同神话里的内容的亲缘性是一种外在地通过不同民族之间的传承而得出的东西；需要指出的是，这个解释方式不是由我们的同胞，而是由那样一些人士提出的，他们固执地认为自己的职责就在于以最深刻的方式去研究这个对象，更何况他们的洞察力在别的研究领域里已经得到承认。这里尤其需要克服一种厌恶感，因为许多人出于这种厌恶感从一开始就反对哲学的任何介入，而如果有人指出他们的观点和解释跟哲学无关，他们就会霸气地回应道:"我们的观点本来就**应当**和哲学无关,我们对哲学毫无兴趣。"出于同样的态度,比利时人也是这样回应约瑟夫二世①派来的总督:Nous ne voulons pas etre libres [我们不想要自由]。因此这些人必定会由于其站不住脚的错误解释而误入歧途。当然,也不能说这项工作完全和哲学无关。因为如果像柏拉图和亚里士多德说的那样,哲学家特别喜爱令人惊诧的东西,那么当这个东西遭到虚假解释的扭曲和遮蔽时,哲学家忠于职责的表现,就是尽力把它从这些掩盖物中解救出来,呈现出它的纯粹形态。再者,由于单纯的列举无济于事,所以这项工作从形式上看也是一项哲学工作,因为它使用了一种方法,即尝试着通过不断否定单纯相对的真相(它恰恰因此同时是一种相对虚假的东西)而达到**真相本身**。在我们看来,只有那样一种解释才属于神话哲学,它唯一预设的是人类本性的一个必然而永恒的关系,这个关系在持续的发展中对于人类本性而言转化为一条**法则**。就此而言,我们不是自上而下仿佛独断地提出"神话哲学"这一概念,而是采取了那**种唯一普遍地令人信服的做法**,即自下而上对其进行论证。在这里,其他那些观点必须充当真正观点的铺垫,因为那些观点至少分别掌握了对象的某一个**方面**或某一个环节,而这个环节必定会包揽在完满的理论里面并且必定得到考量。

虽然我们这个研究的前半部分的立场主要是**历史批判的**或**辩证的**立场,但任何人都不会把投入在这上面的时间看作是浪费,因

---

① 约瑟夫二世(Kaiser Joseph II., 1741—1790),出身于奥地利哈布斯堡家族,1765—1790任神圣罗马帝国皇帝。——译者注

为他知道这个做法对全部科学而言具有什么价值，哪怕我们迄今只做了一件事情，即完全从根据出发进行研究，并且穷尽了一切可能性。

"神话哲学"这个概念从属于一个普遍的概念，即"神话**理论**"。同一件事情可以成为一种单纯的外在知识的对象，那里只考察事情的**存在**，不考察事情的**本质**；当这种知识上升到对于本质的考察，就成为理论。由此很容易看出，只有存在着真实本质的地方，才可能有一种相关理论；但"本质"的概念却意味着，它是存在或运动的本原和源头。机械传动装置不是一个**出于自身**而发挥作用的东西，虽然人们经常也把"理论"这个词语用在一种纯粹机械的生产运动上面，但只要一个地方完全看不出一个内在的运动源头或一个内在驱动的本质的痕迹，那么这里根本就毫无理论可言。

之前的那些解释认为神话缺乏这样一个本质和内在本原，正因如此，只能说它们是一些完全名不副实的理论。反之神话哲学本身就意味着，它的解释是一种真正名副其实的理论。对于任何一个自然的或历史的对象，相关理论本身无非是一种**哲学**考察，其关键仅仅在于揭示出那个活生生的迈向发展的萌芽，或总的说来揭示出对象的真正的、本真的**本性**。

乍看起来，没有比"真理"和"神话"更为风马牛不相及的东西了，这一点在那个习以为常的词语"**关于传说故事的学说**"（Fabellehre）① 那里也有所体现。正因如此，没有比"哲学"和"神话"

---

① 众所周知，希腊词语"神话"(Mythos)并非必然包含着一个与我们的"传说故事"(Fabel)这一词语相联系的附属概念。——谢林原注

更为针锋相对的了。但这个对立恰恰包含着一个明确的要求和任务，即我们应当在这个貌似非理性的东西里面揭示出理性，在这个貌似无意义的东西里面揭示出意义，而且我们不应当效仿人们迄今一直采取的做法，即随意地进行区分，以至于只要人们敢于主张某个东西是合乎理性的和有意义的，这个东西就被宣称为本质性东西，而余下的所有东西则仅仅被宣称为偶然的，被算作包装或扭曲。但我们的意图毋宁是，让形式也显现为一个必然的、并在这个意义上合乎理性的形式。

如果一个人在神话里看到的全是与我们的日常概念相冲突的东西，于是认为神话不配得到任何考察，尤其不配得到哲学考察，那么他最好想明白，对于那些头脑空空，已经对日常景象麻木不仁的人，自然界当然很难激发起什么惊诧，但即便如此，我们仍然可以设想一种精神性思绪或伦理思绪，对它来说，自然界必定显现为一种与神话同样难以置信、同样美妙和同样稀奇的东西。假若一个人已经习惯于生活在一种具有崇高的精神性或道德性的出神状态（Ekstase），那么当他把目光投向自然界时，可能会轻易地发出一连串疑问：这种在山峦岩石里白白浪费在幻想形式上面的质料究竟是为了什么？一个神或一个道德存在者会对这样的创造感到称心吗？某些动物有时候对我们而言具有传奇色彩，有时候让我们感到阴森恐怖，在绝大多数情况下，它们的存在体现不出任何目的，而且我们除非亲眼所见，否则都不会**相信**有这样一些动物，但它们的这些形态又是为了什么呢？动物行为里的许多不堪入目的表现究竟有什么目的？这整个形体世界究竟是为了什么？为什么出现在我们眼前的不是一个完全合情合理的、纯洁无瑕的魂灵世界？无论如何，我们都必须始终在这个已经变得莫名其妙的自然界里寻找原初的意义，寻找其最初的产生过程的意义。诚然，许多人在神话里仅仅看到一种无意义的、极为枯燥无味的关于传说故事的学说，但无论他们怎么贬低神话，这些评价肯定不会比某些敌视自然哲学的哲学家对自然界的评价更糟糕，因为这些哲学家只懂得把"无意义""非理性""非神性"之类谓词用在自然界身上。这样评价神话的人必定会更多，这是很自然的。所以，神话哲学在刚开始的时候受到和自然哲学一样的待遇，这不值得大惊小怪，须知自然哲学后来很快就被公认为普遍哲学的一个必然的要素。

对于某些对象，哲学必须认为它们与自己毫无关系。一切在自身内不具有本质上的现实性的东西，一切仅仅存在于人的胡思乱想中的东西，都属于这类对象。虽然神话过程是某种在人类那里独立于他们的意愿和意谓而自己发生的东西，并且与所有纯粹的**人造物**具有同样的亲缘性，但神话却是一个自然的或必然的造物；我们已经承认，神话可以通过诗意的方式得到处置乃至拓展，但它在这些情况下的处境和语言没有什么不同，因为语言同样能够供人无比自由地使用和拓展，并且在一定范围内通过一些新的发明而不断得到充实，但它的根基却是某种对人类的发明和意愿而言遥不可及的东西，某种不是由**人类**制造出来的东西。

其次，哲学与一切破落的或扭曲的东西无关；对它来说，只有原初的东西才具有意义。就像一切通过人类的使用而损耗的东西一样，或许神话里面也有个别松散的部分掉出来，落入不同的诸神

XI, 222

学说，但神话本身不是通过败坏而产生出来的，而是一种努力重建自身的意识的原初产物。

再次，哲学既不能容忍也不能认识的，是那种没有边界、没有尽头的东西。但神话却是一种真正的总体性，一种封闭的、被某些限制拦住的东西，一个自足的世界；神话过程是一个完整运转的现象，类似于物理世界里的疾病，后者严格而自然地运转着，亦即通过一种必然的努力而扬弃自身，将自身重建为健康；它是一个运动，从一个特定的开端出发，经过一些特定的中间站，来到一个特定的终点，从而封闭自身达到完满。

最后，哲学反对僵死的、静止的东西。但神话是一个在本质上就运动的东西，确切地说，一个遵循内在法则而自己推动自己的东西，而活在其中的人类**最高**意识，就是通过矛盾本身，通过克服意识陷身其中的矛盾，表明自己是一种**实实在在的**、真实的、必然的意识。

XI, 223 　　正如你们看到的，"神话哲学"这个表述真正说来和"语言哲学""自然哲学"等类似的表述是完全一样的意思。

这个表述会带来某种麻烦，因为有些人已经把"神话"(Mythologie)本身理解为一种关于"神话"(Mythen)的**科学**。① 假若我愿意使用"神话世界哲学"或类似的说法，当然可以避免"神话哲学"这一表述，[但这是没有必要的，]更何况任何一个稍有文化的人都知道，"Mythologie"这个词语同样可以在客观的意义上被

---

① "神话"(Mythologie)这个词语在字面上是由"神话"(客观存在的神话世界，即 Mythen)加上"逻各斯"(学说)构成的，因此可能会导致谢林指出的这种误解。——译者注

用来指代神话观念的整体本身。

只要人们仍然惦记着把神话看作是一个脱离其联系的整体，并且把一种先于时间的哲学当作这个整体的基础，他们就会把神话哲学理解为一种掩埋在神话中的哲学，进而企图将它挖掘出来或从碎片中将它重新拼凑出来。但这个误解现在已经不再可能。

假若我们的目的只是在于主张哲学对于神话研究具有某种影响，又何必进行详细的论证呢！因为这种影响早就已经得到承认；总有一种哲学在发挥着影响，即便不是一种科学的、深刻的哲学，也是一种偶然的、肤浅的哲学，而通过这种影响，人们至少在看待神话的时候会想到一些必须被预先设定的人类状态。但是，只有当哲学开始亲自经历那些环节，表明自己至少是自我意识的**历史**①，她才通过**自己的**内在的－历史的形态分化而与神话的**内核**建立联系，这个方法后来得到拓展，并且直到现在都持续地发挥着影响；这个关系转变为一个**实实在在的**关系，同时自然界也作为发展过程的一个必然环节而被纳入哲学中。

毫无疑问，神话与自然界具有一种最直接的亲缘性，除了都具有普遍性之外，二者的共同点还在于，它们都是一个封闭的世界，并且相对于我们而言都是一个"过去"。相应地，其内容上的某种同一性也是显而易见的。我们可以很顺畅地把神话看作是一个通过向上折射而上升到精神性东西的自然界。只不过这里还缺少一个使上升变得可理解的工具；在这个意义上，要不是早

---

① 谢林《先验唯心论体系》，图宾根1800年版。——谢林原注

先那些解释真的是太缺失自然哲学的理念,它们无疑会更具有重要性。无论如何,既然一种哲学已经以前所未有的方式使自然东西同时成为神性东西,神话研究就必须通过这种哲学而获得另一种意义。

在最近的神话研究里面,确实有那样一些出类拔萃的研究,它们已经从哲学那里获得其最初的启发,并且从一开始就重新接纳了自然界的要素,正因如此,人们一般地或在总体上把它们称作"自然哲学"(虽然这是一个误称)。但这个联系给那些最初的尝试带来了双重的弊病:首先,它们从一种本身仍然处于转变过程中的哲学出发,主要是受这种哲学激发起的普遍灵感指引,而不是遵循科学的概念,甚至在某些方面变得捉摸不定,沦为各种粗暴的、杂乱无章的排列组合;其次,它们被迫加入一种狂热的仇恨,即自然哲学在早先某些自命为科学和哲学的掌管者那里引发的仇恨。

在此前的讨论里,我本来很愿意提到一位著名人士,约翰·阿诺德·卡尼①,因为无论如何,他都可以跻身于德国学术界的某段过渡时期的代表人物之列;我认识他的时候就发现此人非常风趣,而且有能力领悟最高理念,但与此同时,在命运的喜怒无常的脾气眷顾之下,他注定受累于一种语文学家的博学,即在各种波澜壮阔的,但在绝大多数情况下细微而饱满的伟大事实里面仅仅读出一些鸡毛蒜皮的结论。当然,我们最感到诧异的是,他竟然以为能够利用**这样的**博学为基督教服务,殊不知在我们这个时代,如果不能够用一些简明而伟大的特征表明基督教是一种无往不胜的真理,

---

① 卡尼(Johann Arnold Kanne, 1773—1824),德国作家、神话学家、东方语言学家。——译者注

任何这样的博学都是白费力气。后来他似乎觉察到这类操劳都是瞎忙活，于是一怒之下悻悻然地试图抛弃所有这些跟捡破烂差不多的博学；但这仍然是徒劳的，因为在他最后的那些著作里，他又回到了同样的穿凿附会和旁征博引，在这种情况下，这些工作哪怕具有一定道理，但总的说来只是一些奇谈怪论，最终没有证明任何东西。从这个角度出发，人们可能带着一丝忧伤去看待他的著作，同时忍不住想起一个乞丐的宝盒，这个宝盒虽然沉甸甸的，但里面全都是些铜板和分币。在这些著作里面，《最古老的自然哲学的万神殿》(Pantheon der ältesten Naturphilosophie)[①]或许是他的与神话有关的最重要的作品；此外他还有一本很早就动笔，但没有完工的《希腊人的神话》(Mythologie der Griechen)[②]，这是一部纯语文学的著作，但其中的某些博学的注释仍然很有价值。

但愿在那些与卡尼熟识的人里面，有谁尝试一下用一种通俗易懂的方式阐述他关于神话的基本观点。就我对他的著作的了解而言，这是不可能的；正因如此，在讨论早先出现的那些神话观时，甚至在讨论我称之为神秘主义的神话观时，都不可能提到他的名字。从他早期写作神话研究的整个思维方式来看，我只能推测，他认为神话的基础不是一种单纯**历史的**有神论，而是一种更深刻的一神论，或更确切地说是一种泛神论。无论如何，他的这个贡献不应当被遗忘，虽然按照他的阐述方式，没有人能够由之得出有用的结论或感到自己真正有所受益。

[①] 斯图加特和图宾根1807年版。——谢林原注
[②] 该书第一部分于1803年在莱比锡出版。——谢林原注

但神话的特殊幸运在于,在那些转眼即逝和毫无影响的现象之后,出现了一位像弗利德里希·克罗伊策这样的天才,他把毕生心血倾注在神话上面,用一种古典而优美的阐述,用一种真正恢宏的、以深刻的中心直观为基础的博学,散播并强化了一个信念,即必须立足于一个更高的立场,在最开阔的视野之内去研究神话。

不难预料,某些学者一直坚持着的平庸无聊的观点仍然会站出来表示反对;诚然,单凭声嘶力竭的喧嚣鼓噪(**福斯**尤其擅长搞这一套),这种观点已经不能指望在我们这个时代赢得追随者,但作为权宜之计,它至少可以盘算着如何借助某些捏造出来的诽谤之辞,在部分文化程度较低和不太思考的公众那里**诋毁**[①] **一切**从一个更高的立场来考察神话或将神话与一些普遍研究结合起来的尝试。

但实际上,这类闹腾带来的后果毋宁是,从现在起,这些长期以来几乎不为人知的、在绝大多数情况下封闭在行会圈子里的科学研究被纳入一个普遍的运动,被纳入时代的伟大的科学斗争;人们已经感觉到,这个问题所关涉的不再仅仅是神话本身。

关于神话的起源、意义和研究方式的争论,与同一时间在另一些领域里发生的关于一些具有最高和最普遍意义的问题的争论,具有一种明显的相似性,因为后者激发的钻研精神必定会自行扩散到前者那里。如果每一种科学在开始被更高层次的学术圈接纳

[①] 就此而言,沃尔夫冈·门泽尔的一本小册子的历史意义在于,它给了福斯一个狠狠的教训,并且让后者陷入了彻底的沉默。——谢林原注。译者按,门泽尔(Wolfgang Menzel, 1798—1873),德国作家和文艺批评家。

时都可以期盼自己的幸运,那么在克罗伊策的努力之后,神话尤其能够享有一种优越性,即它经跻身于那样一些对象之列,也就是说,如果一个人有能力并且习惯于抓住一些伟大的、对于人类具有决定性意义的问题,那么他绝不可能对这些对象保持无动于衷,而是必须去加以探究。

迄今的经验恰恰无比明确地表明:首先,单凭一些经验性的或偶然的假设,这个研究不可能达到一个令人满意的、具有普遍说服力的结论;其次,除非是把神话回溯到一些具有普遍本性的前提,并且从这些前提里推导出一个必然的结果,否则我们不能指望得到一个独立于个体思维方式的结论。就此而言,神话哲学的理念同时也显现为一个外在地(通过时间,通过早先的各种努力)得到论证的、期待之中的理念。

但无论沿着哪条路线推进,都必定会或多或少地走向另一条路线。除非扩大到其他科学领域并发挥影响,否则一种神话哲学不可能产生出来。这些首先呈现出来的领域就是历史哲学和宗教哲学。因此接下来必须讨论目前已经赢得的结论对这些科学的影响。

第十讲　神话哲学与历史哲学、艺术哲学和宗教哲学的关系

XI, 228　　　当一门新的科学跻身于那些已知的和地位稳固的科学之列,它会在这些科学里面找到一些点,与之衔接起来,仿佛它就是它们所期待的那个东西。诚然,在所有可能的科学里,某些科学先于其他科学而出现并得到研究,但这个秩序不一定就是它们的内在的相互依赖性的秩序,因此可能出现这样的情况,即人们在漫长的时间里潜心研究一门更能满足直接需要的科学,甚至在某些方面取得极为丰富的成果,后来在一些逐渐越来越严格的要求下却发现,这门科学的前提位于另一门迄今为止尚且不存在的科学里面,后一门科学真正说来必须先行于前一门科学,但直到现在都不为人知。反过来,除非一门新的科学**确实**拓展了人类知识的领域,填补了现有的一些缺陷和空白,否则它是不可能产生出来的。就此而言,任何一门科学在被证明为可能的之后,它在科学整体里的地位和作用范围,亦即它与之前已有的科学的关系,都应当同时一般地被规定。相应地,我们应当揭示出神话哲学的一个方面,从这个方面来看,神话哲学与另一些长久以来就被寻求的或呼之欲出的科学有关,并且本身有能力拓展到这些科学上面,对其产生影响。

现在，从神话哲学所得到的论证来看，对人类知识而言，至少有一个伟大的事实是确凿无疑的，即原初人类的意识里面存在着一个神谱过程。这个事实揭示出一个新的世界，因此必定会在各种意义上拓展人类思维和人类知识。简言之，每一个人都必定已经察觉到，只要那些遮掩着**最初事件**的迷雾还没有被驱散，只要我们还没有找到一些原点，以支撑起那张巨大的、谜一般的网（即我们所说的"历史"），那么很难说历史有一个确切的开端。因此，第一个与神话哲学有关的东西是**历史**；单是这一点就已经值得我们重视，即通过神话哲学，我们能够用**一系列实实在在的事件**、一个充满活力的运动或一段**真实**的历史去充实那个迄今为止对科学而言完全虚空的空间，即那个不包含任何可认识的东西的前世（Vorzeit），而过去人们顶多只会通过空洞的臆想或随意的假设而给予其一种内容；这段真实的历史在本质上和通常所谓的历史一样，充斥着层出不穷的事件，充斥着战争与和平、斗争和变革等场景。尤其需要指出的是，这个事实必定会对 1) 历史哲学和 2) 历史研究的所有那些以某种方式对人类事物的最初开端进行考察的分支产生影响。

最早的关于一种**历史哲学**的构想，包括这个名字本身，和别的许多事物一样都是来自法国人，但通过赫尔德[①]的那部名著，这个概念已经超越其起初的意义；自然哲学从一开始就让历史哲学作

[①] 赫尔德（Johann Gottfried Herder, 1744—1803），德国哲学家和作家。谢林这里提到的"名著"指赫尔德于1774年发表的《关于人类教化的另一种历史哲学》(*Auch eine Philosophie der Geschichte zur Bildung der Menschheit*)。——译者注

为哲学的另一个主要部分（这是其当时的说法）而与应用哲学相对立。① 在接下来的一段时间里，我也偶尔发表过关于这个概念的一些正式评论。遗憾的是，虽然历史哲学的理念一直得到人们的厚爱，甚至得到了一些具体的阐述，但我发现人们对于这个概念仍然是一头雾水不明究竟。

我首先请大家注意，单是那个词语组合——历史哲学——就已经表明历史是一个整体。我们在前一讲里刚刚指出，严格说来，一种未完结的、在所有方面都无边界的东西和哲学毫无关系。现在人们可能从一开始就发问：在迄今的观点里，哪一个观点把历史当作一种封闭的和完结的东西呢？"未来"岂非也属于作为整体来看的历史？在迄今那些自诩为历史哲学的东西里，什么地方或什么思想能给历史指出一个现实的结局，更不要说一个**令人满意的**结局？诸如"完满的法律制度的实现"和"自由概念的完满发展"等等，还有一切类似的东西，不仅是枯燥无味的，而且太过于虚妄，以至于精神根本不可能在其中找到一个歇足点。我想问的是，我们究竟是否已经想到一个结局，抑或无论在什么情况下，历史都根本不具有真实的"未来"，毋宁说一切东西都是无限地进步着？然而这种没有界限的——且正因如此无意义的——进步，这种无休无止的进步（它扼杀了真正新颖的东西和其他东西），只不过是当代智慧的僵化信条之一。不言而喻，任何没有开端的东西也不可能有终点，既然如此，我们希望把问题仅仅限定在"过去"上面，也就是说，

---

① 参阅谢林《一种自然哲学的理念》第一版前言。——谢林原注

究竟从这个方面来看,历史对我们而言是一个完结的整体呢,抑或从所有迄今为止隐晦地或公开地解释过的那些观点来看,无论"过去"还是"未来"都是一种均匀地无限进步着的、在自身内不能通过任何东西而加以区分和划界的时间?

诚然,人们把"过去"一般地区分为**历史时间**和**史前时间**,而且似乎通过这个方式设定了一个区别。但现在的问题是,这个区别究竟是不是一个纯粹**偶然的**区别?换言之,那两种时间究竟是**本质上**不同的时间,抑或在根本上仍然只是同一种时间?在后面这种情况下,史前时间就不能算作历史时间的真实界限,因为只有当前者**内在地**不同于后者,是另一种时间,它才能够成为后者的界限。但按照通常的概念,史前时间里的东西真的就**不同于**历史时间里的东西吗?绝非如此。整个区别无非是一个外在的和偶然的区别,即我们对于历史时间略有所知,但对于史前时间却一无所知;真正说来,后者并不是**史前的**(vorgeschichtliche)时间,毋宁仅仅是**前历史学的**(vorhistorische)时间。但最大的偶然事件岂非是文字记载和其他文物的保存或遗失,而唯有它们才以可信而稳妥的方式告知我们一个时代里面发生的事情?更何况即使在所谓的历史学时间里,也有着大量空白,我们对其不掌握任何真正可信的讯息。甚至关于现存的文物里面哪些具有历史学价值,人们同样不能形成一致看法。有些人一方面拒不承认摩西五经具有历史学文献的价值,另一方面对希腊最古老的历史书写者(比如希罗多德)深信不疑,反之另外一些人并不完全相信希罗多德等人,而是赞成大卫·休谟的说法:"修昔底德著作的第一页是真正的历史学

XI, 231

的开端。"① 假若史前时间相比历史时间具有另一种**内容**，那么倒可以说它是一种**在本质上**不同的，亦即内在地不同的时间。但从这个角度来看，人们在两种时间之间能够提出什么区别呢？按照迄今通行的那些概念，我唯一听说过的是这样一个区别，即史前时间里面发生的事情是无关紧要的，反之历史时间里面发生的事情是重要的。人们之所以有这个看法，原因大概在于，按照一个常见的比喻（发明这样一个比喻当然不需要多大力气），人类的最初时间相当于人类的幼年时期。因此，正如一位历史人物在幼年时期经历的琐碎事情会被遗忘，历史时间也是开始于一些**重要的**事情。但在这里，什么事情是重要的，什么事情是无关紧要的呢？总之我们必定会发现，那个未知的王国，那个让历史学望洋兴叹的领域（全部历史的终极源头都在其中消失无踪），恰恰在我们面前隐藏着一些对于整个后续过程来说具有决定性的规定作用，因而在这个意义上最重要的事情。

  正因为历史时间和史前时间之间没有真正的，亦即内在的区别，所以二者之间也不可能划出一道固定的界限。没有人知道历史时间的开端在哪里，史前时间的终点在哪里，而那些津津乐道于"普遍历史"的人在谈到自己的出发点时，立即陷入肉眼可见的困窘中。这是很自然的；因为对他们来说，历史时间其实没有一个开端，而是**在根本上**并且就事情本身而言回溯到一种完全无规定的东西，因此在任何情况下，都只有**同一种**在任何地方都无界限的，

---

① David Hume, *Essays: Moral, Political and Literary* (Part II, Essay XI), first published 1742. 持相同观点的哲学家有霍布斯、康德、黑格尔、尼采等。——译者注

也不可能有界限的时间。

在这样一种未封闭和未完结的东西里面,理性当然不可能认识到自己;由此看来,迄今为止距离我们最遥远的东西莫过于一种真正的历史哲学。这里所缺失的是最重要的东西,亦即开端。单凭东方主义和西方主义之类空洞而廉价的陈词滥调,比如在历史的三个时期里占据统治地位的依次是无限者、有限者以及二者的统一体等等,或总的说来仅仅把一个从别的什么地方拿来的范式应用到历史上面——恰恰是那位对这个做法最为严厉指责的哲学著作家,一旦他亲自考察现实世界并放任自己的发明能力,就以最粗暴的方式落入这个俗套——,简言之,单凭所有这些东西不能解决任何问题。

尽管如此,通过此前那些专注于一个完全不同的对象的研究,"过去"这段时间对我们而言也获得了另一个形态,或更确切地说,这才真正获得一个形态。对我们而言,历史之所以告一段落,并且变得井然有序,不是因为有一种无界限的时间,而是因为有**一些现实地并且内在地彼此不同的时间**。但这是如何可能的呢?下面的考察或许会更明确地展示这一点。

按照此前的规定,既然历史时间是民族分裂已完成的时间(当每一个民族表明自己是一个民族并且决定成为一个民族,在这一瞬间,历史时间对它而言就开始了),那么史前时间的内容——即便仅仅**外在地**看——也必定不同于历史时间的内容。史前时间是民族分裂或大分化的时间,即向着分裂过渡的时间。但这个大分化本身又仅仅是一个内在事件的外在现象或外在后果。史前时间**真**

XI, 233

正的内容是那些在形式上和质料上不同的诸神学说（亦即**一般意义上的神话**）的产生，而在历史时间里，神话已经是一种固定的、既有的东西，即一种在历史上已经过去的东西。神话的**生成过程**或者说神话**自己的**历史存在就是史前时间的内容。颠倒过来的欧赫美尔主义是一个正确的观点。神话并非像欧赫美尔所教导的那样包含着最古老的历史里发生的事情，毋宁说正相反，处于产生过程中的神话，严格地说，神话由之产生的那个过程——才是那个最古老的历史的真实内容和唯一内容；如果人们要问，那段看起来对于后世而言如此悄无声息、如此风平浪静的时间，其内容是什么，那么我们必须这样回答：这段时间的内容就是意识的各种内在的事件和运动，是它们伴随着或者说造成了各种神话体系（即各个民族的诸神学说），而它们的最终结果就是使人类分裂为各个民族。

　　就此而言，**历史时间和史前时间不再是同一种时间的单纯相对的区别**，而是**两种在本质上不同而相互隔断的**、相互排斥的，但正因如此相互限制的时间。因为二者之间有一个本质上的区别，即在史前时间里，人类意识服从于一个内在的必然性或一个过程，这个过程仿佛让人类挣脱了外在的现实世界，与此同时，每一个民族在通过内在的决断而成为民族之后，也通过同一个大分化而被设定在过程**本身**之外，摆脱了过程，并且从现在起纠缠于那样一系列行为和行动，它们由于主要具有外在的、世间的和世俗的特性，于是成为历史学意义上的行为和行动。

　　因此历史时间不是顺延到史前时间之中，毋宁说，后者作为一种完全不同的时间，将历史时间隔断并加以限定。在这里，我们称史前时间为"一种完全不同的时间",并不是要否认它在最宽泛的意义上也是一种历史时间,因为在它之内同样发生了伟大的事情,充塞着大量的事件,只不过这些事件属于一个**完全不同的类型**,并且遵循一条**完全不同的法则**罢了。在这个意义上,我们称它为"相对的史前时间"。

但这种隔断并限定着历史时间的时间本身又是一种已规定的时间,因此在它自己那方面也受到另一种时间的限定。这里的另一种时间或更确切地说**第三种**时间不可能仍然是某种意义上的历史时间,而只能是**绝对的史前时间**,即完满的静态历史的时间。它是尚未分裂的或一体化的人类的时间,再者,因为它相对于随后的时间而言仅仅表现为一个瞬间,表现为纯粹的**出发点**,所以它和另外两种时间不同,也就是说,其中没有各种真正延续的事情,没有各种时间的序列,而它本身也不需要另一个限定。当我说其中没有各种**真正**延续的时间,意思并不是像一位好心的人士解释的那样,仿佛其中根本没有发生任何事情。因为,在那个绝对的史前时间里,太阳当然也会升起和下落,人照样会安睡和起床,谈婚和论嫁,出生和死去。然而其中没有进步,因此没有历史,好比如果一个人每天的生活都一成不变,永远重复着一个均匀更替的圆圈,那么他也没有历史。真正的前后相继不是由这样一些事情构成的,它们在消失的时候不留下任何痕迹,让**整体**保持为其从前所是的样子。简言之,在绝对的史前时间里,整体在终点的样子就是其在开端的样子,因此这种时间本身不再包含诸时间的一个序列,从而在这个意义上仅仅是**唯一的**时间,亦即像我们所说的那样,一种**绝**

对同一的,因而在根本上**与时间无关**的时间(或许那些最古老的族类的令人难以置信的长寿能够让我们回忆起早先时间的这种漠不相关性);简言之,正是基于上述理由,我才说这种时间本身不需要另一种时间的限定,它的绵延是漠不相关的,无论多长多短都是同一个东西;所以,这种时间所限定的不仅仅是某一种时间,而是**时间本身**,它本身是人们能够在时间里追溯到的最终东西。在其之上的只能是**超历史的东西**;它是一种时间,一种已经不再**基于自身**的时间,换言之,只有相对于随后的东西而言,它才是一种时间;它不是一种基于自身的时间,因为其中没有真正的**先和后**,因为它是一种永恒性,正如《创世记》里面用来指代永恒性的那个希伯来词语"olam"所暗示的那样。

因此对我们而言,历史不再是消失在一种野性的、无机的、无界限的时间中;那包围着我们这个族类的历史的,是一个有机体,**诸时间的一个体系**;这个整体的每一个环节都是一种自足而独立的时间,不是由一种单纯**先行**的时间,而是由一种被它**隔断**的,并且在本质上**不同**的时间所限定,直到最终的时间,后者不再需要任何限定,因为其中不再有时间(亦即不再有诸时间的一个序列),因为它是一种相对的**永恒性**。这些环节是:

> 绝对的史前时间,
> 相对的史前时间,
> 历史时间。

人们可以这样区分"历史"(Geschichte)和"历史学"(Historie),即前者是一系列发生的事件和事情,后者是对于前者的知悉。由此可知,"历史"概念的范围大于"历史学"概念的范围。在这个意义上,我们也可以单用"史前时间"去指代"绝对的史前时间",用"前历史学的时间"指代"相对的史前时间",并得出这样一个序列:

1)史前时间,
2)前历史学的时间,
3)历史学的时间。

唯一需要指出的是,人们千万不要以为后两者之间只有一个字面上的偶然区别,仿佛这个区别仅仅取决于人们对那段时间是否有所知悉。

伴随着一种无限进步的历史时间,一切肆意妄为都畅行无阻了,以至于根本不能区分真相和虚假东西,不能区分真正的洞见和随意的假设或想象。此前那些研究已经在这方面给出足够多的例子。比如赫尔曼已经否认神话的出发点是一种由原初人类自己发明的一神论,并且反复强调这件事情是不可能的,但另一方面,他不仅不反对,甚至假设这样一种一神论是几千年之后被发明出来的,也就是说,在他看来,原初人类只不过缺少时间去发明神话。与此同时,这位先生又表达了一个愿望,即正如地理学研究已经让地球史成为一种过时的东西(他极有可能是从巴伦斯德特的一位牧师①那里，而不是从居维叶②那里了解到原初世界的一些情况），同样，或许古代研究能够通过提供更多关于无比久远的史前时期的信息而充实人类史。③ 问题在于，如果有谁像赫尔曼刚才期盼的那样知悉了一个如此美妙的史前时期，那么他肯定有足够的时间去发明一些以假乱真的关于原初世界的信息。也就是说，赫尔曼大概不会反对这样一个假设，即存在着一个原初世界的智慧体系，而较早的人类在突然遭遇到某一个灾难之后（在赫尔曼看来，这些灾难在地球史里是周期性地重复着的，而且未来我们也会面临类似的灾难④），只有少数人活了下来，但这些人关于那个智慧体系的知识绝大部分都被埋葬了，只剩下一堆废墟和无意义的残片，而现在的神话就是由这些废墟和残片构成的。真正的科学的独特之处和合理之处在于，尽可能给一切东西划出明确的界限，把它们纳入可理解的范围之内；与此相反，只要假设有一种无界限的时间，就会给各种各样的随意假设敞开大门；如果说只有野蛮民族才喜欢层层堆积数千年的时间，那么也只有一种野蛮的哲学才会坚持历史具有一个无限的延展，而在这种情况下，真正热爱科学的人只能

---

① 巴伦斯德特(Ballenstedt)是萨克森-安哈尔特州的一座小城。谢林这里所说的那位牧师大概是指德国神学家和教育学家戈特赫尔夫·斯达克(Gotthelf Wilhelm Christoph Starke, 1762—1830)。——译者注
② 乔治·居维叶(Georges Cuvier, 1769—1832)，法国动物学家和地质学家，比较解剖学和古生物学的奠基人。——译者注
③ 赫尔曼《论荷马和赫西俄德书信集》，第67页。——谢林原注
④ 赫尔曼《论希腊人的神话》，第 X 页这样谈到地球：in quo, senescente jam, nos medii inter duas ruinas aeternitatem, serius ocius novis fluctibus perituram, inani labore consectamur.［它 正 在老化，并把我们带到两个废墟之间的永恒，未来迟早会用一系列新的破坏使一切成为徒劳。］——谢林原注

期待着一个如此明确的 terminus a quo [出发点]，一个可以切断任何进一步的回溯的概念，比如我们所说的"绝对的史前时间"。

如果人们在最宽泛的意义上看待历史，那么神话哲学本身就是历史哲学的第一个部分，从而是其最为必然和最为必要的一个部分。说什么神话不包含历史，这是无济于事的；作为曾经**现实地**存在着和后来产生的东西，神话本身就是最古老的历史的内容，而如果人们企图把历史哲学限定在历史时间上面，同时始终看不清那个从自身出发把历史时间设定为"过去"的东西，那么他们就绝不可能找到历史时间的一个开端，或在其中迈出一个稳健的步伐。但如果一种历史哲学竟然不知道历史的开端，那么它就只能是某种完全漂泊无根的东西，不配叫作"哲学"。这里关于整体上的历史所说的东西，必定也适用于每一种特殊的历史研究。

只要我们的研究回溯到我们这个族类的原初时间，不管这些研究是出于什么意图，是揭示出这个族类的起源呢，抑或是探究宗教、市民社会、科学或艺术等等的最初开端，我们最终都会遭遇那个黑暗的空间，遭遇那个目前仅仅存在于神话里的 χρόνος ἄδηλος [隐秘时间]。因此一直以来，所有接触到这些问题的科学都面临着一个最紧迫的要求，即去克服这种晦暗性，让那个空间变得清晰可辨。在此期间，由于人们毕竟不能让哲学在那些涉及人类起源的问题上闭嘴，所以冒出了一种肤浅而恶劣的历史哲学，它静悄悄地且正因如此更有效地影响着所有这类研究。人们可以通过某些公理认识到这种影响，这些公理在任何地方都永远标榜自己是一些最为公正客观的前提，仿佛任何别的东西都是不可想象的。比如其中一条公理说,人类的全部科学、艺术和文明都必定起源于最贫瘠的开端。从这条公理出发,一位著名的、现已去世的历史学家在谈到印度的埃卢鲁和马瓦尔普拉姆的地下神庙时装模作样地说道:"赤身露体的霍屯督人①已经开始在洞穴石壁上画画,而从这些石壁一直到印度的精雕细琢的庙宇,这中间经历了多少阶段!"尽管如此,这位博学的历史学家还是补充道:"这些人必定也掌握了艺术。"② 但按照这个观点,毋宁说埃及艺术、印度艺术、希腊艺术在**任何时候**都是不可能的。无论人们臆想出怎样的时间段,并且随时准备着给这些臆想出来的时间段再加上几千年时间,从事情的本性来说,艺术都不可能从这样一些完全虚无缥缈的开端出发而在某一个所谓的时间达到这样的高峰;当然,刚才提到的这位历史学家本人也没有断言艺术在什么时间里走过这样一条道路。否则他必须告诉我们,为了让某种东西从无中产生出来,究竟需要多少时间。

XI, 239　　诚然,人们可以这样反驳我们:"那条公理是不容挑战的,否则这就等于挑战'人类的不断进步'这一伟大的、仿佛神圣不可侵犯的原理。"只要谈到进步,就必须谈到"何从"和"何去"。然而那个进步并非像人们以为的那样是由小到大,毋宁说正相反,无论在什

---

① 霍屯督人(Buschhottentoten),生活在南非沿海地区的原始部落。——译者注
② 赫仑《关于古代民族的政治和贸易的随想》,第一卷第二章,第311页注释。——谢林原注。译者按,赫仑(Arnold Heeren, 1760—1842),德国历史学家,古典学家克里斯蒂安·海涅的女婿。他的这部著作的全称为《关于古代世界最重要的一些民族的政治、交流和贸易的随想》(*Ideen über Politik, den Verkehr und den Handel der vornehmsten Völker der Alten Welt*),发表于1793—1796年。

么地方,都是巨大的、巨型的东西构成开端,后来才有那些以有机的方式整合起来并受到严格限制的东西。荷马是如此之伟大,以至于后来的任何一个时代都不能创造出与之匹敌的东西,反过来,索福克勒斯的悲剧在荷马的时代也是不可能出现的。不同时代之间的区别不在于其有着单纯更多或更少的所谓的文化,毋宁说,它们的区别是一种内在的区别,是本质上不同或质的不同的本原的区别,这些本原前后相继,每一个都能够在它自己的时代达到最高程度的文明。历史本身已经无比清楚地驳斥了一切鼓吹人类进步的体系,甚至这些体系的追随者真正说来也仅仅是在思想中承认它们,却没有一个人能够证明它们或哪怕尝试着去证明它们;最终说来,这些体系并不是基于一些事实,而是基于一个对事实缺乏深入探究的观点,即人和人类从一开始就完全是孤立无援的,仅仅盲目地,sine numine [在黑灯瞎火中],屈从于各种最卑微的偶然事件,仿佛摸索着寻找自己的道路。这几乎可以说是一个普遍的观点;因为那些信仰启示的人,那些在上帝的启示中寻找指路明灯的人,有时候本身就属于绝对的少数派,有时候只能给极少的一部分人类证明有那盏明灯;有一件事情是始终值得注意的,即真正的上帝的子民 [以色列人] 在建造神庙的时候,需要到腓尼基人那里去寻找建筑师。但另外那些民族又是从哪里学会这项技艺的呢?是什么东西让他们免于迷失在完全无意义的东西里?是什么东西将他们的思想提升到我们不能否认的高度?如果巴比伦人、腓尼基人、埃及人不是纯粹出于**偶然**而掌握了他们的那种技艺精湛的,甚至在某些方面令人震撼的建筑术,那么这里必定有另外某种东西发挥着作用,是的,**另外某种东西**,但一定类似于启示。启示宗教在异教那里所面临的不是一种单纯的否定,而是另外一种肯定的东西。这个类似于启示的他者恰恰是神话过程。在其中发挥着作用的,是一些肯定的、现实的力量。这个过程也是灵感的源泉,而且只有从这样一些灵感出发,才可以解释那个时代的某些庞然巨大的产物。诸如印度和埃及的纪念碑之类东西不像钟乳石洞穴那样仅仅是通过漫长的时间而产生出来的;同一种力量,在内部创造出宏大的神话观念,在外部创造出一些狂放不羁的、凌驾于后世所有尺度之上的艺术品。这种力量在神话观念里让人类意识超脱了现实性的羁绊,同时首次在艺术里传授伟大而意蕴深长的东西,也是这种力量,仿佛上帝伸出的手,拉着人类挣脱了那些从属的但在逻辑上却必须被认为在先的层次,它为古代的后期产物注入一种伟大的气息,让后世直到今天都望尘莫及。换言之,只要一个卓越而广阔的意识还没有重新赢得古人曾经与那些伟大力量所处的关系,那么它至少应当紧紧抓住它通过情感和感官而从直接的现实性里汲取的那些东西。诚然,人们像谈到"基督教哲学"一样,也谈到"基督教艺术"。但艺术在任何地方都是艺术,并且在本性上原初地就属于凡间和异教,因此它在基督教里应当挖掘的不是基督教的特殊性,而是那种普泛性,即那种将基督教和异教联系在一起的东西。目前看来,艺术从启示提供的对象里挑选出一些超越了狭义的基督教因素的对象,这可以说是一个好的转变,至于语言的变乱、各个民族的产生、耶路撒冷遭到摧毁之类的事件,其伟大而普遍的联系则不需要艺术家来加以强调。

尽管我现在确实不能再纠缠于这个对象,但我还是希望指出,神话哲学既然与历史哲学有一个必然的关联,也就构成了**艺术哲学**的一个不可或缺的基础。因为艺术哲学有一个不容推卸的任务(甚至可以说这是它的基本任务之一),即去考察艺术呈现或诗意呈现的**对象**。这里必然需要一种先行于全部造型艺术和诗歌艺术的诗,一种**原初的**,亦即仿佛把材料也发明和生产出来的诗。如果说某种东西能够被视为这种原初的理念生产,甚至先行于全部自觉的和正规的诗,那么这种东西只能出现在神话里面。即使我们不能说神话本身是从诗歌艺术里面产生出来的,但同样很显然的是,神话相对于所有后来的自由创作而言都表现为这样一种原初的诗。正因如此,任何一种无所不包的艺术哲学都必定会用一个主要篇章去讨论神话的本性和意义,进而也讨论神话的产生过程,而我在 50 年前讲授的艺术哲学①里已经将这样一个篇章纳入进来,其中的各种思想在后来的神话研究中经常被提及。在那些以非同寻常的方式滋养着希腊艺术的原因里面,希腊艺术所独有的,尤其通过其神话而获得的**对象**无疑具有非常突出的地位,这些对象一方面属于一段更高层次的历史,属于事物的另一个秩序(相比之下,近代诗人塑造的人物形象只能取材于一个纯粹偶然的、飘忽不定的事物秩序),另一方面与自然界之间有一种内在的、本质上的、恒常的关系。在艺术的立场上,人们感受到的始终是一些现实的存在者的必然性,这些存在者同时是**本原**,是**普遍而永恒的概**

---

① 这份 1803 年的讲授课记录完整地保存在手写遗稿里。——原编者注。译者按,此手稿即谢林《艺术哲学》,先刚译,北京大学出版社,2021 年。

念——它们并非仅仅意味着本原和概念，毋宁本身**就是**本原和概念，而只有哲学才能够揭示出这种情况的可能性。在我们内心里，异教是一种陌生的东西，但那种未被理解的基督教同样不能达到刚才指出的艺术高度。现在谈论一种"基督教艺术"还为时尚早，至少在片面的浪漫派情调鼓吹各种灵感的情况下不适合这样做。遗憾的是，何其之多的东西不是以**已理解的**基督教为准绳，而在当前的混乱状态里，又是何其之多的东西自觉地或不自觉地在鼓吹一种"基督教艺术"！

任何一件艺术作品愈是让人觉得它的存在具有某种必然性，就愈是处于更高的层次，但只有永恒而必然的内容才会在某种程度上也扬弃艺术作品的偶然性。**自在的**诗歌对象愈是消失得无影无踪，诗本身也会愈是显得偶然；诗愈是没有意识到必然性，就愈是致力于用无尽的创作来掩饰自己的偶然性，并给予自己以必然性的假象。在我们这个时代，哪怕是那些最无可挑剔的艺术作品都仍然带有一丝**偶然性**的痕迹，反之古希腊的艺术作品不但呈现出**对象**的必然性、真理和实在性，而且同样呈现出**创作**的必然性，亦即呈现出创作的真理和实在性。因此在面对这些艺术作品时，人们不能像面对后世的某些艺术作品那样去问："它的存在的原因和目的是什么？"单纯让人眼花缭乱的创作并不能将一种纯粹虚假的生命提升为一种真实的生命。在这样一个时代里，人们也不必刻意赞美什么"创作"，因为正如之前所述，偶然的东西本身就企图乔装为一种必然的东西，进而倾向于无边无际地繁衍自身，比如在今天的某些默默无闻的诗里，我们还能察觉到这样一种真正无界限和无目的的创作①。拜伦②寻找着那个更高层次的、**自在的诗歌**世界,有时候甚至企图粗暴地闯入那个世界,但在这个令人绝望的时代里,怀疑主义已经让他的心凉透,让他不再相信那个世界的人物形象。

某些敏锐而博学的作家早就强调指出古代和近代的对立,但他们主要是为了捍卫所谓的浪漫派诗歌,而不是为了真正深入了解古代。但当人们宣称古代是一个自足的**世界**时,如果这不是一个纯粹的套话,那么他们也必须承认古代有一个自足的本原,进而勇于承认那个谜一般的古代——我们愈是攀升到古代里面,就愈是明确地意识到这一点——服从的是另一条法则以及与统治着当今时代的力量不同的力量。如果一种心理学仅仅取材于当代的各种关系,甚至仅仅对这些关系进行一种肤浅的考察,那么它就没有能力解释远古时期的现象和事件,正如那些适用于现成已有的、僵化的自然界的机械法则同样没有能力解释原初的生成活动和最初的活生生的产生过程。在这种情况下,最简便的做法当然就是一劳永逸地把这些现象当作单纯的神话传说而驱赶到虚构事物的领域里,而在涉及那些最为确凿无疑的事实(尤其是古人的**宗教**生

---

① 某些艺术评判家由于普拉滕"作品稀少"而对他嗤之以鼻。这些人不了解,也绝不会了解普拉滕经历了什么,不了解他很早以来就如此坎坷的人生。我不知道自己有生之年是否还有机会详细地谈谈普拉滕,但我希望至少在这里用这几行字表达我对他的纪念。——谢林原注。译者按,普拉滕(August von Platen, 1796—1835),德国诗人。他因为自己的朋友遭到诗人海因利希·海涅的嘲笑而愤然反击,甚至攻击海涅的犹太人身份,而海涅的报复则是将普拉滕一直隐瞒的同性恋身份公之于众,这件"丑闻"导致后者不得不离开德国,最终客死他乡。相关争论是德国文学史上最为激烈的论战之一。
② 拜伦(George Gordon Byron, 1788—1824),英国诗人。——译者注

活)时,则是用一些肤浅的猜想搪塞过去。

人类在最初具有现实的意识时已经纠缠于神谱过程,而这个过程在本质上是一个宗教过程。如果说这个业已证明的事实从这方面来看主要对于**宗教史**具有重要意义,那么它对于**宗教哲学**也必定产生强大的影响。

XI, 244　　德国人有一个美好的特点,即他们一直以来对于宗教哲学都抱有一种热情洋溢而坚持不懈的兴趣。如果说这门科学就概念、范围和内容而言并不比其他科学更为稳固,或许甚至还不如它们稳固,那么这件事情的部分原因大概在于,——且不说从事情的本性来看,没有哪门科学像宗教哲学那样充斥着如此之多的半吊子专家和如此拙劣的骗子——,它总是太过于依赖普遍哲学的进程,并且不由自主地在自身内重复着普遍哲学的运动,殊不知它本来完全有可能获得一种独立于哲学的内容,进而通过拓展自身的方式而反过来影响哲学。

现在,宗教哲学确实获得了这样一种可能性,因为我们的神话研究已经证明,宗教既不依赖于哲学和理性,也不依赖于启示。因为,假若赫尔曼的那个言论是正确的(我们总是喜欢引用这位说话清楚而直率的人士的言论),即最初的宗教要么是一种据说起源于启示的宗教,要么是所谓的自然宗教(而这种宗教仅仅是一种哲学宗教),进而言之,假若赫尔曼的观点是,**仅仅**存在着一种哲学宗教,那么我们实际上就不知道宗教哲学如何能够作为一门特殊的科学(而它本来应当是这样一门科学)脱颖而出并站稳脚跟;因为单纯的哲学宗教无疑已经从属于普遍哲学,就此而言,如果宗教哲学不放弃任何客观的内容,那么它唯一还能做的事情就是在自身之内重复普遍哲学的一个部分或一个篇章。

与赫尔曼的上述言论相反,我们不是从某种哲学出发,而是单凭一些在历史上已经得到证明的推论就表明,除了那两种相互对立的宗教之外,还存在着一种独立于二者的宗教,即神话宗教。不仅于此,我们尤其表明,神话宗教在时间上先行于任何启示(如果人们假设有一种启示的话),甚至可以说只有它才促成了启示,因此它无疑是一般意义上的宗教的最初的存在形式,并且在某段时间里是**普遍的**宗教,即整个人类的宗教,相比之下,无论启示是多早出现的,都仅仅是一个局部的现象,限定在一个特殊的族类上面,并且在数千年的时间里都像一道闪烁的微光,不能穿透那个与之相抗的黑暗世界。接下来我们进而指出,神话作为一种不可预思的,就此而言也先于全部思维的人类宗教,只有通过那个**自然地**设定上帝的东西亦即意识才是可理解把握的,而意识为了摆脱这个关系,唯一的办法就是落入一个必然的过程,并通过这个过程而被带回到它原初的地位。神话既然是从这样一个关系里产生出来的,就只能是一种**自然地生产出自身**的宗教,因此也唯有它才应当被称作"**自然**宗教",相应地,唯理论宗教或哲学宗教不应当像迄今的情形那样得到这个名称,而人们之所以这样命名,是因为他们把一切与启示无关的东西都称作"自然的",并且只懂得把启示和理性对立起来。

XI, 245

这样把神话宗教规定为自然宗教,比当前那个如此空泛的说法——"神话是自然宗教"——具有更深刻的意义,因为绝大多数人在这样说的时候，仅仅认为神话是那些不能超越受造物而达到造物主的人或那些将自然界拟神化的人的宗教，而我们早已揭示出这些解释的荒谬性；还有一些人仅仅把自然宗教理解为神话宗教的初级阶段，也就是说，在这个阶段，宗教的**概念**乃至这个概念的对象（亦即上帝），仍然完全被自然界遮掩着，仍然沉陷在自然界中。关于这个解释，我们在谈到 notitia insita ［天赋知识］的时候已经指出，神话不可能是从一个**概念**的单纯实现中产生出来的（哪怕这被想象为一个必然的实现），因为神话必定是立足于人类本质与上帝的一个**现实的**、实在的关系，唯有这个关系才能够产生出一个独立于人类思维的过程，而从这个起源来看，必须说它是一个对人类而言自然的过程。简言之，我们是在这个意义上说神话宗教是自然宗教。

同样，我们可以把神话宗教称作**野生的**宗教，正如异教徒出身的伟大使徒［保罗］把异教称作"野橄榄树"①，把基于启示的犹太教称作"家种橄榄树"；或者我们可以简单地把神话宗教称作"**野宗教**"，类似于德语把天上的自然火称作"野火"，把自然发热的浴池称作"野浴池"。

但没有任何事实是孤立的；每一个新揭示出来的事实都让另外一些已经熟知的但或许并未真正被认识到的事实获得一个全新的面貌。每一个真正的开端都伴随着后果和进步，而由于对立的缘故，自然宗教本身就已经以启示宗教为后续。盲目产生出来的宗教可以是无前提的，但启示宗教既然包含着一个意志和意图，就

---

①《新约·罗马书》11。——谢林原注

要求有一个根据,因此也只能处在第二的位置。如果人们必须承认神话宗教是一种独立于全部理性的宗教,那么他们同样必须承认启示宗教也是如此,因为在启示宗教这里,无论如何,假设已经是一个有前提的假设;只要承认神话宗教的实在性,就必定会承认启示宗教的实在性,或至少使启示宗教成为可理解把握的。当人们宣称启示宗教是一种超自然的宗教时,鉴于它和自然宗教的关系,它本身在某种程度上已经是一种自然宗教,与此相反,那种完全无前提的超自然主义①只能表现为一种非自然的宗教。

在以自然宗教为前提的情况下,启示宗教的整个地位也发生了变化;它不再是唯一的一种独立于理性和哲学的宗教,而如果人们把"只承认意识与上帝之间有一种理性关系"这种思维方式称作唯理论②,那么首先与之相对立的就不再是启示宗教,而是自然宗教。

总的说来,在一个互为前提的概念体系里,只要一个概念有所缺失或没有得到正确规定,那么任何一个概念都不可能得到正确规定。启示宗教按照历史顺序而言是第二种宗教,因此是**实在的**宗教(亦即独立于理性的宗教)经过中介的形式。这种独立性是它和自然宗教**共有的**,因此它们与哲学宗教的差别仅仅是**种差**(generische Differenz),而非像人们迄今假设的那样是**属差**

---

① 超自然主义(Supernaturalismus)是斯托尔(谢林和黑格尔的老师)、苏斯金德(Friedrich Süskind)等图宾根新教神学家宣扬的一种观点,主张上帝的启示只能被人类经验到,但超越了人类的理解能力。——译者注
② 这里所说的唯理论(Rationalismus)不是指通常意义上的近代以笛卡尔、斯宾诺莎、莱布尼茨为代表的哲学流派,而是特指宗教哲学和神学里面的这样一种观点,即人类理性可以在无需启示的情况下认识到上帝。——译者注

(specifische Differenz)；但任何概念都不可能仅仅按照它的种差而得到完满规定。启示宗教和自然宗教的共同点在于，不是通过科学，而是通过一个实在的事件而产生出来；它们的属差在于，这个事件在启示宗教里是自然的，在自然宗教里是超自然的。但这个超自然因素是可理解把握的，因为它与自然因素联系在一起。关键在于，它不是立足于单纯的观念。现在，基督教宣称自己要把人们从异教的盲目力量里解放出来，至于如何评估这个解放的实在性，则是取决于它所要摆脱的东西的现实性和强大程度。假若异教不是现实的东西，那么基督教同样不可能是现实的东西。反过来，当人类由于摆脱其原初关系而落入神话过程，如果这个过程不是一个单纯的**观念**，而是一个**现实地发生的事件**，那么它也不可能被某种仅仅存在于观念中的东西或某种学说扬弃，而只能通过一**个现实的事件**，通过一个独立于人类观念，甚至超越于人类观念之上的行为而被扬弃；因为过程只能与**行为**相对立，而这个行为就是基督教的内容。

对基督教神学家而言，所谓的"护教"(Apologetik)几乎就是他们的整个科学的目标，但他们从来没有达到这个目标，而是一再地从头开始。这表明他们没有找到我们这个时代的阿基米德之点，而这个点只能位于全部启示的前提亦即那种盲目产生出来的宗教之内。实际上，即使他们完全不再像之前那样从迫不得已的怯生生的抵抗过渡到进攻性的防卫，只要他们愿意承认，启示也把自然宗教当作其质料上的前提，那么他们就只需要面对一些具体的可以轻松克服的困难。启示不是亲自**创造出**它在其中发挥作用的**质**

料，而是遭遇到这个独立的质料。从形式上，启示的意义在于克服那种单纯自然的、不自由的宗教；但正因如此，前者在自身内就包含着后者，正如扬弃者在自身内就包含着被扬弃者。只要人们知道，当初那种最为正信的观点如何坚决地承认这种质料上的同一性，他们就不会认为这个主张是不虔诚的或非基督教的。如果人们承认可以在异教里看到遭到扭曲的启示真理，那么他们就不可能反对相反的情况，即在基督教里看到被扶正的异教。除此之外谁不知道，在那些只承认理性宗教的人看来，基督教里面看起来是异教因素的东西何其之多，而且按照他们的观点，这些东西应当从纯粹的亦即合乎理性的基督教里面被剔除出去？但二者（神话和启示）具有共同的外在命运，这种亲缘性的表现恰恰在于，人们企图通过一个完全相同的区分（即区分形式和内容、本质性东西和仅仅受时代限制的包装）而将二者理性化，亦即将二者回溯到一个理性的意义，或者说一个在绝大多数人看来理性的意义，殊不知一旦剔除了异教因素，也就夺走了基督教的全部实在性。诚然，最终的结果是一种与圣父的关系，并且是在圣灵和真理中向圣父祷告，在这个结果里，一切异教因素，亦即一切与**真正的**上帝无关的东西，都消失了；但这个结果如果没有自己的前提，那么本身也不具有经验的真理。基督说：谁看到我，也就看到圣父；但他又补充道：我是**道路**，除非通过我，没有人能**去到**圣父那里。①

---

① 《新约·约翰福音》14:6 的原文与谢林引述的句子在顺序上相反，那里的说法是："耶稣说：我就是道路、真理、生命，若不借着我，没有人能到父那里去。你们若认识我，也就认识我的父。"——译者注

XI, 249　　最后再让我们判定一个普遍的原理。这个原理就是：真实的宗教与真实的宗教不可能有差别。如果二者（自然宗教和启示宗教）都是真实的宗教，那么从最终的内容来看，二者之间不可能有差别；二者必定包含着同样的要素，只不过这些要素的**意义**在二者那里有所不同，而由于二者的区别仅仅在于前者是自然宗教，后者是上帝设定的宗教，所以**同样的**本原在前者那里仅仅是自然本原，在后者这里则是神性本原。假若没有预先存在（Präexistenz），基督就不是基督。他在作为上帝的人格性而显现之前，是作为一个自然的潜能阶次而存在着。在这个意义上，我们也可以这样说基督：他曾经活在世界上（ἐν τῷ κόσμῳ ἦν）。他曾经是一个宇宙的潜能阶次，哪怕事情本身并非**没有上帝**，正如使徒［保罗］对当初的异教徒说道：你们曾经**没有上帝**（你们和上帝曾经没有直接的关系），你们曾经**活在世界上**（活在那个不是上帝的东西亦即宇宙力量的王国里）。① 换言之，上帝在一些潜能阶次的统一体里存在着，并且启示自身，但恰恰是这些潜能阶次，在发生分化或处于过程中的时候成为上帝之外的潜能阶次，成为单纯的自然力量，其中并非绝对没有上帝，毋宁说仅仅没有一个就其神性来看，亦即就其**真理**来看的上帝。因为上帝按照其神性自主体而言是独一的，既不可能是多个，也不可能进入过程。在之前引用过的一处文本里，基督说，**时候到了**，也就是说，从现在开始，真诚的祷告者将在圣灵和真理中

---

① 《新约·以弗所书》2: 12。假如 ἐν τῷ κόσμῳ［活在世界上］本身没有什么特殊的意义，那么它就是一个最为空洞的后缀，因为否则的话，按照其一般的意义，基督徒也是活在世界上。——谢林原注

向圣父祷告;换言之,到目前为止,犹太人同样未曾在精神中向圣父祷告,但从现在开始,无论是对近处的人还是对远处的人①,通向真正的上帝的大门都已经敞开;无论是对那些服从启示法则的人,还是对那些仅仅服从自然法则的人,都是如此;由此可以看出,哪怕是在启示里面,也曾经有某种把意识与精神里的上帝隔开的东西,而基督的显现之所以是启示的**终点**,就是因为他拿走了这种把上帝隔开的东西。

　　关于启示宗教和自然宗教的关系,就说这么多。如果迄今的推演是有理有据的,那么你们自己就会发现,在这个历史顺序里,哲学宗教的位置只能是剩下的第三个位置。这种宗教应当是怎样一种宗教的呢?我们不妨应用一下刚才所说的那个原理,也就是说,既然真实的宗教和真实的宗教在本质上并且就本质而言不可能有差别,那么只有当哲学宗教在自身之内恰好包含着那些包含在自然宗教和启示宗教之内的因素(它们是真实的宗教的因素),它才可能是一种真实的宗教;至于它和启示宗教的区别,只能在于它包含那些因素的**方式**,进而言之,这个区别无非是指,同样一些本原在启示宗教里是作为未理解的东西而发挥作用,而在哲学宗教里则是作为已理解把握的东西而发挥作用。哲学宗教在它自己的那个位置上绝不是要扬弃之前的两种宗教,毋宁说,这个位置赋予它的任务是,通过前两种宗教的内容而获得一个手段,以便原原本本地理解把握那两种独立于理性的宗教,进而掌握它们的整个

---

① 《新约·以弗所书》2: 17-18。——谢林原注

真理和本真性。

现在你们也看到了：我们确实需要这样一种哲学宗教，这样才能够把我们在神话里被迫认作现实的东西也当作一种可能的东西，进而以哲学的方式加以理解把握，最终通过这个方式达到一种神话哲学。但这种**哲学宗教尚且不存在**，因此，如果它只能是完满的哲学本身的最终产物和最高表现（大概没有谁会否认这一点），那么我们可以提出一个问题，即哲学在什么地方才能够理解把握我们在神话里直接认识到，并且在启示里间接认识到的东西——人类意识与上帝的一种**实在的**关系——，亦即将其呈现为一种可能的东西，因为另一方面，哲学**仅仅**知道理性宗教，仅仅知道与上帝的一种**理性的**关系，并且把全部宗教发展过程仅仅看作**理念**里的一个发展过程，以至于赫尔曼曾经发表这样的言论：**仅仅存在着一种哲学宗教**。我们承认，关于我们的观点与当前通行的哲学的关系，这个评论有一定道理，但在我们看来，它并不能在根本上否定我们早先的推演过程的正确性，或推翻这个推演结果的真理。简言之，我们的整个研究都不是从一个预想的观点出发，尤其不是从一种哲学出发，因此相关结论也是一个独立于全部哲学而发现的、坚实稳固的结论。在着手神话研究的时候，我们看待神话的角度和每一个人看待神话的角度是一样的。我们并没有把哲学当作标准，以决定是谴责还是接受那些摆在我们面前的观点。任何一种解释方式，包括那种与哲学毫无关系的解释方式，**只要它们确实解释了一些东西**，那么都是我们所欢迎的。只有通过循序渐进的方式，遵循一个对所有的人都显而易见的、纯粹历史的推演过程,我们才得出现在的结论,也就是说,我们认为培根关于哲学的如下指导也适用于神话这个对象:通过逐步排除那些已证明为错误的东西,通过清除那些黏附在根本真相身上的虚假东西,真相最终将会聚集在一个如此封闭的空间里,以至于人们简直别无他法,只能认识到它并将它陈述出来。就此而言,我们不是以折中主义的方式,而是遵循一种不断推进的、将一切历史上不可设想的东西清除掉的批判,才走到这个地步,在这里,唯一剩下的就是**这种**神话观,而从现在起,我们的任务是以哲学的方式对神话进行理解把握。

无论如何,一方面,考虑到绝大多数人总是受限于他们接受的哲学概念和他们本人的理解把握能力,所以不难预料,很多人会在他们信奉的哲学里面寻找各种理由,拒不接受上述神话观。另一方面,这些人也没有资格直接反驳我们的这个观点,因为它本身是一个纯粹的结果;如果他们想要提出反驳,那么他们必须在之前的那些推演里找到某种东西,以证明这里有一个矛盾,而且这种东西同样不应当是一个单纯的次要原因或某种个别事例(因为在讨论如此之多而千差万别的东西时,很容易出现百密一疏的情况),也就是说,它必须是一种不可或缺的东西,以至于假若没有它,我们的整个推演过程就会土崩瓦解。

我们的神话观既然独立于任何一种哲学,也就不可能因为和某种哲学观点(哪怕这是一种几乎普遍有效的哲学观点)不一致而遭到反驳。再者,如果现有的哲学都没有能力讨论某个现象,那么这就不是一个一劳永逸的、无可辩驳的、必须以某种给定的哲学尺度为准的现象,毋宁说正相反,当一种事实上有理有据的观点如我们已经指出的那样对各种个别的哲学科学产生深远影响,它就有能力进而拓展**哲学**和**哲学意识本身**,或推动哲学去超越其当前受到的限制。

人名索引

（说明：条目后面的页码指德文《谢林全集》的页码，即本书正文中的边码。因本卷内容全部集中在第 XI 卷，故只给出页码。）

A

Abel 亚伯 147

Abimelech 亚比米勒 163

Abraham 亚伯拉罕 116, 153, 156-158, 160-172, 177, 195

Abydenos 阿比德诺 102

Adam 亚当 145-149, 162, 163

Adonis 阿多尼斯 86

Aeschylos 埃斯库罗斯 44, 59

Aeskulapios 阿斯克勒庇俄斯 33

Aether 以太 38, 44, 45

Agamemnon 阿迦门农 201

Aischylos 埃斯库罗斯 44

Alkaios 阿尔凯俄斯 19

Aphrodite 阿佛洛狄忒 29

Apollon (Phoibos) 阿波罗（福玻斯）34, 201

Argos 阿尔戈斯 58

Aristophanes 阿里斯托芬 44-45

Aristoteles 亚里士多德 49, 219

Athena 雅典娜 28

Azara, Don Felix 阿萨拉 40-41, 63, 72, 73, 114-115

B

Bacon, Francis 培根 14, 28, 251

Bailly, Jean-Sylvain 巴伊 87

Bochart, Samuel 博查特 86

Briareos 布里阿瑞俄斯 36

Byron, George 拜伦 243

C

Calderon, Petro 卡尔德隆 28
Caracalla 卡拉卡拉 158
Cäsar, Julius 凯撒 159
Cham 含 85, 131, 157
Chaos 卡俄斯 37, 45-46
Charites 卡里忒斯 46
Chrisippus 克吕希波 30, 32, 213
Christus 基督 176, 178, 190, 248-249
Chronos (Saturn) 克罗诺斯（萨图恩）7, 30, 31, 33, 39, 46, 85, 120-123, 124, 127, 130, 152, 173, 198
Chus 古实 157
Cicero 西塞罗 27, 32, 33, 72, 106
Cleanthes 克利安特 32, 33
Clericus, Johannes 克雷里克 27
Coleridge, Samuel 柯勒律治 196
Cousin, Victor 库桑 33
Creuzer, Friedrich 克罗伊策 42, 57, 89, 92, 126, 138, 214, 226
Cudworth, Ralph 库德沃斯 27, 85
Cuvier, Georges 居维叶 236

D

Danaos 达那俄斯 86
David 大卫王 151, 169, 174
Demeter 德墨忒尔 62
Derketo 德尔克托 152
Dike 狄克 46
Dionysos 狄奥尼索斯 34, 37, 149
Diodor 狄奥多罗斯 154, 172
Dornnedden, Carl 多恩内登 30
Doros 多罗斯 157
Dupuis, Charles 杜普伊 76

E

Eichhorn, Johann 埃希霍恩 153
Elohim 以罗欣 121, 142, 145-146, 161-164, 166-169
El olam 以罗阿 163, 165-166, 168
El Schaddai 以莎代 168-170, 189
Enos 以挪士 145-149, 155
Epaphos 厄帕福斯 58
Epikur 伊壁鸠鲁 27, 33, 55
Erebos 厄瑞玻斯 38, 43-44
Eros 厄若斯 38, 44

Esau 以扫 158

Euemeros 欧赫美尔 27, 33, 68, 85-86, 214, 233

Eunomie 欧诺弥亚 46

Eusebius 优西比乌 102

Eva 夏娃 172

F

Fourcroy, Antonie 富克鲁瓦 217

G

Gaia 该亚 38, 39, 43, 46

Gesenius, Wilhelm 格塞尼乌斯 109

Goethe, J. W. von 歌德 12, 22, 23, 202, 203

Grimm, Jakob 格林 159

Guges 古埃斯 36

H

Hagar 夏甲 167

Heber 希伯 157

Heeren, Arnold 赫仑 238

Helene 海伦 29

Helios 赫利俄斯 29

Hemere 赫莫拉 38, 44

Hercules 赫尔库勒斯 33

Herder, Johann 赫尔德 229

Hermann, Gottfried 赫尔曼 34-43, 44, 45, 46, 53, 56-57, 61, 66, 68, 82, 127, 197, 214, 236, 244, 251

Hermes 赫尔墨斯 58

Herodotos 希罗多德 15-20, 25, 46, 99, 107, 108, 110, 231

Hesiod 赫西俄德 15-20, 37, 38, 44, 49, 57, 117

Heyne, Christian 海涅 30-34, 36, 40, 48, 56-57, 66, 67-68, 71, 197, 214

Homer 荷马 11, 12, 15-17, 19-20, 32, 43, 45, 46, 60, 71, 117, 239

Horai 荷赖 46

Horaz 贺拉斯 4, 70, 96

Huet, Daniel 休特 86

Hüllmann, Karl 希尔曼 27

Humboldt, Alexander von 洪堡 72

Hume, David 休谟 69, 73-75, 78-83, 182-184, 197, 231

Hyperion 许佩里翁 39

I

Inachos 伊那科斯 58

Io 伊娥 58-59

Ion 伊奥 157

Isak 以撒 161, 169

Isis 伊希斯 62

Ixion 伊克西翁 13

J

Jakob 雅各 158, 161, 169, 172, 177

Japetos 伊阿佩托斯 39

Japhet 雅弗 131-132, 135-136

Jehovah 耶和华 157, 161-166, 168-172, 177

Jeremia 耶利米 106, 154, 157, 165

Jonadab 约拿达 154

Jones, William 琼斯 88, 89, 90, 214

Joseph II. 约瑟夫二世 219

Josua 约书亚 166

Juno (Hera) 朱诺（赫拉）13, 28, 58

Jupiter (Zeus) 朱庇特（宙斯）19, 20, 30-31, 33, 46, 58, 120, 122, 127, 130, 213

K

Kadmos 卡德摩斯 86

Kain 该隐 147, 172

Kanaan 迦南 157

Kanne, Johann 卡尼 224-225

Kant, Immanuel 康德 30, 53, 144, 217

Kastor 卡斯托耳 33

Koios 科俄斯 39

Kottos 科托斯 36

Krios 克利俄斯 39

Kyklopes 库克罗普斯 117

L

Laban 拉班 163

Laplace, Pierre-Simon 拉普拉斯 37

Leibniz, G. W. 莱布尼茨 51

Lessing, G. E. 莱辛 83-84

Linos 利诺斯 35

Löscher, Valentin 罗歇尔 134

Lucian 琉善 116, 152

Luther, Martin 路德 106, 146, 152, 166,

M

Marcellinus 马塞林 159
Macrobius 马克罗比乌斯 172
Melchi-sedek 麦基洗德 166-168
Menzel, Wolfgang 门泽尔 226
Michaelis, Johann 米夏埃利斯 151
Misraim 麦西 157
Mnemosyne 谟涅摩绪涅 39
Mohammed 穆罕默德 167-168
Moritz, Karl 莫里茨 11
Moses 摩西 85, 86, 88, 90, 101, 105, 144, 145, 147, 149-153, 159, 161, 169-174, 231
Mosheim, Johann Lorenz 莫斯海姆 27
Müller, Karl 缪勒 199

N

Nebukadnezar 尼布甲尼撒 154
Niebuhr, Carsten 尼布尔 99, 154
Nil 尼罗斯 58

Noah 挪亚 85, 131, 147, 152-154, 156, 160
Nyx 纽克斯 38, 44

O

Oannes 俄安内 153
Odysseus 奥德修斯 12, 71
Okeanos 俄刻阿诺斯 39, 58
Olen 奥伦 35
Orpheus 奥菲欧 35, 70-71
Osiris 奥西里斯 86
Ossian 莪相 71
Ovid 奥维德 106, 213

P

Paulus 保罗 106, 108, 110, 246, 249
Persephone 佩耳塞福涅 37, 87
Phoibe 福柏 39
Platen, August 普拉滕 242
Platon 柏拉图 13, 32, 33, 175, 219
Plutarch 普鲁塔克 213
Plutos 普鲁托斯 46
Pollux 波鲁克斯 33
Pontos 蓬托斯 38

Poseidon 波塞冬 46, 110

Prometheus 普罗米修斯 44

Pythagoras 毕达哥拉斯 49

R

Rechab 利甲 154, 168

Remusat, Abel 雷慕萨 134

Rheia 瑞亚 39

Robertson, James 罗伯逊 72

Rosenmüller, Ernst 罗森缪勒 152

S

Samuel 撒母耳 158

Sanchuniathon 桑楚尼亚松 166, 172

Schnurrer, Friedrich 施鲁尔 100

Selene 塞勒尼 29

Sem 闪 131, 156

Semele 塞墨勒 37

Seth 塞特 145-149

Sidon 西顿 157

Sokrates 苏格拉底 32, 44, 45

Solomon 所罗门 151, 169

Sophokles 索福克勒斯 239

Stolberg, Friedrich 斯托尔贝格 152

Storr, Gottlob 斯托尔 162

Strabo 斯特拉波 106

T

Tactius 塔西佗 159

Taaut 托特 86

Teut 托伊特 71, 159

Thamyris 塔米里斯 35

Theia 忒亚 39

Themis 忒弥斯 39

Thethys 忒提斯 39

Thucydides 修昔底德 231

Titan 提坦 19, 30, 39, 43

Tyrtaios 提尔泰奥斯 19

U

Uranos 乌兰诺斯 7, 33, 38, 39, 43, 85, 120, 122, 127, 130, 152, 198,

V

Volney, Constantin 伏尔尼 76

Voß, Gerhard 福斯 86, 179

Voß, J. H. 福斯 69-71, 214, 226

W

Wolf, Friedrich A. 沃尔夫 16, 60

Wood, Robert 伍德 71

Z

Zenon 芝诺 33

Zoroaster 琐罗亚斯德 86

主要译名对照

A

Abfall 堕落
Abseits 彼岸世界
Absicht 创作意图
das Absolute 绝对者
Absolutheit 绝对性
Ahndung 憧憬
All 大全
allegorisch 寓托式的
das Allgemeine 普遍者
Allheit 大全
Anschauung 直观
An-sich 自在体
an und für sich 自在且自为的
Atheismus 无神论

B

Band 纽带
Befreiung 解放，摆脱
Begriff 概念
Bejahung 肯定
Beschreibung 描述
Bestimmtheit 规定性
Bestimmung 规定，使命
Betrachtung 观察
Betrachtungsweise 观察方式
Beziehung 关联
Bild 形象，图像，肖像

C

Chaos 混沌

D

Dämon 神明
darstellen 呈现,表现
Darstellung 呈现
Dasein 实存,存在
Dauer 延续,绵延
Denken 思维
Dialektik 辩证法
Dichtung 诗歌
Differenz 差异
Dreieinigkeit 三位一体
Dualismus 二元论

E

eigentlich 本真的
Eigentlichkeit 本真性
Ein- und Allheit 大全一体
Einbilden 内化
Einbildung 内化,想象
Einbildungskraft 想象力
Einheit 统一性,统一体
Einweihung 参悟,祝圣仪式
Emanation 流溢

Emanationslehre 流溢说
Empirismus 经验论
Endabsicht 终极目的
das Endliche 有限者
Endlichkeit 有限性
Entschluß 决断
Entstehung 产生过程
Entwicklung 发展,推演
Entzweiung 分裂
Epos 叙事诗,史诗
Erde 大地,地球
Erfahrung 经验
Erfindung 发明
Erkennen 认识活动
Erkenntnis 认识
Erklärungen 解释
Ereignis 事件
Erscheinung 现象
esoterisch 隐秘的
ewig 永恒的
Ewigkeit 永恒,永恒性
Existenz 实存,存在
exotersich 显白的

F

Folge 后果,顺序

Form 形式

Freiheit 自由

für sich 自为,自顾自,独自

G

das Ganze 整体。

Gattung 种属

Gebot 诫命

Geburt 诞生,降生

Gedanke 思想

Gedicht 诗,诗作,诗歌

gegeben 给定的

Gegenbild 映像

Gegenstand 对象

Gegenwart 临在

gegenwärtig 当前的

Geist 精神

geistig 精神性的

Geschichte 历史

Geschichtsschreiber 历史书写者

Geschlecht 族类

Gestalt 形态,人物形态

Glaube 信仰

Gott 上帝,神

Götter 诸神

Göttergeschichte 诸神历史

Götterlehre 诸神学说

Götterwelt 诸神世界

gottgleich 等同于上帝

Gottheit 神性

göttlich 上帝的,神性的,神圣的

Grund 根据

H

Handlung 行动

Heidentum 异教

Hellsehen 通灵

Hervortreten 显露

Hingabe 献身

Historie 历史学

historisch 历史学的

Hylozoismus 物活论

I

Ich 我,自我

Ichheit 自我性

ideal 观念的，观念意义上的

Ideal 理想

das Ideale 观念东西

Idealität 理念性

Idealismus 唯心论

Idee 理念

ideell 观念的

Ideenwelt 理念世界

Identität 同一性

in sich selbst 自身之内，基于自身

Indifferenz 无差别。

Individualität 个体性

Irreligiosität 宗教败坏状态

K

Kirche 教会

Konstruktion 建构

Krisis 大分化

Kritizismus 批判主义

Kunst 艺术

L

Leben 生命

Lehre 学说，教导

Lehrgedicht 宣教诗

Leib 身体，载体

M

Materie 物质，质料

Mittel 中介，手段

Mitteilung 分有，分享

Möglichkeit 可能性

Monotheismus 一神论

Mysterien 神秘学

Mysterium 奥秘

Mystik 神秘学

Mythen 神话传说

Mythologie 神话

N

Nachahmung 摹仿

naiv 素朴的

Natur 自然界，本性

Naturen 自然存在者

Naturphilosophie 自然哲学

Naturwissenschaft 自然科学

Nichtigkeit 虚妄，虚无

Nichtphilosophie 非哲学

Nichts 虚无
Notwendigkeit 必然性

O

Objekt 客体
objektiv 客观的
Offenbarung 启示
öffentlich 公众的
Organ 官能
Organisation 有机组织
Organismus 有机体
Originalität 原创性

P

Phänomen 现象
Poesie 诗,诗歌,创制
Polytheismus 多神论
positiv 肯定的
Potenz 潜能阶次
Prinzip 本原
Produzieren 创造,生产
Prozeß 过程

R

Raum 空间
real 实在的
das Reale 实在东西
Realismus 实在论
Realität 实在性
Reflexion 反映,反思
Reinigung 净化
Religion 宗教
Resultat 结果

S

Sache 事情
Schauen 直观
Schicksal 命运
schlechthin 绝对的
Schwere 重力
Seele 灵魂
Sehnsucht 渴慕
Selbst 自主体
Selbstbewußtsein 自我意识
Selbsterkennen 自我认识
selbstgegeben 自行给定的

Selbstheit 自主性
selig 极乐的
das Selige 极乐者
Seligkeit 极乐
setzen 设定
das Setzende 设定者
Sinnenwelt 感官世界
sinnlich 感性的
sittlich 伦理的
Sittlichkeit 伦理性
Spekulation 思辨
Sphäre 层面
Staat 国家
Stamm 部落
stetig 持续不断的
Stetigkeit 延续性
Subjekt 主体
subjektiv 主观的
Substanz 实体
Substrat 基体
Sukzession 相继性
sukzessiv 相继性的
Sündenfall 原罪

Symbol 象征
Symbolik 象征系统

T

Tat 行为
tätig 主动的
Tatsache 事实
Theogonie 神谱
Theologie 神学
Theismus 有神论
Totalität 总体性
Tugend 美德
Tun 行动

U

Übel 灾难
übergeschichtlich 超历史的
Übergang 过渡
Überlieferung 传承
das Unendliche 无限者
Unendlichkeit 无限性
Universum 宇宙
Unphilosophie 非哲学

Urbewußtsein 原初意识
Ursein 原初存在
Ursprung 起源
Urwesen 原初本质
Urwissen 原初知识

V

Verfassung 制度
Vergangenheit 过去
Verhängnis 厄运，灾厄
Vernunft 理性
Verstand 知性
Verwirrung 变乱
Volk 民族
Volksglaube 民间信仰
Volksreligion 民间宗教
Vorsehung 天命
Vorstellung 表象，观念

W

das Wahre 真相
Wahrheit 真理

Welt 世界
Weltbild 世界图景
Weltgeist 世界精神
Weltsystem 世界体系
Werkzeug 工具
Wesen 本质，存在者
Willkür 意愿选择
Wirklichkeit 现实性
Wissen 知识
Wissenschaft 科学
Wissenschaftslehre 知识学
Wunder 奇迹

Z

Zeit 时间
zeitlich 应时的，短暂的
zeitlos 与时间无关的
Zentralpunkt 中心点
Zentrum 核心
Zeugung 生殖
Zukunft 未来